要了解美国就先读 美国史

任思源/主编

图书在版编目（CIP）数据

要了解美国就先读美国史 / 任思源主编 . -- 北京：北京联合出版公司，2014.12（2024.5 重印）

ISBN 978-7-5502-2676-0

Ⅰ . ①要… Ⅱ . ①任… Ⅲ . ①美国—通史 Ⅳ . ① K712.0

中国版本图书馆 CIP 数据核字 (2014) 第 284513 号

要了解美国就先读美国史

主　　编：任思源
责任编辑：王　巍
封面设计：彼　岸
责任校对：申艳芝
美术编辑：李　锐　吴秀霞

出　　版：北京联合出版公司
地　　址：北京市西城区德外大街 83 号楼 9 层　100088
经　　销：新华书店
印　　刷：河北松源印刷有限公司
开　　本：720mm × 1020mm　1/16　印张：21　字数：557 千字
版　　次：2014 年 12 月第 1 版　2024 年 5 月第 13 次印刷
书　　号：ISBN 978-7-5502-2676-0
定　　价：75.00 元

序言 Preface

当今世界头号强国美国，其建国历史不过区区 200 余年，却创造和积累了全世界最为巨大的财富。这让许多史学家和历史爱好者对其历史沿革产生了极大的兴趣，所以我们很有必要对美国的前世今生展开细微的探究。建国只有 200 年，却一跃成为世界强国；自第二次世界大战以来，又一直雄踞世界强国之首。他们是如何走来，他们的未来又将是怎样？有着几千年历史的我们应该从中思考些什么，借鉴些什么？

历史记录着人类社会的成功与失败、兴盛与衰退、辉煌与悲怆、革命与更迭，也预示着人类的未来。它不但是过往的印记，更是当代的借鉴、后世的教训。学习美国史，不仅可以了解美国文明的发展进程，增长知识，还可以提升深远的战略思维，培养开阔的视野，从中汲取智慧，深化并拓展人生阅历。

本书论述了美国历史的形成与发展，并非简单地堆砌史料、笼统地评述历史，而是通过一个个真实而富代表性的事件叙述美国自洪荒的印第安部落统治时代到公元 2000 年小布什总统上台前这数千年的历史，侧重于从欧洲人发现美洲大陆的 15 世纪末期之后的阶段，以编年的形式述说发生在美国大陆上的军事、政治、经济、文化、民族、宗教等多个领域的发展与历史变迁。

这是一本活的历史，将美国人早期的探险、殖民、独立战争、新国家的建设、疆域的发展、奴隶问题、南北战争、新民主政治等历史活动还原再现，用平实的笔调描写出美国波澜壮阔的建国历史进程，从多方面全面展示美国是怎么形成的，美国人是怎么成为美国人的，从而展示了美国务实、进取、崇尚科学的价值观。

全书内容翔实，细节丰富，描写简洁生动，图文并茂，大量精美的图片帮助读者感受真实的时代气息。图片的内容很多来源于画家客观表现史实的历史画作，以及政治漫画、历史地图、文物照片、历史建筑照片等。此外，为配合读者全面了解历史信息，本书还增设了图解、表格和解说文字深入阐释美国史，让读者全方位地体悟每一个历史事件带给后世的意义和影响。

目录

Contents

第十章 脱胎换骨：社会的飞速发展与巨大变革 197

第十一章 影响世界：民族问题与海外扩张 217

约1.2万年前·公元1492年

美国自然环境优越，气候湿润宜人，物产丰富。地势为西部是山地，中、东部是广袤的大平原，这种地形气候十分适宜人类生存。早在数万年前，来自东北亚的古代蒙古利亚人穿过现今的白令海峡（当时很可能是一块连接的陆地），一批又一批地入主北美大陆，开始他们的新生活。在这片美丽的土地上，到处都留下了他们的影子，图为一群印第安人在筑造房屋。

第一章

美国自然地理概貌与印第安人

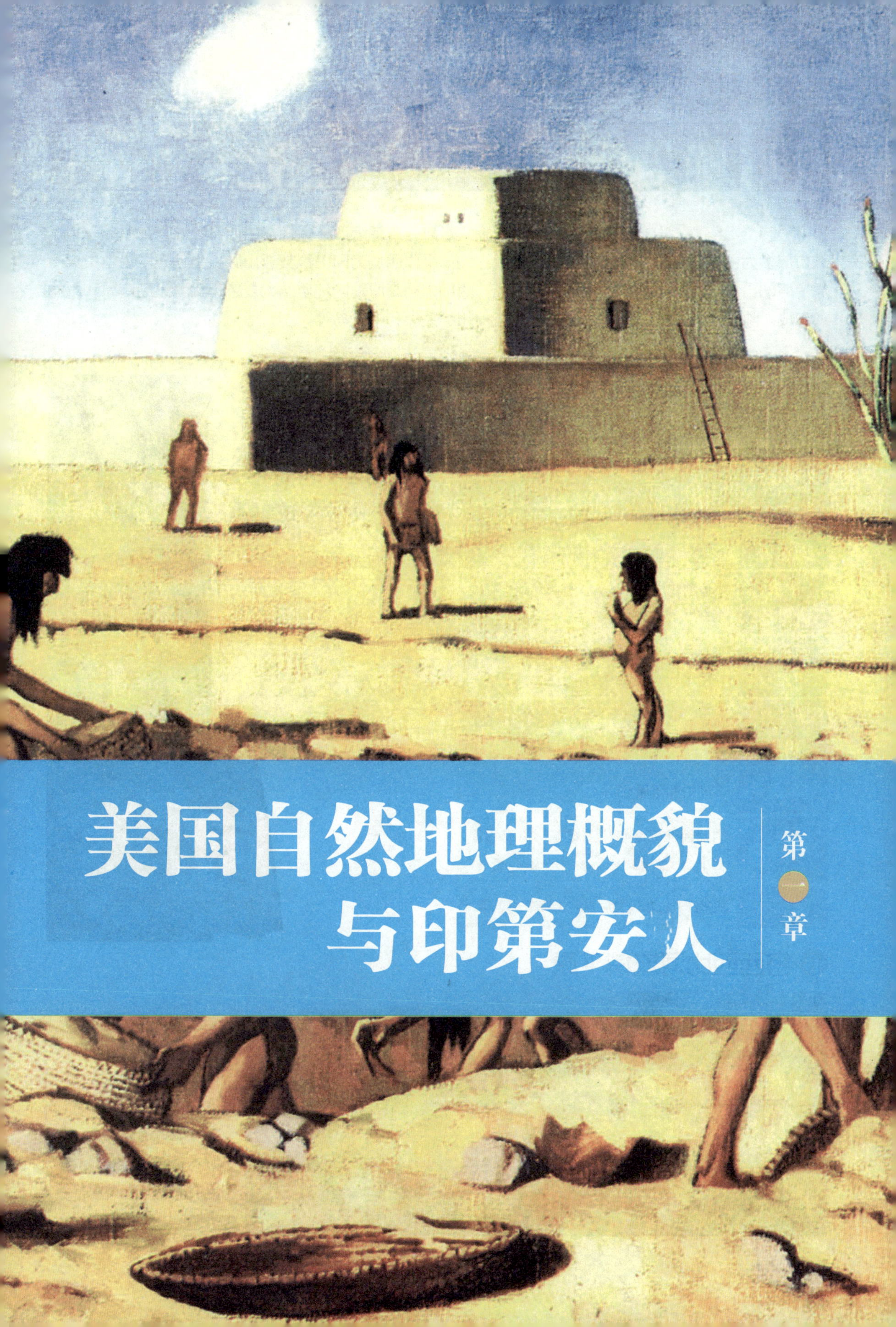

1.2万年前　　1492年

01 幅员辽阔的美国

关键词:美国 大平原 西南大盆地

美国国土广袤，物产丰饶。它的本土西临太平洋，东濒大西洋，南接墨西哥，北依加拿大。本土东南部多为平原，例如密西西比河三角洲就在此；平原西侧为阿巴拉契亚山脉；再往西就为中央大平原；西部山系由落基山脉和内华达山脉组成；西部山间高原地区地质结构复杂，由一系列高原和大峡谷组成。除本土外，美国领土还包括阿拉斯加州、关岛和中途岛等。

国家地理概述	
东部森林	阿巴拉契亚山以东林木茂盛，水源充足，土地肥沃，物产丰富 A
密西西比河流域	倚靠大河两岸，水源充沛，文化遗迹丰厚，尤其在俄亥俄河谷地区 B
中央大平原	平原面积广大，绝大部分为草地，有大批野牛在此栖息 C
西南部干旱区	干旱缺水，土地不适合耕种，但仍孕育出了灿烂的古代文明 D E
太平洋沿岸	东靠科迪勒拉山系，温暖湿润，林木茂盛，环境相对封闭，土著居民甚多 F
佛罗里达	多湖泊和沼泽 G
阿拉斯加	内陆河北部终年冰雪覆盖，沿海为渔业中心 H I
夏威夷	太平洋上的火山群岛，为热带海洋气候 J

A 东部森林

在阿巴拉契亚山脉以东的狭长平原上，被一片原始森林所覆盖。欧洲人到来之前，这里有茂密的高大乔木，覆盖整个地区。图示为印第安人曾经生活过的丛林。

B 密西西比河流域平原

该地区为美国东部大低地，水草丰美。密西西比河纵贯全境，上游有尼亚加拉大瀑布，还有著名的五大湖，下游水量充沛，南部是广袤的冲积平原。图片为美丽的平原风光。

C 大平原

美国中部大平原，东起阿巴拉契亚山，西至落基山脚，北连加拿大，南抵墨西哥湾沿岸。大平原现为美国最主要的农业区，这里青草遍地，沃野千里，适合大型植食动物生长繁衍，图为一望无际的中部大平原。

D 西南大盆地

图示为美国西南亚利桑那美丽的大峡谷。它介于内华达山脉与落基山脉间，实际上是一个中央凹陷的大盆地。这一地区的主要地貌就是这种沙丘和荒漠，虽然气候炎热干燥，土地不适合耕种，但也孕育出了辉煌灿烂的地方古文明。

E 科罗拉多大峡谷

科罗拉多大峡谷是美国著名的自然奇观，它由科罗拉多河冲刷而成，“科罗拉多”一词来源于西班牙语，意为红河，这是由于河中夹带大量泥沙，所以河水经常呈现红色，因此得名。峡谷位于亚利桑那州西北部的凯巴布高原上，全长446千米，平均宽度16千米，平均谷深1600米，总面积2724平方千米。目前大峡谷被联合国教科文组织列为受保护的自然遗产之一。

F 西海岸林地

加利福尼亚地区东接内华达山脉，西临太平洋，林木茂密，土地肥沃。图为当地丘马什印第安人在加利福尼亚的村庄。

G 佛罗里达湿地

佛罗里达半岛分布许多湖泊和大片沼泽、湿地，是许多水鸟和鱼类的生态乐园。图示的版画为印第安人在湖泊中捕鱼的一幕。

I 阿拉斯加原住民

阿拉斯加的原住民主要是三种人：爱斯基摩人、阿留申人和印第安人。爱斯基摩人靠采摘和捕猎为生，主要生活在阿拉斯加的北部和西部，每年跟随动物迁徙而变换住所；阿留申人居住地远离海洋，但是食物却是取自海洋，主要生活在阿留申群岛；印第安人则擅长狩猎和纺织，主要生活在东部和中部，以彪悍、刚烈著称。

H 冰冻的阿拉斯加

阿拉斯加位于北太平洋东岸，如图所示，这里到处是雪山和冰川，以及锯齿状的山峰。阿拉斯加原属俄国，1867年以720万美元的价格卖于美国，现为美国最大的州。

J 夏威夷

夏威夷群岛均为火山岛，多热带雨林和热带草原，为度假胜地。图为风光旖旎的夏威夷海滨。和其他地方不同，夏威夷的白种人只占总人口的三分之一，这里多为日本、中国、菲律宾和朝鲜的移民后裔。夏威夷的原住民为波利尼西亚人，约公元5世纪时从南太平洋移居至此。

1.5万年前　1492年

02 印第安土著文明

关键词:玉米 石画

北美的原住民是印第安人。其祖先在1.5万年前从东北亚或太平洋岛屿迁徙而来。他们在这片与世隔绝的幽静乐土上繁衍生息了上万年，留下了辉煌灿烂的印第安古文化。有关古代印第安人的文明发展历程虽无史可考，但通过后来的考古发掘和整理还原，其源远流长的文明史逐渐在世人眼中清晰起来。

北美远古文明年表	
1.5万年前	印第安人祖先从亚洲或太平洋岛屿上迁徙至美洲
约1万年前	北美大陆出现了克洛维斯古文明 A
公元前6000年前	密苏里州考斯特遗址发掘中，出土了不同时期的14处古人类住所 B
约公元前1500年—前1000年	北美出现了原始陶器，农业开始发展，逐渐形成北美早期墓葬文化——将死者埋入自然山岭和土丘中
公元前15世纪—公元2世纪	北美中东部活跃着一批以筑丘文化为典型墓葬特征的原始居民 C D E F
公元2世纪—公元15世纪	北美西南部出现了崖居人，发展到后来的霍霍卡姆人，他们的工程建造技术十分发达。这段时间里，东部平原与中部大平原都开始有了固定的村落出现 G H I J K L M

A 克洛维斯文化遗物

北美的克洛维斯古文化被认为是北美洲最古老的人类文明，图片上打制的玛瑙片、骨质矛柄以及石箭镞等遗物距今已有1万多年历史，其中玛瑙片与石箭镞是典型的打制工具。它们也可以作为最先一批来到美洲的移民的文物见证。

B 考斯特遗址

考斯特遗址距今已有8000多年历史，是一处史前人类居所。它位于密苏里州的圣路易斯以北，密西西比河与伊利诺伊河交汇处。这处遗址以该土地现在主人的名字命名。考斯特遗址历史久远，是目前北美发现的最为古老的大规模建筑遗迹。

C 筑丘人

名称	居住地	活跃时间	文化特点
阿德纳人	俄亥俄河谷中心	公元前500年至公元1年	墓穴被圆木围住，被土丘所覆盖，再在土丘上增加新的墓穴，使土丘一层层扩大
霍普韦尔人	俄亥俄州	公元前100年至公元1年	土丘内有大量的豪华物品，显示当时的商品交换已经相当普及，墓穴成群，边缘呈几何图形
密西西比人	密西西比河及支流沿岸和东南部	公元800年至公元1500年	已有等级制度，手工业发达，首领或者庙宇的住宅以巨大的平顶金字塔土垛为标志

D 水鸟纹石板

这块阿德纳文化石板出土于俄亥俄州的克林顿县，砂岩质地。上面用阴线雕着左右对称的立式鸷鸟形象，石板两侧还雕刻着抽象的箭头。石板背部布满沟槽，说明它曾被多次磨砺。关于它的用途，人们更倾向于是压花的图章或是阿德纳人文身所用。

E 鹰爪形饰物

图为公元2世纪古霍普韦尔人用云母石片雕刻成的鹰爪形饰物，出土于俄亥俄州霍普韦尔农场。霍普韦尔人崇拜太阳，而他们相信鹰的飞行高度恰能与太阳齐平，这个鹰爪爪心中的圆形凸起正象征着太阳，它的寓意就是霍普韦尔人希望能借助鹰爪的神奇力量牢牢捕获或掌控太阳。

F 美洲特有文物——烟斗

美洲是烟草的最早种植地，吸烟的传统也是开始于美洲的印第安人，所以最古老的烟斗也就都出自美洲。图为霍普韦尔人制作的烟斗，长度仅为4英寸，但雕工精细。这件烟斗将鱼头作为烟嘴，有开口的鱼尾作为出烟口，可谓设计巧妙，即使在今天也堪称烟斗艺术品中的精品。

G 鸟首舞人铜盘残片

图为古密西西比人制作的铜盘的残片，上面有一戴有头饰的鹰钩鼻子的人的图案。此人满身装饰，项上还挂着贝壳串饰。这个鸟首人一手持战棒，一手抓着敌人首级，激情地狂舞，这显示出密西西比人的尚武好战之风。

H 崖居人的考古文化表

名称	分布区域	文化遗址或成就
阿纳萨齐人	科罗拉多州、犹他州、亚利桑那州和新墨西哥州的福柯纳斯地区	绘制岩画 建造崖屋 绿松石珠
莫戈隆人	亚利桑那与新墨西哥交界的山脉及墨西哥北部	西泊布洛遗址 制作黑白花纹的陶器 壁画创作
霍霍卡姆人	亚利桑那与新墨西哥的峡谷地区、索诺兰沙漠	1 霍霍卡姆房屋、宫殿、古代球场、水利工程 2 岩画的创作

I 史前的玉米文化

美国西南部的史前文明受中南美洲古文明影响，逐渐形成以种植玉米为主的农业部落。崖居人于公元200年左右将玉米文化传播到了密西西比河谷，于是美国中南、东南部的许多以前靠狩猎和采集为主的游牧部落转变为靠玉米种植业为主的农业部落。公元800年后，随着玉米种植的普及和扩散，这些地区的印第安人由于有了这种固定多余的食物来源，所以人口数量呈现了快速增长的态势。

J 遗迹分布

根据迄今为止发现的美国西部地区古文化遗址分布情况，可以推断出阿纳萨齐、莫戈隆与霍霍卡姆三个文化遗址聚集区呈现三足鼎立之势，但是它们之间也有叠压交错，显现出文化混同现象发生。图为阿纳萨齐考古遗迹现场，它的房屋构造和霍霍卡姆的房屋构造有相似之处。

K 阿纳萨齐石画

图为犹他州的阿纳萨齐人创作的石画，上面有用简单几何形描画的人和动物，人头顶部的斑点线推测是头饰或羽冠。在他们旁边还有高耸的丝兰。这些布满岩石表面的栩栩如生的图案仿佛是活跃在远古的印第安狩猎场景的永恒定格。

M 霍霍卡姆废墟遗址

位于亚利桑那州的蛇城霍霍卡姆居住区遗址被西部沙漠剥蚀得只剩下废墟。但它在公元1世纪以后的1000多年里一直是霍霍卡姆人居住的场所。令人称奇的是，根据1964年发掘出来的房屋地面和墙壁的范围结果表明，遗址中的巨大房屋最多可供500人居住。

L 地下礼堂

图为20世纪20年代在查科峡谷中发现的巨型地下礼堂，这个礼堂是阿纳萨齐人历时100多年而建，在地面上有四个环形洞，四周以石边围绕，每一块砂石都经过专门的切割。礼堂是群落成员聚在一起，讨论世俗事务或者举行宗教仪式的地方。

1492年 1600年

03 16世纪北美印第安人的分布

关键词:易洛魁人 阿尔冈昆人 切罗基人 纳瓦霍人

继筑丘文化、西南崖居人之后，至西班牙等欧洲国家造访美洲的15世纪末前，现代印第安人部落如雨后春笋般在全美国各地兴起。未受欧洲殖民者干涉之前的北美印第安文化一直都保持着旺盛的生命力，他们的族群派系众多，人口至少有近千万之众。伴随着欧洲殖民者对北美的探索、侵略与扩张，北美印第安人作为一个鲜为人知的族群，其生活形态渐渐浮出水面。

北美印第安人分布表 A B

地域		主要族系代表	主要从事
东部森林	北部	易洛魁人 C	狩猎
	南部	阿尔冈昆人	农业
东南沼泽		塞米诺尔人	农业
中央大平原		苏人、夏延人	狩猎
西南荒漠		纳瓦霍人	农业、牧业
密西西比河下游平原		查克托人、克里克人	农业
加利福尼亚海岸		丘马什人、莫哈维人	海上渔猎、狩猎
阿拉斯加		阿留申人、特林吉特人	狩猎

A 发展停滞的印第安世界

印第安人的生存手段在漫长的时间里发展缓慢甚至停滞。他们主要依靠直接获取自然资源而生存，拥有丰富资源的北美大陆让他们衣食无忧，同时也由于部落之间语言不通、交流过少，制约了交换的发展、分工的深化、私有财产的聚集以及科学技术的发展，同时也造成了白人入侵北美时，各个部落没有结成强大的同盟，共同抵御抵抗，而是各自为政，以至于印第安部落被各个击败，退守西部。

C 易洛魁人

A

图为美国东部印第安部落易洛魁人形象，这个部族穿着兽皮衣，身上文身。图中是一对父子，父亲手掌粗糙，显然经常参与打猎或者捕鱼，他的左手搭在自己孩子的肩上，右面的小孩抱着一只白头海雕——它后来作为美国国家的象征成为美国国徽的重要元素。

B 印第安诸部落在全美的分布

A 图为欧洲人来到北美地区时的诸多印第安部落名称及部族头饰特征图。地域的不同也造就了发展不平衡的诸多部落，如图，分布在北美东北的印第安部族主要有阿尔冈昆和易洛魁两大族群；东南部则主要是讲马斯科及语的部落；中部的印第安部落分布稀疏；西北山区和加利福尼亚地区水资源丰沛，林地茂盛，海洋资源无限，是印第安部落聚集的天堂。

1.5万年前 1492年

04 北美印第安人文化

关键词:印第安人 狩猎 农耕

印第安部落各部族是美国本土的最早主人。他们在这里繁衍生息了近万年，有数以千计的繁杂分支，种族之间的关系错综复杂，部落以血缘关系为基础；彼此之间语言各异，1500年前后，北美印第安人土著语约有300种；生活方式更是迥异，有定居的农业部落，也有游牧部落。他们所留下的许多宝贵的物质文化财富和传统的风俗习惯是我们了解和研究美洲印第安文化的重要材料，而印第安人的文化则是世界文化体系的重要组成部分。

印第安民俗文化

文化项目	地域	特征
狩猎	大平原及东部森林 B	用兽皮伪装自己捕猎 A
	加利福尼亚沿岸	乘独木舟在海上捕鱼 C
	阿拉斯加	捕杀鲸鱼为食 D
种植	卡罗莱纳	种植的玉米、甘薯等外人从未见过 E
副业	西部加利福尼亚	用细管在水中淘金 F
起居	北部平原及东部森林	聚族而居，喜欢吸烟 G

B 克里克联盟

在东部森林地区的农业部落中出现了聚集村落，50个以上的村落聚集称为克里克联盟。一个村落为一个社会实体，村落中央为公共场所，是一个棚屋状的四方形建筑，为居民开会商议事务之场地。居民房屋围绕中心场地而建，每户附近都有一块小田地，为各户的私田，大块的土地属于共有，各户在此种植作物，收获的时候留下需要的一部分，剩下的交给集体仓库。

A 大平原的狩猎

图为爱德华·卡特琳在1848年的木刻版画，描绘的是北美中部大平原印第安人在捕猎野牛时的场景。他们为能接近野牛，身披白狼的兽皮，为保护幼崽野牛便会向他们靠近，之后被放箭射杀。这种奇异的捕猎方法是印第安猎手所独有的，是北美大地上独特的一景。

C 丘马什人的生活

图为居住在加利福尼亚州沿海地区的丘马什印第安人族群。丘马什人的部落大致相当于现在的美国洛杉矶及其附近地区，他们最早由西班牙探险家卡夫里略发现。丘马什人以丰富的海产品和鸟类为主食，他们喜欢航海，海船是用木板加固而成的独木舟，丘马什人去远海捕鱼时，往往都能同舟共济，是典型的公有制社会。

北美太平洋海岸山脉

丘马什民居

双叶桨，最早是丘马什人的发明

丘马什人齐心协力将用木板做成的独木舟推下大海，用于捕鱼

D 冰雪环境下图勒人的生活

图中描绘的是北美北部的斯克莱林岛上居住着的土著居民图勒人（爱斯基摩人的祖先）的生活场景，那里常年冰雪覆盖，寒冷严酷。他们用捕获来的鲸鱼的肋骨和草皮搭建房屋，天气若变冷变坏就钻进帐篷。他们把北极熊皮晒干制衣。到了冬天，图勒人还屠杀北极露脊鲸作为他们过冬的食物。

E 田园生活

图为16世纪北卡罗莱纳州阿尔冈昆人的村庄。他们居住在卷棚式的木构房屋中，彼此和谐相处。门外还有置于席子上准备晒干的谷物。远处的河面上还有游弋的小船。这里树林茂密，环境幽静，实为宜居之所。阿尔冈昆人通过农垦种植、狩猎、捕鱼和采集获得丰富的食物。

F 印第安人在河中淘金

美国西部生产黄金，这是一幅欧洲人绘制的北美洲印第安人淘金图。这些辛勤劳作的印第安人手执长管向河床下面捅插，然后将河床下已进入长管中的细沙倒入筐中，再经过反复筛选，最终得到待炼的金沙。

G 印第安人的起居

在北美，绝大多数印第安人居住在营地的帐篷里；营地的帐篷门敞开，代表允许外人进入。帐篷中心是火塘或炉灶，所有人都围坐在火炉边。在印第安人的传说中，应邀赴宴时，主人奉上的食物最好全吃光，而且在进餐时，切不能谈笑风生，除非主人请客人说话。在这幅图画中，我们可以看到印第安人以烟待客。

1492年·1800年

10世纪，美洲大陆首次被从北欧地区漂洋过海的维京人发现，但他们只在纽芬兰地区居住了一段时间就销声匿迹了。直至1492年，哥伦布重新踏上这片孕育着印第安人悠久历史文化的古老大陆时，这块神秘大陆才广为人知。哥伦布之后，纷至沓来的探险家们的足迹遍布了北美的内陆和沿海，图为荷兰人发现曼哈顿。

第

章

风暴来临：欧洲人对美洲的探索与殖民

01 捷足先登

关键词:德索托 佛罗里达 密西西比河

哥伦布发现新大陆后，西班牙和葡萄牙开始迅速染指美洲，这个神秘的聚宝盆俨然已经成为欧洲殖民者共同开发的宝藏。西班牙人在随后迅速占领除巴西以外的整个南美、中美、加勒比海地区、北美西部以及佛罗里达地区。葡萄牙人则在占领巴西之前，也在北美东海沿岸开展过一些探险活动。他们的行动刺激了后继的其他欧洲国家开发美洲的欲望，成为欧洲殖民主义瓜分美洲的开端。

西班牙、葡萄牙探险北美

西班牙	1502年	发现海地岛
	1508年	占领波多黎各
	1513年	发现佛罗里达 A B C
	1524年—1527年	占领尼加拉瓜和洪都拉斯
	1528年—1542年	先后三次探险北美大陆 D E F G H
	1565年	西班牙人在佛罗里达建立圣奥古斯丁 I
	1700年—1798年	西班牙在今加利福尼亚地区建立了密集的传教区和城镇 J
葡萄牙	1501年—1502年	葡萄牙人探险北美 K L

A 德·莱昂

图为西班牙探险家德·莱昂的画像。在新大陆的探索和发现过程中，他可谓功劳卓著。1513年，他从波多黎各继续向西北航行，终于发现了长长的海岸线，由于海岸上有绵延的沙丘，所以他将此地定名为佛罗里达，意为“陆地之花”。

B 发现佛罗里达

在发现佛罗里达的次年，也就是1514年，德·莱昂获得西班牙王室的准许开始殖民比米尼和佛罗里达。1521年，他在佛罗里达西海岸登陆，并与当地土著接触。这幅19世纪创作出来的油画正体现了这一情景。

C 德·莱昂的探险经历

时间	事件
1493年	陪同哥伦布一起航海到达美洲
1502年	在加勒比海发现海地岛
1508年	将波多黎各岛变成西班牙的殖民地
1511年	得到了开发比米尼（今巴哈马）的权利
1513年	发现并命名了佛罗里达

D 西班牙人的三次探险

探险组织者	时间	探索结果
阿尔瓦·巴卡	1528年—1536年	沿墨西哥湾北部沿岸航行
埃纳多·德索托	1539年—1542年	进入北美东部内陆，发现密西西比河
佛朗西斯科·科罗纳多	1540年—1542年	来到北美西部，试图寻找黄金而未果

E 埃纳多·德索托

早期的西班牙探险家对探索北美大陆情有独钟，埃纳多·德索托就是其中之一，他是美洲的传奇式人物。1524年—1531年，他曾参加了侵占中南美洲的战争。1539年他组织军队到北美南部探险并发现了密西西比河。图为德索托的版画头像。

F 德索托坦帕湾登陆

西班牙的英雄人物德索托为寻找新的财富之地，于1539年5月率殖民军从古巴岛出发，登陆佛罗里达的坦帕湾，开始在南部北美寻找黄金。图为德索托的部队在佛罗里达的湖泊沼泽地上艰难地前行。

G 发现密西西比

德索托的寻金之路得到了许多印第安人的指点，但他一路向北经过了阿巴拉契亚山脉、渡过萨凡纳河，却依然没有发现黄金之地。就在1541年5月8日这天，他们发现了密西西比河，这是一条欧洲人从未见过的宽大河流。这幅画就表现了当时德索托和他的殖民军看到密西西比河时的情景。

H 佛朗西斯科·科罗纳多的探险

图为科罗纳多带领他的人马在堪萨斯平原寻找传说中的黄金七城——希波拉。1541年，科罗纳多及其部下都染上了严重的痔瘘而被迫放弃了寻金之旅。这次艰苦而毫无所获的探险让西班牙人倍感失望而放弃了对这片土地的占领。具有讽刺意味的是，他们当年曾经走过的地方日后成为全世界最著名的黄金产地。

I 西班牙建立的圣奥古斯丁城

16世纪中叶，许多西班牙传教团陆续在佛罗里达建立定居点。这些传教区渐渐成为穷人的庇护所和基督教传播的先头阵地。图为西班牙在佛罗里达建立的第一个永久定居点圣奥古斯丁，作为美国最古老的白人永久定居城市，直到今天它仍然存在。

J 1769年—1848年加利福尼亚传教区

1700年，西班牙传教士开始觊觎加利福尼亚地区。1769年，西班牙正式占领加利福尼亚，并于1798年建立洛杉矶。图为加利福尼亚地区截至洛杉矶建城时的西班牙传教区和主要城镇。西班牙之所以扩张如此迅速，得益于他们在当地培训的大量印第安人传教团，这些印第安人居住在传教区内，他们不仅快速传播基督教，还要学习西方农业、酿酒和饲养牲畜的技能。

K 葡萄牙探险北美历程

1499年	一个地主费尔南德斯从葡萄牙国王那里领到探险大西洋西北部的特许状
1500年	费尔南德斯来到格陵兰的费尔维尔角，旋即到达纽芬兰； 另一个探险家加斯帕于5月获得葡萄牙国王的特许状，也来到了格陵兰和纽芬兰
1501年	费尔南德斯来到拉布拉多半岛，并以葡语“农民”一词为其命名； 加斯帕再次探险北美，来到新斯科舍和新英格兰，俘获了57名印第安奴隶
1502年	费尔南德斯探险安全返回里斯本； 加斯帕的兄弟里亚尔率船队寻找其探险失踪的兄弟，但同样未果而失踪
1525年	葡萄牙在纽芬兰西南部的布雷顿角建立殖民地，但不久就丧失了

L 葡萄牙人探秘北美

在欧洲大航海时代，葡萄牙是当之无愧的海上强国。西班牙染指美洲后，不甘示弱的葡萄牙于1500年派遣航海家加斯帕横渡大西洋并到达了格陵兰岛。次年，加斯帕与其兄弟米格尔再次航行到格陵兰的费尔维尔角后，接着向西穿过戴维斯海峡，沿北美东北海岸到达纽芬兰。在返航时，兄弟俩出现分歧，两人在博纳维斯塔湾附近分道扬镳，米格尔安全返回里斯本，而加斯帕继续向南航行，就再没有了下落。

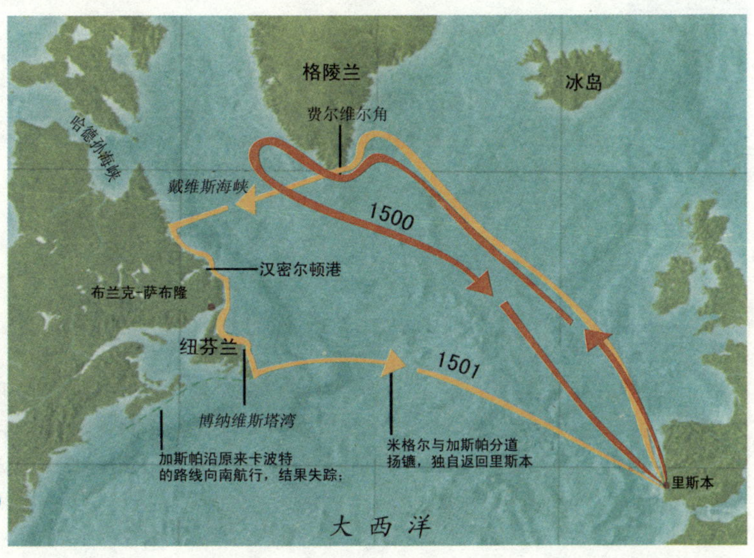

1524年 1718年

02 法国在北美的探索、殖民与扩张

关键词:圣劳伦斯河 卡蒂埃

自16世纪开始，田园般平静的北美印第安世界不复存在。16世纪初，法国的探险家进入了北美的圣劳伦斯河，让欧洲人第一次了解到北美东部地区的内陆地理地貌以及当地的印第安土著生活的情景。随后，法国人开始染指加拿大东部，拓殖了新法兰西；直到18世纪中叶，法国的“新法兰西”已经占据了北美将近三分之一的土地面积。

法国早期探索北美时间表	
1524年	探险家维拉扎鲁在北美大西洋沿岸从卡罗莱纳一直航行到北部的缅因，并将他发现的土地命名为“新法兰西”
1535年	卡蒂埃自圣劳伦斯河口溯流而上，进入北美内陆，直达蒙特利尔 A B
1562年—1566年	胡格诺派教徒在南卡罗莱纳和佛罗里达建立殖民据点 C D
1607年	尚普兰建立魁北克，法国开始了在加拿大的统治和扩张 E F
1673年	马库特探索密西西比河上游，拓展新法兰西 G H
1682年	卡佛里耶与德拉塞勒来到密西西比河河口，并将从该河沿岸及以北至五大湖地区宣布为法国属地，命名为路易斯安那 I J K

A 卡蒂埃发现圣劳伦斯河

这是一幅法国人创作的油画，画面上描绘的是1535年北美东部圣劳伦斯河流域的印第安人在河岸边惊异地看着溯河而上并驶过来的船只，那就是法国探险家卡蒂埃的船队。他通过圣劳伦斯河的入海口逆流而上，直接闯入北美内陆。此后，北美东部遭到络绎不绝而来的殖民者的入侵。

B 卡蒂埃

1534年4月，法国探险家雅克·卡蒂埃率领两艘小船从他的家乡布列塔尼出发，5月抵达今加拿大东海岸的圣劳伦斯湾。1535年，他沿原路溯圣劳伦斯河而上，来到现今的魁北克，进而来到了蒙特利尔。1541年，他第三次探险深入加拿大东部，成为探索开发加拿大的开路先锋。

C 胡格诺教派的南方殖民地

图为法国胡格诺派教徒正在今南卡罗莱纳地区修建小块定居点，这是一个较为牢固的定居点，但也只持续了4年。

D 卡罗林堡殖民地

图为法国在佛罗里达北部建立的卡罗林堡殖民地的据点。这块殖民地在圣约翰河上，三角形的营房、粮仓和居住地结构显然十分坚固，但它于1565年遭到西班牙殖民者袭击，定居者遭到屠杀。

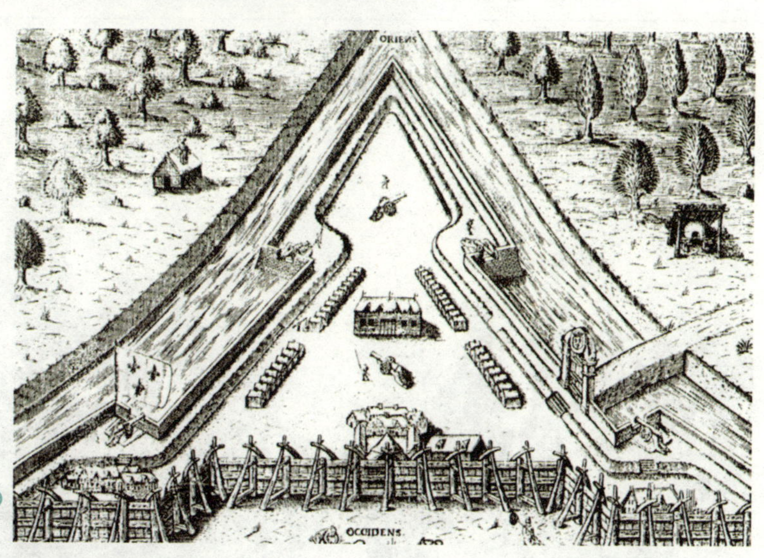

E 法属加拿大殖民地的建立与发展

1608年	法国在加拿大的魁北克建立第一块殖民地
1609年	法国利用土著部落间的矛盾，挑起对易洛魁部落的战争
1615年	法国改革派传教士来到当地进行传教布道
1627年	法国在北美建立新法兰西公司，垄断了北美皮毛贸易
1629年—1632年	魁北克被英国占领，旋即被夺回
1634年	探险家尼古拉深入内陆，发现苏必利尔湖
1642年	蒙特利尔建城
1663年	法属加拿大引入法国行省制度

F 尚普兰

塞缪尔·尚普兰是法国最具冒险精神的探险家，他于1603年航海首次来到北美东海岸，后又于1608年在今加拿大东南部建立了第一个永久定居点——魁北克。

G 勘探密西西比河

法国探险家雅克·马库特于1666年被派往北美。1673年，为拓展法国在北美的殖民地，他从魁北克向西进发，进入密西西比河流域，勘测了该河的上游地区，并绘制了地形图。上图就是他与印第安土著乘船考察沿岸时的情景。

H 马库特传教

在美国中北部的明尼苏达州临近苏必利尔湖沿岸，马库特以一个传教士的身份为当地的渥太华人传教布道。9年后，法国殖民者终于根据他的测绘图从墨西哥湾的路易斯安那州登陆，占领了密西西比河流域直至北部五大湖区广阔的区域，大大拓展了法国在北美“新法兰西”的殖民地。

I 法国对路易斯安那的经营

1666年	法国探险家马库特来到法属加拿大
1673年	马库特开始探索密西西比河流域
1682年	卡佛里耶与德拉塞勒来到密西西比河口，并宣布该地以西大片地区为法国属地路易斯安那
1682年—1698年	法国继续开发新属地
1718年	建立新奥尔良城
1731年	路易斯安那正式成为法国殖民地
1762年	为了感谢西班牙在七年战争中对法国的支持，法国将此地送给西班牙
1800年	通过密约，路易斯安那重归法国
1803年	英国从法国手上购得此地

J 德拉塞勒遇刺

德拉塞勒进行了两次探险活动，1684年，他再度出发，试图对密西西比河流域进行全面考察，但在途中被同伴密谋杀死在北美荒寂的大草原上。这幅画就是展现德拉塞勒被枪杀的一幕。

K 路易斯安那名称由来

卡佛里耶与德拉塞勒来到密西西比河口后，为了表示对法国的效忠之心，决定用法王路易十四的名字来命名这块土地，所以这里被命名为路易斯安那。图为“太阳王”路易十四，在他统治期间，法国国力增强，同时也开始了大规模的对外探险、扩张之路。

1609年 1674年

03 荷兰在北美的探索与殖民

关键词:新阿姆斯特丹

几乎与法国同时，堪称“海上马车夫”的荷兰人也在17世纪初开始将自己的势力渗透到北美。他们在北美东海岸打造了新尼德兰，创办商报，设置炮台，从事皮毛生意，和印第安土著密切交往。其殖民地的首府新阿姆斯特丹也是一个典型的移民城市，各国人汇集于此。

荷兰殖民者在北美的殖民活动	
1609年	哈得孙在北美东海岸发现了哈得孙河，进入纽约地区 A
1613年	哈得孙奠定了新阿姆斯特丹城市基础
1624年	荷兰在今纽约地区建立第一个在北美的贸易站和定居点 B
1626年	从土著人手中购得曼哈顿岛，命名为新阿姆斯特丹 C
17世纪中叶	新阿姆斯特丹逐渐形成了经济繁荣的商贸城市 D
1664年	荷属北美殖民地约有居民1万人
1664年	英国舰队征服新阿姆斯特丹
1673年	荷兰人夺回殖民地
1674年	殖民地重归英国，新阿姆斯特丹改名为纽约

A 发现哈得孙河

1609年，受雇于荷兰东印度公司的英国探险家亨利·哈得孙从日后以他名字命名的哈得孙河河口处逆流而上，来到了易洛魁腹地。这就是荷兰人殖民北美的开始。画面中缓缓驶向岸边的两艘船便是哈得孙率领的船队，而在岸上好奇观望的是当地土著易洛魁人。

到新尼德兰繁盛以来
北美的欧洲殖民地形势

塔杜萨克 1608
魁北克 1608
蒙特利尔 1642
休伦湖
安大略湖
伊利湖
拿骚堡 1614
温莎 1633
纽黑文 1638
特拉华河
康涅狄格河
卡斯廷
朴茨茅斯 1628
塞勒姆 1626
波士顿 1630
普利茅斯 1620
普罗维登斯 1636
纽波特 1639
曼哈顿岛 1624
克里斯蒂那堡 1638
圣玛丽斯 1634
詹姆士河
詹姆士敦 1607
罗阿诺克岛
温约湾
圣费利佩
查尔斯堡
圣凯瑟琳斯堡
加罗林堡
圣奥古斯丁 1565
1526-1642年建立的城镇
英国殖民地
西班牙殖民地
荷兰殖民地
瑞典殖民地
法国殖民地

B 北美的欧洲殖民地形势

图为荷兰的新尼德兰发展到17世纪中叶的领土以及它周边的白人定居点和殖民地分布形势。从图中可见，北美东海岸的殖民地主要是属于荷兰、英国和西班牙的。而荷兰的新尼德兰殖民地经营得十分繁盛，且夹在英国的新英格兰以及其南部的殖民地之间。

C 米努依特与阿尔冈昆人的交易

1624年，荷兰在哈得孙河沿岸建立了殖民地新尼德兰。新尼德兰第一任总督彼得·米努依特以价值区区24美元的小件欧洲商品从阿尔冈昆人那里买下了新尼德兰东海岸的曼哈顿岛。图为米努依特将商品放在阿尔冈昆人面前，表示要交易曼哈顿岛的情景。

D 新阿姆斯特丹胜景

17世纪中叶，在今纽约的曼哈顿，荷兰殖民者历经20多年经营并引以为豪的新阿姆斯特丹已经是风车高耸，房屋群落密集整齐，海港上停泊着排列有序的巨大帆船，俨然一幅欧洲繁华的城镇图。纽约从那时开始逐渐成为享誉世界的大都会。

1497年·1763年

1607年4月，英国的约翰·史密斯乘坐海船，率领士兵143人，在今美国东海岸的切萨皮克湾登陆。他们将这片新发现的土地以他们国王的名字命名为“詹姆士敦”。图为史密斯刚刚登陆詹姆士敦时遇到了当地阿尔冈昆族的波瓦坦人的情景。1609年，英国为拓殖北美而成立的弗吉尼亚公司招募了一批人移居詹姆士敦。此后，英国不断在新大陆上开发殖民地，逐渐成为北美最大的殖民势力。

后来者居上：飞速发展的英国殖民地

第

章

1497年 1590年

01 英国初期尝试的失败

关键词:罗阿诺克岛

英国早在1497年就加入到探索美洲的活动中，但其早期探险连连受挫，探险家接连死亡，寻宝之旅也无功而返，加之英国国内清教徒和天主教徒之间冲突升级，这些因素都阻碍了英国在新大陆的继续探险与殖民活动的展开。但几十年后，英国人在利益驱使之下卷土重来，再次对大西洋彼岸进行探索与殖民实验，虽又经历了一系列失败，但英国人的殖民热情却丝毫不减。

英国早期的殖民活动时间表	
1497年—1498年	卡波特横越大西洋，发现北美的纽芬兰和新斯科舍 A
1576年	法贝瑟首次确定拉布拉多有丰富渔业资源
1578年	航海家吉尔伯特在大西洋遇到风暴，探险失败而归
1583年	吉尔伯特到达纽芬兰，后遭遇风暴而死
1585年	航海家罗利踏上罗阿诺克岛，并在此发现土著人 B
1586年	罗阿诺克岛的土著人与殖民者发生冲突，殖民者失败
1587年—1590年	在罗阿诺克岛的重新殖民又遭失败，殖民者全部失踪

B 印第安村落

图为英国人早期探秘北美大陆时发现印第安部落村庄的情景。这幅图虽然线条简约，但显得十分充实，房屋和田地错落有致，表现出这一带的印第安居民过着十分富足的生活。

A 印第安酋长

1590年，英国水彩画家约翰·怀特随舰队抵达北美东海岸的罗阿诺克岛。他们此行目的是为1587年在此留下的移民提供补给，但这些移民已全部失踪。此图是当时约翰·怀特画下的阿尔冈昆印第安人的一个酋长形象。这也是有关印第安人形象的最早写实。

1607年 1624年

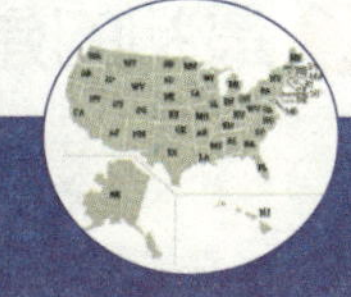

02 詹姆士敦与弗吉尼亚公司

关键词:烟草

1606 年，弗吉尼亚合股公司成功取得英王詹姆士一世颁发的特许状，可以在美洲建立定居点，开拓殖民地，建立殖民地政府。1608 年，第一批移民到达北美并且成功建立了第一块殖民地——詹姆士敦。建立殖民地之初，移民忙于寻找黄金和钻石，造成了食物短缺，在印第安人的帮助之下，移民才渡过难关。后世将弗吉尼亚公司开垦、控制的土地命名为弗吉尼亚，这是弗吉尼亚州名的来源。

英国弗吉尼亚公司的拓殖	
1607年	弗吉尼亚公司开发詹姆士敦，开始了拓荒活动 A B
1609年—1620年	殖民地开始建设，种植烟草，尝试建立新制度，但收效甚微，而且还遭遇印第安人反抗 C D E F G H I J
1624年	弗吉尼亚公司所管辖的土地被王室收回，由政府管理

A 饥饿时期

1609年的冬天，由于当地波瓦坦部落希望詹姆士敦消失，断绝了他们的食物供给，图为一户詹姆士敦移民家庭由于缺乏食物而人人愁苦的样子。后来移民和印第安人关系好转，对方恢复了对他们的食物供应，移民才渡过了难关。

B 早期弗吉尼亚地图

图中是1587年，英国水彩画家约翰·怀特绘制的弗吉尼亚地区东海岸的地图。图上标明了大陆、河流、海岛、海洋、海上生活的各种鱼类以及往来大西洋的英国军舰。随着探险家频繁在弗吉尼亚登陆，这里的地形、地貌逐渐清晰地呈现出来。

C 最初的建设

初次来到新殖民地时，英国殖民者都需要进行最初的建设，自力更生的殖民者拿起手中的工具，开始建造自己的村寨，开垦土地。在必要时，这些殖民先驱们也会与印第安部落进行交易。1608年以后，史密斯开始与印第安人部落展开贸易活动。很快，他就当选为詹姆士敦委员会主席。

D 伐木建房

早期移民美洲的人在得到了当地印第安人的生活补给之后，就开始建设自己的村落了。这样，他们就在此开始扎根，过上了定居生活。

E 与土著交易

有些新来的移民还会跟当地土著进行简单的交易，但这样的活动并不是新移民对待土著印第安人的主流态度，充满了敌意的杀戮和侵略才是。

F 殖民者在装载货船

图为几位劳工正在将弗吉尼亚地区产的烟草成桶装载上船，准备运往英国。这就是弗吉尼亚以及未来美国南方种植业的开端。这个时期殖民地的烟草种植业并不能带来利润，虽然弗吉尼亚公司使尽浑身解数，也未能扭亏为盈。

H 弗吉尼亚公司的举措

为了英国在北美建立的第一块殖民地能长久经营下去，弗吉尼亚公司在殖民活动中可谓用心良苦。他们在1621年从英国输入了大批未婚妇女，使该地区的殖民者可以繁衍后代，代代继承下去；在詹姆士敦成立了第一个由选举产生的议会；在新占领的土地上开垦荒地，种植烟草以获得利润；在处理与当地印第安人关系上，殖民者则显得无计可施。

I 大批妇女来到詹姆士敦

弗吉尼亚公司为使新开发的殖民地人口迅速增长，并提高殖民地人员的开发热情，从英国本土招募和派遣了一大批未婚妇女来到詹姆士敦，图片表现的就是1621年征召来的英国妇女亮相詹姆士敦时的情景。

G 建立议会制度

为使新开发地同英国本土一样制度化、法律化，詹姆士敦通过投票选举方式组建了第一个议会。此图表现的就是这个在北美的第一个议会集会的场景。

J 詹姆士敦惨案

弗吉尼亚公司为了增加烟草种植地，强行兼并了一些土著印第安人已经开垦的土地。这一举措激怒了印第安人，图为佩科特印第安人在首领奥贝尚坎诺的领导下为报英国人抢占其土地之仇，于1622年袭击并屠杀350名詹姆士敦殖民者的惨案现场，这次屠杀，连总督沃尔夫也未能幸免。

1620年 1630年

03 “五月花”号与马萨诸塞公司

关键词：“五月花”号 马萨诸塞 清教徒

英国清教徒受到天主教教徒的排挤，饱受宗教迫害，被迫踏上“五月花”号航船前往美洲寻求新生活。由于在航行到既定目的地前出现意外，航船在马萨诸塞湾附近抛锚，这些人考虑到马萨诸塞定居后可以不受弗吉尼亚公司的管辖，可以按照自己的意愿制定法律和制度。很快，新加入的殖民者组建了马萨诸塞公司，他们希望在新开辟的土地上完成一系列改造美洲大陆的神圣使命。

马萨诸塞的兴起

1620年	“五月花”号 抵达马萨诸塞 A B
1630年	第二批殖民者组建了马萨诸塞公司，到达马萨诸塞

A “五月花”号起航英国

为了摆脱在国内窘迫的生活压力和不幸的政治处境，英国、荷兰的穷人和清教徒陆续乘船来到北美东海岸寻求新生。1620年9月16日，满载102人的“五月花”号渔船从英国南部南安普顿市起航，驶向彼岸，画面表现的就是这一历史时刻。

B 第二批移民登陆美洲

1620年，英国“五月花”号船到达北美马萨诸塞的普利茅斯港。他们成为了美国历史上第一批定居于此的欧洲移民，并在此基础上建立了新英格兰。10年后，第二批移民来到马萨诸塞，画面就是旧移民在岸边迎接新移民。

1607年　　1733年

04 英属十三州相继建立

关键词：北美十三州 菲利普王战争

在马萨诸塞公司的经营下，马萨诸塞殖民地越来越城镇化，移民到该地的清教徒也越来越多。人口的膨胀、对财富的渴望与英国本土的鼓励政策激发他们继续向外扩展土地，去建立更多的城镇自由州。与此同时，他们与印第安人的矛盾激化，战争不断。至1733年，英国人共在北美建立13个殖民地。

1619年	弗吉尼亚实行改革，并招徕大量移民 A B
1634年	殖民者从马萨诸塞挺进康涅狄格河谷 巴尔的摩男爵得到特许状，建立马里兰
1636年	被马萨诸塞排挤的清教徒涌向罗得岛，威廉斯在此建立殖民地 C
1636年—1637年	英国当局发动了佩科特战争，彻底灭绝佩科特部族 D E
1663年	英王查尔斯二世授权开发卡罗莱纳 F
1664年	新泽西成为新殖民地 英国夺取新尼德兰，建立了纽约殖民地 G
1675年—1676年	英国人将菲利普王领导的印第安诸部落击溃，培根发动叛乱 H I J K
1681年—1701年	英王查理二世颁给威廉·彭特许状，后者建立了宾夕法尼亚殖民地 L M N
1729年	卡罗莱纳一分为二
1732年	英王乔治二世授权奥格斯索普建立佐治亚州 O P Q

A 1619年改革

弗吉尼亚公司为能够获得更多劳动力和土地，于1619年进行了重大改革。他们给自费来到弗吉尼亚的常住移民大量土地，这让英国中产阶级移民空前增加，而破产和失业者则可用在弗吉尼亚无偿劳动5～7年的代价免费移居新大陆。弗吉尼亚总督叶德利在这一年还宣布弗吉尼亚所有白人都可享受与英国本土居民同等的权利。

B 1620年—1675年 英国移民情况

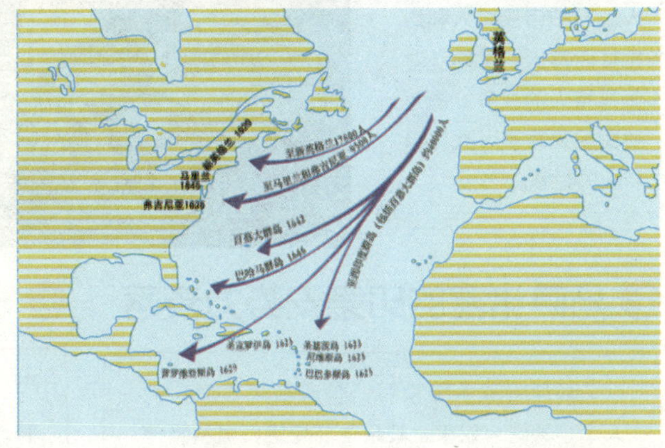

在17世纪初之后不到一百年的时间里，英国向北美殖民地新英格兰、西印度群岛地区移民数万人。这些移民都是在英国新教改革运动时期的清教徒。因在1620年的改革中失势，无法容身，被迫成为第一批新英格兰的英国移民。此后移民浪潮兴起，更多的英国人来到新大陆寻梦。

C 购买普罗维登斯农场

1636年，马萨诸塞的清教教士威廉斯因遭到排挤，来到纳拉甘西特印第安人的领地，图为威廉斯正与当地土著交涉，以期购买一块土地。后来，威廉斯成功买下了普罗维登斯，之后印第安人又将日后被称作罗得岛的土地卖给他们。普罗维登斯与罗得岛发展成一块独立殖民地。

D 佩科特战争

为与马萨诸塞的印第安人争夺土地和生存空间，殖民者与他们经常爆发战争。1636年，殖民者以一个英国商人被杀为由，联合莫希干人、万帕诺亚格人和纳拉甘西特人，发动了对佩科特人的战争。图为殖民军正攻袭一处佩科特人的村寨。

E 马萨诸塞的印第安势力衰落

佩科特战争结束后，仅有极少数佩科特人幸存并沦为奴隶，其余全部死绝，佩科特部族宣告灭亡。战争并非印第安人的唯一死神，殖民者将欧洲的天花、麻疹等传染疾病带到这里，由于美洲史上从未有天花，所以印第安种族对天花毫无抵抗力，天花疫情的爆发和迅速蔓延造成印第安人的大量死亡，马萨诸塞的印第安势力从此衰落。

F 卡罗莱纳的建立

1663年，英王查尔斯二世颁发给8名贵族成员特许状，让他们前去开发弗吉尼亚以南的新土地。这些贵族将新开发的土地以查尔斯国王的拉丁名字“卡罗莱纳”命名，他们在今南卡罗莱纳的查尔斯顿建立城镇，并且迫不及待地在此地种植水稻，这时候被贩卖来的黑人奴隶成为主要劳动力。贵族们还招募了来自弗吉尼亚的不满现状者和一些罪犯来开发卡罗莱纳北部的阿比马尔。1712年，阿比马尔改为北卡罗莱纳。1729年，北卡罗莱纳和南卡罗莱纳都被收为英国王室所有。

G 新阿姆斯特丹

图为19世纪乔治·海沃德的一幅素描石版画，描绘的是1641年—1642年的新阿姆斯特丹。它在当时已经是一座非常繁盛的海港城市。它的繁华富庶引来了英国人的垂涎。17世纪50—70年代，英国曾三次与荷兰发生战争，荷兰战败，失去了新尼德兰殖民地以及加勒比海上的一些岛屿。

J 培根叛乱的背景

白人雇工在弗吉尼亚需要承担沉重的赋税和运输费用，他们宁可自由地在外流浪，也不情愿当雇工。同时他们将导致自己贫穷的原因归咎于印第安人，于是对印第安人大开杀戒。然而弗吉尼亚总督伯克利却对进攻印第安人的事宜表现得十分消极，这让总督的顾问培根感到不满，于是他开始秘密召集同样憎恨政府的雇工等贫民，准备反叛弗吉尼亚政府。

H 菲利普王

图为在马萨诸塞的万帕诺亚格人领袖菲利普王。1675年—1676年，他领导的万帕诺亚格人联合了纳拉甘西特人、尼普穆克人、波当克人向日益朝他们住地逼近的英国殖民点发起袭击。于是英国人组织了反击，将万帕诺亚格人赶向了沼泽，随后又击败了纳拉甘西特人。

I 菲利普王战争

菲利普王战争既漫长又艰苦。图上显示的就是英国军队与印第安部落联盟军队的交战情景。英国兵使用长枪而印第安部落军队用的则是落后的弓箭，双方武器对比悬殊，印第安人在这次战争中大败。1676年，菲利普王被杀，留下遗言：“拼必死之命，殉必亡之国。”他死后，所有参与战争的印第安部落都遭到灭顶之灾。

K 培根叛乱

1676年，培根带人从边区冲向詹姆士敦，强迫伯克利总督离开。图为培根带领叛乱者焚烧詹姆士敦的情景。不久，培根病逝，叛乱失败。但他的叛乱使贵族们开始考虑启用黑人奴隶做劳工，白人劳工的数量很快减少。

L 彭与印第安人签约

彭得到授权后，开始着手建设理想中的殖民地。1681年，彭与印第安部族签署公约，发誓以后决不互相攻击，在新殖民地内信仰完全自由。这是一幅描绘彭与印第安酋长签署和平公约并与部落人员洽谈的情景图。

M 彭的怀柔政策

彭毕业于牛津大学，还是王家学会的成员，他把新殖民地的建设当成一次很好的社会实践经验，在殖民地政体设置、村镇布局和与当地人的关系改良方面绞尽脑汁。画面上显示的就是彭正在和印第安人交流，承认对方的土地所有权。

N 彭建立宾夕法尼亚州

彭从欧洲广为招募开拓者，促进了殖民地的开发。同时，在新英格兰的清教徒与圣公会教徒相处融洽，而且他们与当地印第安人的关系也十分融洽。于是彭从美洲土著那里购买了一块新的土地。图为摩拉维亚的开拓者在宾夕法尼亚州的特拉华河边展望这片新得到的土地。

O 奥格尔索普将军

图中的奥格尔索普是开发佐治亚的先行者。1732年，他在萨凡纳河以南建立英国在北美的最后一块殖民地，并以英王乔治二世的名字命名了该地区，名为佐治亚。

P 建州背景

17世纪中叶，欧洲各国对北美的殖民活动进一步渗透，他们已经不仅仅局限于在北美东北部扩张，因为那一地区的印第安人已经基本消亡，土地已经被完全控制。这时的欧洲殖民者一方面要继续经营和巩固已占领土，另一方面则需要征服尚未被控制的西部和南部的广阔土地，在那里掠夺更多土地、资源以及扩大已有的生产。

Q 建设萨瓦纳

1733年，奥格尔索普在佐治亚建立了一座新的城市——萨凡纳。为了建造房屋，人们从雅玛克鲁山上砍伐树木作为建房材料。图为萨凡纳先民伐木建屋，在这片丛林茂盛的未开发区建设新城市的图景。

16世纪末 18世纪初

05 早期殖民者与印第安人的关系

关键词:易洛魁战争 博卡洪特斯

外来文化的侵袭深刻影响印第安人的生存环境以及生活方式。殖民者与印第安土著交流频繁，有贸易往来甚至彼此通婚，但双方之间也有战争。由于殖民者间在争夺北美殖民地的问题上有严重矛盾，印第安人经常利用白人间的矛盾关系巩固自己的地位。同样，白人也经常利用印第安部落间的矛盾，挑拨离间，自己坐收渔人之利。双方对峙又互通的特殊形势一直持续到18世纪初。

不复平静的北美	
1609年	由殖民者引发的易洛魁部与休伦部的战争爆发，最终易洛魁部取胜 A B
1607年—1617年	史密斯与印第安酋长女儿博卡洪特斯结缘，最后博卡洪特斯被带到英国并融入上层社会 C D E
1620年	印第安人救助到达马萨诸塞的新移民 F
16世纪末—17世纪	印第安部落发生很大改变，融入许多欧洲元素 G H

A 易洛魁人的防御工事

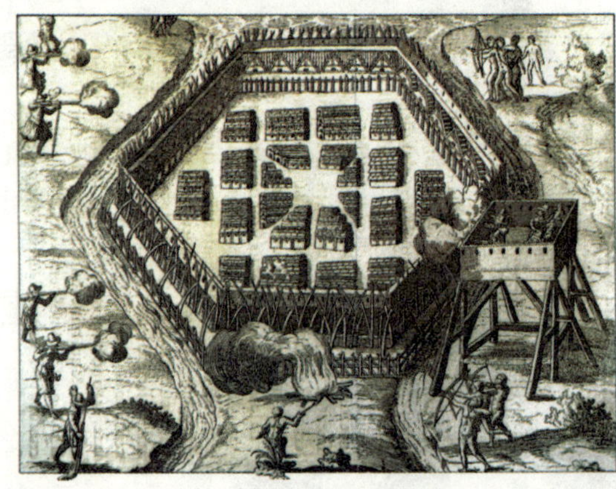

图为属于法国控制下的圣劳伦斯河流域的易洛魁部族的堡垒。易洛魁人与英国和荷兰做交易，交换来枪炮击败了休伦人，消灭了伊利人，甚至曾经武装进攻过法国人，但最终他们在永无休止的战争中逐渐衰亡。到了17世纪，在一些易洛魁村庄中，外国人的人数甚至要多于易洛魁人。

B 易洛魁战争

1609年，尚普兰利用印第安部落之间的矛盾，联合当地的休伦人和莫希干人袭击了易洛魁人，由此引发了易洛魁人与法国殖民者间持续100多年的战争。图上描绘的是易洛魁战争的一幕。由于双方武器杀伤力差别巨大，所以易洛魁的军队常遭遇惨败。

C 史密斯与波瓦坦人搏斗

1607年11月，史密斯在进入切萨皮克湾探险时被当地的波瓦坦印第安人俘获。图为史密斯与波瓦坦人搏斗的样子。后来，在波瓦坦联邦的公主博卡洪特斯的帮助下，史密斯逃出部落，回归白人社会。

D 博卡洪特斯

图为博卡洪特斯的画像，她是波瓦坦酋长的女儿。1612年，博卡洪特斯在史密斯劝说下来到了詹姆士敦殖民地，开始融入白人社会。在那里，她受到了宗教的洗礼，第二年她与詹姆士敦的总督约翰·罗尔夫结婚，并到英国定居，开启了印第安人与白人通婚的先例。

E 博卡洪特斯的营救

史密斯是一个英国军官和冒险家，他曾两次落入波瓦坦联邦的帕芒基人手中，但均为博卡洪特斯所救。图为史密斯在打猎时被帕芒基人抓捕，被反绑着趴在石头上，而一个印第安人举刀正要杀死他，此时博卡洪特斯跳出来用身体护住了他，史密斯得救了。

F 感恩节的由来

1620年冬天，乘坐“五月花”号轮船来到马萨诸塞的新移民尚未安顿好，便遭遇了严寒、饥饿和疾病，一个冬天过后，只有50多人幸免于难。这时，心地善良的印第安人雪中送炭，给移民送来了火鸡等食物和生活必需品，还教他们怎样狩猎和种植作物。在印第安人的帮助下，移民们终于获得了丰收，得以立足。在丰收的季节，新移民们决定邀请当地土著和他们一起欢庆丰收，双方聚在一起，点起篝火举行盛大宴会，欢庆了三天。此后，每年11月的第四个星期四成为美国的传统节日感恩节。

G 变化中的村庄

18世纪的印第安世界已经和100多年前有了天壤之别。图为18世纪的印第安村庄，从表面上看，它并没有受到欧洲文明所感染，人民仍然住帐篷，是“屋舍俨然，鸡犬相闻”的世外桃源之地。但通过临近村庄的河流，源源不断的欧洲商品被船载运到这里，做饭用的锅、刀这类简单用具的进口给当地印第安人的生活带来巨大变化。

H 欧化的查克托村庄

图为密西西比河岸边一个查克托人部落的生活场景。这个部落在欧洲人的势力浸染之后，已经有了很大变化。

查克托人舍弃传统房屋，改住欧洲圆木屋

这是欧洲人带来的家鸡，美洲只产火鸡，头红身黑且个体比家鸡大

一捆刚刚收割的小麦。美洲原本不产小麦，主要农作物是玉米

身着欧洲风格衣服的查克托人

1607年　18世纪

06 飞速发展的殖民地经济

关键词:毛皮贸易 烟草贸易 奴隶贸易

英国经营北美属地主要靠奴隶贸易、毛皮贸易、烟草等农作物贸易及各种轻、重工业。其中，毛皮、烟草以及棉花、玉米等都产自美洲本土，而最不人道的奴隶贸易则是英国人将他们在非洲掠夺而来的人口，运到北美贩卖充当奴隶。1650 年—1696 年，英国议会通过《航海条例》，旨在充分利用殖民地资源发展英国经济。

北美殖民地经济	
毛皮贸易	英国、法国和荷兰的殖民者在北美与印第安部落主要以动物毛皮作为贸易商品 A B
种植业	移民与烟草贸易刺激了南方烟草种植业 C
种植业	北美作物，如土豆、玉米成为欧洲人可口的食品 D
工业	纺织和食品加工、造船工业
奴隶贸易	为满足殖民地日益扩大的种植业，从非洲掳掠来的奴隶渐渐替代了白人劳动力 E F

A 毛皮贸易

英国在通过战争打退法国在北美的殖民势力后，继续操控着北美的毛皮贸易。土著印第安人猎取海狸，通过交易卖给英国人，英国商人剥下它们的毛皮再出口。这种生意在北美一直很火暴，是英国在北美传统的生财之道。图为毛皮交易场景。

B 忙碌的皮货商

17世纪，毛皮贸易成为北美的经济支柱。法国皮货商通过密西西比河和五大湖区等水路深入北美腹地，用他们带来的欧洲商品与印第安人进行交易，换得海狸皮。这幅图就表现了皮货商们在北美的大江大河间穿梭，与印第安人交易的热闹景象。有不少法国商人在不知不觉中与印第安人成为挚友，被印第安化。

C 殖民者在北美种植烟草

自1607年英国殖民者进入北美之后，这个地区的烟草贸易逐渐兴旺发达起来。英国国内对烟草的需求量巨大，给弗吉尼亚等一些殖民地在烟草种植方面一个很好的发展机遇。图为移民在田间收获他们种植的烟草，远处的货船正等待烟草商品装船运往英国本土。

D 收割农作物

图画表现的是18世纪早期法国农民正在收割农作物的场面。从北美引进了玉米和荞麦等一些新的作物，使得法国国内增加了大量可供人畜吃的食物。这从侧面也表现出法国与这些印第安部落友好的态度。与此同时，在殖民地问题上，英法的矛盾正在与日俱增。

E 殖民时期的海上对外贸易

	国别和地区	输出商品	输入商品
贸易对象	英国	鱼、毛皮、烟草、靛蓝燃料、海军补给品	工业产品
	西印度群岛	面粉、鱼、肉、木材	蔗糖、糖蜜、钱币、奴隶
	英属非洲黄金海岸	朗姆酒、非洲铁币条	奴隶、黄金、胡椒粉
	地中海地区	大米、鱼、肉	

F 非洲奴隶贸易

奴隶贸易在西班牙、葡萄牙、英国、法国、荷兰和丹麦等欧洲殖民国家蔓延。截至17世纪末，仅北美的英国殖民地就有3万名黑人奴隶。早先贩卖到北美的黑人并不多，一是因为奴隶价格高昂，二是因为白人契约工数量较多。但在17世纪70年代，英国本土和殖民地经济快速发展，很多白人不愿在殖民地做契约工，所以白人劳工数量开始减少，殖民地的劳动力缺乏。而北美的种植园主和农场主迫切需求黑人奴隶来填补这个不足，造成了黑奴贸易的迅速发展。

1620年　　1754年

07 殖民地的文化

关键词："五月花"号公约 哈佛大学 巫术审判

英国在北美建立的十三块殖民地，在文化上基本上移植了英国的教育模式。但由于毕竟远离英国本土，新英格兰人在宗教问题上显得比英国本土更自由和民主；在教育界，许多著名大学在此时悄然建立；而在科学界，殖民地科学家的贡献并不突出，且大多是偏重于自然实践；在哲学思辨领域，殖民地学者鲜有建树。

1620年	第一批清教徒来到美洲，成为日后美国社会基本制度的创始人 A B	英国在北美殖民地的统治 M N
1621年	感恩节传承开始	
1636年	清教徒在波士顿创建北美最早的拉丁学校，约翰·哈佛创建哈佛学院 C D	
1692年	马萨诸塞的塞勒姆举行巫术案审判，被指控实施巫术的妇女得到辩护机会，标志着妇女挑战教会和父权主义的开始 E	美利坚联邦体制初见雏形 O
1701年	康涅狄格牧师创建耶鲁学院	
18世纪初	各类月报、日报在英属殖民地出现 F	殖民地的商业理念差异 P
1740年	怀特菲尔德来到北美传教 G	
1751年	新泽西学院建立，后改名为普林斯顿大学 H	殖民地医疗卫生与教育 Q
1752年	科学家富兰克林的风筝电力试验成功	
1754年	富兰克林开始了他将北美十三个殖民地联合起来的阿尔巴尼计划，但最终未成功	
18世纪	北美的城市、乡村景象 I J K L	

A 起航前的祈祷

图为1620年9月北美第一批移民离开英国前，一位手拿福音书的人展开双臂，围在他周围的人则跪在地上，大家一起向上天祷告，希望新移民们能够平安到达彼岸，在新的家园重新开始美好生活。远处的"五月花"号船已经在海边随时准备起航。

B "五月花"号公约

图为"五月花"号的船员威廉·布莱德福德正在船舱里宣读《"五月花"号公约》。移民希望在来到新世界之前，制定一个公民政治体。经过所有男性船员的讨论，会上一致决定在新世界里建立的社会必须采用民主政治，在座的所有人都必须遵守制定的法律法规。这个公约决定了未来美利坚国家的政治体制。

C 哈佛

图为约翰·哈佛画像。他1607年出生于伦敦，曾就读于剑桥的伊曼纽尔学院。30岁那年，他坐船从英国出发，去了马萨诸塞的波士顿。在那里，他做了牧师，传教布道，在当地颇有威望。所以在他死后，鉴于他对殖民地文化上的巨大贡献，当地政府把新学校冠以他的名字。

D 哈佛大学

马萨诸塞海湾殖民地会议于1636年通过决议，准备筹建一座像英国剑桥大学那样的高等学府。学校建在了波士顿，1638年，学校正式开学。同年9月14日，哈佛去世。他将生前积蓄的一半779英镑和400多本图书捐赠给了波士顿的学院。

F 宾夕法尼亚公报

新移民非常渴望了解欧洲和殖民地的新闻，所以在殖民地正式建立后不久，就诞生了自己的报纸。不过这些殖民地的日报非常罕见，一般为周报或月报。图为《宾夕法尼亚公报》1729年9月25日到10月2日的周报，头版头条上赫然写着 “包含国内外最新动态”的标题。

Numb. XL.

THE

Pennſylvania GAZETTE.

Containing the freſheſt Advices Foreign and Domeſtick.

From Thurſday, September 25. to Thurſday, October 2. 1729.

E 巫术审判

图为1692年马萨诸塞州塞勒姆镇乔治·雅各布被指控施巫，接受审判的情景。这种审判巫术的现象很快波及了其他邻近的各州，越来越多的寡妇和有钱的年长女性被指控，有的甚至被判死刑。巫术审判引发了巨大的反对浪潮，迫于压力，州政府禁止判处“施巫者”的死刑。“巫术事件”标志着妇女挑战教会和父权主义的开始。

G 怀特菲尔德传道

1740年，英国派出乔治·怀特菲尔德在北美十三州的纽约、费城、查尔斯顿和萨凡纳等大城市为美洲的民众们传道。他怀着强烈的信仰给美洲人带来了基督教新的派系——加尔文圣公会。图为数以千计的信徒在他身边聆听《福音书》。之后，在美洲有许多人都皈依了加尔文圣公会。

I 18世纪的纽约

纽约作为国际化商贸城市，在大不列颠帝国的统治下生机勃勃。图为18世纪的纽约港口，当时这里商船云集，海岸码头上的货物用马车拉运，路面是用石子铺成的。繁荣发达的纽约人口数量已过13000。

H 普林斯顿大学

图为美国新泽西州的普林斯顿大学。该学校建于1746年，当时名为新泽西学院，1896年才正式更名为普林斯顿大学。它是北美殖民地时期建立的第四所大学。文化教育的普及和学术机构的成立，极大提高了北美殖民者的整体素质。

J 乡间庄园

图为殖民地时期的美利坚乡村豪华庄园。这里水流潺潺，绿树环绕，一派悠闲自得的景象。诸如这类肥美之田，即使在英国本土，也堪比勋爵规格的别墅了。

K 民居

图为18世纪新英格兰的开拓者的居所。这种简陋的小木屋就建在新开辟的荒郊野地之间，由于当时的交通还不发达，这里便显得十分闭塞和原始。这些最底层的农民就是在这样近乎原始的生存环境下开创了一片新天地。

L 种植园

这是在英属北美南部殖民地地区的广大农场里经常能看到的景象。拥有广袤土地的农场主们从非洲和西印度群岛买来了廉价的黑人充当奴隶在庄园劳作。图为在烟草种植园，白人园主悠闲地叼着烟斗，监视在烟田劳作的黑人奴隶。

M 英国在北美殖民地的统治

被英国殖民统治的北美到处都能看到英国人统治的阴影。在纽约港就停泊着许多英国军舰，这种景象在很多欧洲国家的殖民地都是常见的。英国人名义上是提供给殖民地特殊保护，实则是便于统治和获取贸易优惠。更主要的是，它是殖民地人民处于被统治地位的象征。不久之后，北美人民对这种态势的不满终于演变成了抗英的战争。

N 殖民大厅

图为罗得岛纽波特市的老殖民大厅。英国殖民北美时期，英属殖民地都有自己的地方政府和议会。所有殖民地的文化和制度都照搬了英国国内的体系，这是其他欧洲国家殖民地所没有的。它也为之后的独立与建国奠定了雄厚的政治基础。

P 商业理念的差异

由于北部殖民地土地较为贫瘠，所以这里的殖民者有很多放弃了农业，转而从事制造业。殖民地丰富的生产资料使北方的工业生产能力迅速提升，这又与英国本土的工业产品市场形成竞争的态势。英国议会便开始限制殖民地工业产品的出口，同时南方的种植业经济被英国榨取大部分利润。殖民地虽然消化了大量英国剩余劳动力，保证了英国本土的社会稳定，还使英国保证了贸易顺差，有效地让英国积累大量资本，使之成为世界上最强大的贸易帝国，但处于从属地位的殖民地经济必然遭到宗主国对其出口商品的限制。为了能持续生存，久而久之，殖民者便酿成了重商与走私的经济传统。

O 美利坚联邦体制的形成

英国对北美十三块殖民地自始至终都是采取自治的管理体制。每一州都设有由英国政府派来的总督直接管理，其中英国皇家直辖殖民地的总督由英王直接任命，而马里兰、特拉华和宾夕法尼亚州总督则由贵族业主来决定。各州都有州议会，与英国本土的制度几乎完全一样。1696年，一个有权任免殖民地高官的贸易委员会成立了。这种远离本土、拥有自治体制且相对自由民主的宽松环境，造成了北美日后对独立的渴望和建国后联邦体制的确立。

Q 殖民时期的医疗卫生与教育

1636年	哈佛大学成立
1663年	罗德岛布朗大学成立
1693年	弗吉尼亚成立威廉-玛丽学院
1701年	康涅狄格耶鲁大学成立
1738年	在南卡罗莱纳成立了第一所医院
1746年	新泽西成立新泽西学院
1751年	宾夕法尼亚首府费城成立富兰克林学院
1752年	费城成立了医院
1754年	纽约的国王学院即哥伦比亚大学成立
1755年	费城成立了医学科学院
1766年	皇后学院诞生
1770年	新罕布什尔达特茅斯大学成立
1773年	弗吉尼亚威廉斯堡建立第一所公立精神病院
1783年	波士顿成立医学研究院

1754年 1763 年

08 法印战争

关键词:布拉多克 华盛顿 沃尔夫 魁北克 《巴黎和约》

欧洲的英法之间的七年战争中的北美战场被称为法印战争,它的全称为"法国人和印第安人之战"。17 世纪中期,争夺北美殖民地的舞台上只剩下法国、西班牙和英国。其中法国和英国各自笼络了一些当地的印第安部落,在北美大陆形成对峙之势。英法之间势必发生一场决定北美殖民地霸主国的战争,这场战争最终在 1754 年打响,这就是法印战争。

背景		1 17世纪中期,争夺北美殖民地的舞台上只剩下法国、西班牙和英国 A 2 英国和法国采取各种手段争取印第安部落的支持 B
战争前期	1754年	1 法国奇袭英方在弗吉尼亚的一个堡垒,华盛顿带军收复此地 C D 2 富兰克林呼吁殖民地组成联合政府 E
	1755年	1 英国开始从本土调兵至北美参战 F 2 英军统帅爱德华·布拉多克来到北美,制定出分击要塞的战略,结果布拉多克战败牺牲,法军取得阶段性胜利 G H I 3 9月,英军在乔治湖击溃法军 J
	1757年	法军将领蒙卡尔姆在五大湖以东乔治湖畔的威廉姆·亨利堡击败英军,蒙卡尔姆保证,英军投降后会被善待,但是事实却是这些降兵被屠杀
战争后期	1758年	1 英王启用威廉·皮特 2 迪尤肯要塞被攻克,改名为匹兹堡;五大湖地区多处要塞被攻克,英军逆转了局面 K L M
	1759年	尼亚加拉堡、卡里永堡被英军攻克。9月,沃尔夫率军攻陷法属加拿大魁北克,但其本人却不幸战死 N O P
	1760年	蒙特利尔被英国军队夺取
	1763年	《巴黎和约》签订,法国丧失了新法兰西,法印战争终结 Q R S

A 北美殖民地分布

17世纪中期,西班牙在北美的殖民地北达佛罗里达、密西西比河和加利福尼亚,法国抢占的范围为加勒比海地区和北美大陆北部,英国的殖民地恰好夹在西班牙和法国的殖民地之间。由于西班牙看重的是贵金属的掠夺和抢占,并不重视建设和经营,所以北美殖民地霸主之争就是英法之争。

B 部落间的战争

法国人通过毛皮交易,亲近印第安人部落;而英国人则通过向印第安人部落销售物美价廉的工业制品来笼络他们。欧洲人还善于挑拨印第安部落之间的关系,经常挑起部落之间的争斗,画面上就是两个分属英、法的结盟部落之间正在作战。

C 作战中的华盛顿

图中左侧骑在马上的就是华盛顿，图片为他带军攻击法国人的场景。他在法印战争初期就显示了惊人的军事领导才能，他面对危局从容不迫，机智淡定，拥有过人的分析能力和组织能力。正是这些优点令他日后成为北美独立战争的领袖和美利坚首任总统。

D 法印战争的序幕

1748年之后，法国在俄亥俄州修建要塞，频繁活动，造成了英属北美殖民地的不安，面对法国人的骚扰，弗吉尼亚政府决定修建堡垒加强防护。1754年4月，法国军队忽然发动攻击，占领了一个堡垒。华盛顿带领民兵前往堡垒修建地，5月28日，双方交火，英方夺回堡垒。7月，法方调集了大批部队前往堡垒修建地，发起猛攻，华盛顿带队撤离。随后，法印战争全面打响。

E 团结或死亡

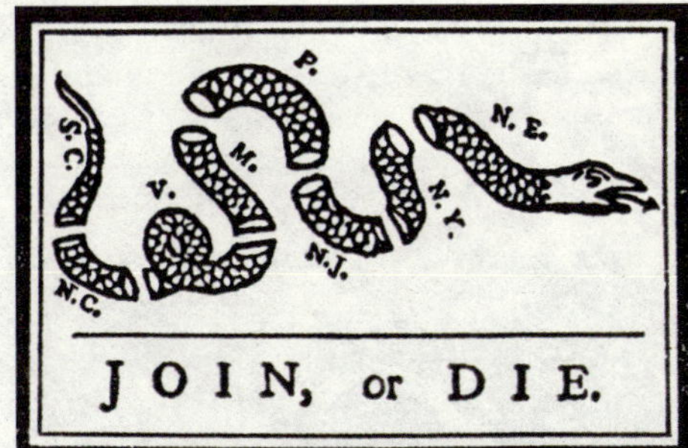

图为本杰明·富兰克林设计的政治漫画，它描绘了一条断成数段的蛇，它的下面赫然写着“要么团结，要么死亡”。1754年，北美各块殖民地各自为政，富兰克林制订了奥尔巴尼计划，试图组建统辖十三块殖民地的大议会，但响应者寥寥，计划最终失败。

F 法印战争宣传画

图为北美英属殖民地为响应法印战争而出版的动员宣传画，号召民众积极抵抗。与此同时，英国也从本土抽调兵力，在爱德华·布拉多克将军的率领下赶往美洲增援，大战即将进入白热化阶段。

ALL thoſe who prefer the Glory of bearing Arms to any ſervile mean Employ, and have Spirit to ſtand forth in Defence of their King and Country, againſt the treacherous Deſigns of *France* and *Spain*, in the

Suſſex Light Dragoons,

Commanded by

Lt. Col. John Baker Holroyd,

Let them repair to

Where they ſhall be handſomely Cloathed, moſt compleatly Accoutred, mounted on noble Hunters, and treated with Kindneſs and Generoſity.

G 布拉多克的出征

爱德华·布拉多克抵达北美后，同多位殖民地总督以及在易洛魁人中间有重要影响力的威廉·约翰森商讨，确定了兵分四路攻击法国人在俄亥俄地区要塞的战略。图为爱德华·布拉多克带军前往法国人修建的迪尤肯要塞的情形。

H 溃退的布拉多克

在迪尤肯要塞之战中，法方军队人数多于英方，同时与法国结盟的印第安人已经探明了英军的动向，这让英军处于绝对的劣势。最后法军设下埋伏，英军误入包围圈，仓皇迎击，死亡900多人后溃逃。图为英军惨败后，面带愁容的布拉多克被扶上马车，这位将领在随后的战斗中死亡。

I 法印联军袭击英军

法印战争期间，英国人依靠坚固的要塞和江河的天险保卫自己的辖地。而法国人则鼓动印第安人与之结盟，共同参战。从这个作战场面图上可以清晰地看到，法国军队里夹杂了不少拿枪的印第安士兵，他们正不断袭击着英军，向英军发起猛攻。

J 乔治湖之战

1755年9月8日，在今纽约州的乔治湖南岸，英国的威廉·约翰森指挥英国士兵进攻，这场战斗，以英方获胜告终。画面上，英军在威廉·约翰森的指导下，用枪和大炮猛烈地打击着敌人，而约翰森剑指前方的敌军指挥官所在位置，正欲命令向那里开火。

K 战争的转折

英军数易主帅都未能扭转颓局，直至1758年，威廉·皮特将军上任。威廉·皮特将军在俄亥俄河地区增加了兵力，有效地扼制了法国北部殖民地与南方殖民地之间的联系。随后，他又先后在法国的要塞路易斯堡、弗隆特纳克堡及迪凯纳堡（今匹兹堡）获得重大胜利，及时制止了法国人的势力从俄亥俄地区向南部密西西比河流域的渗透。如此一来，英法两国的战争重点便转向了争夺北部的加拿大。

L 兵围路易斯堡

图为威廉·裴波瑞尔上校领导的新英格兰人围攻法国在俄亥俄河谷的重镇路易斯堡。1758年，英方在俄亥俄河地区联合了易洛魁联邦的六个部族。他们中的五个来自纽约地区，剩下的一支塔斯卡罗拉人是1700年被白人从南卡罗莱纳驱赶到北方去的。就在这一年，英军接连攻克法军诸多要塞。

M 攻陷费舍尔要塞

费舍尔要塞是法国人修建的一个坚固的堡垒，1758年被英军攻陷。包括费舍尔要塞在内的诸多要塞，战后被英属殖民地军民加固、修葺，在随后的美利坚独立战争中发挥了重要作用。图示为英军占领要塞后欢呼庆祝的场景。

N 简·沃尔夫

图为英国军官简·沃尔夫的正面肖像。沃尔夫在法印战争中为英国北进加拿大，立下赫赫战功，最终击败了法国，使得英国在战后得以夺取法国在北美的殖民地。

O 英军占领下的魁北克

沃尔夫于1759年9月13日带领军队占领了法国控制下的圣劳伦斯河流域的亚伯拉罕高地，兵临法国殖民总部魁北克城下。图为英军在魁北克俯瞰图，从中可以看出那时的魁北克作为军事重镇已经十分繁华。

P 沃尔夫战死沙场

图为沃尔夫在征伐法国在北美殖民地时，在战场上阵亡的情景。画家刻意描绘了被打死的沃尔夫被同伴和战友们簇拥着的形象，充分体现了他在英国人心目中的英雄地位，人们永远记住他，缅怀他。

Q 法印战争终结

法印战争是英法七年战争的北美战场，虽然1760年英军夺取蒙特利尔表明了北美战场胜负已分，但是完全终结还是要等到七年战争结束。几乎所有的欧洲主要国家均卷入七年战争中，英、法、普鲁士、奥地利和俄国都消耗巨大，战场遍布欧洲、北美、印度、古巴和菲律宾等地。图为七年战争欧洲战场形势图。

S 法印战争后的北美形势图

此图就是1763年战争结束后北美的形势图。英国虽然胜利，获得了大片领土，但战争消耗了大笔军费，英国将战争经费转嫁于殖民地人民身上，成了日后北美十三州人民反抗英国当局的诱因之一。

R 巴黎和约

英国以胜利者的姿态于1763年在巴黎签署了对战败国法国及其盟国的《巴黎和约》。这份条约规定，由于英国赢得了战争的胜利，所以法属加拿大和密西西比河东部地带的整个新法兰西地区全部要割给英国，法国仅仅保留纽芬兰附近海域的两个小岛；战败国西班牙要回了菲律宾和古巴两块殖民地，但也被迫交割了东、西佛罗里达给英国，同时西班牙还参与瓜分了法国在北美的路易斯安那。英国一下子就拥有了北美大陆二分之一的土地，这是有史以来使交战双方土地易手变动最大的条约。

1774年·1781年

图为1776年9月19日纽约市的一街区被燃烧的大火摧毁，街头发生了规模很大的暴乱。由于北美殖民地忍受不了英国人在北美征收苛捐杂税以及他们对殖民地人的种种限制，最终纷纷起来反抗。北美十三州正式与英国当局决裂，独立战争爆发，北美殖民地人民经过5年艰苦的鏖战，终于摆脱了英国人的殖民统治，建立自己的政府，实现了世界上第一个无君主制的民主共和国家的梦想。

第四章

一个国家的诞生：独立战争与美利坚合众国

1763年 1773年

01 新政策引发的危机

关键词:印花税 波士顿大屠杀

由于英法七年战争所耗经费巨大，也造成了英国国内财政极度紧张，英国政府为解决这一庞大的经济负担，在1763年《巴黎和约》签订后，把大量战争费用的支出都摊在北美殖民地上。为了更好地控制殖民地，同时收取更多的税费支付国内的行政开支，英国政府决定更多插手北美殖民地事务，这一时期颁布的《蔗糖法案》和《印花税法》等一系列的税法激怒了殖民地人民。

法印战争后的殖民地危机	
1763年	《巴黎和约》签订
1764年	1 《蔗糖法案》颁布，开始向蔗糖、咖啡、酒和其他进口商品进行征税 2 奥蒂斯出版了反对《蔗糖法案》的宣传册 A
1765年	《印花税法》开始实施 B
1766年	《印花税法》被取消，但殖民地人民的不满情绪开始蔓延，北美形势日趋紧张 C D
1767年	1 《汤森德条例》通过，再次向北美殖民地征收税 2 殖民地自由之子协会成立，美利坚意识增强 E
1768年	马萨诸塞议会驳斥了《汤森德条例》
1770年	波士顿出现大屠杀事件 F
1772年	英国“加斯帕”号被焚烧，殖民地与英国之间的矛盾加剧

A 反征税宣传册

THE

RIGHTS

OF

COLONIES

EXAMINED.

PUBLISHED BY AUTHORITY.

PROVIDENCE:

PRINTED BY WILLIAM GODDARD.

M.DCC.LXV.

《蔗糖法案》颁布后，詹姆斯·奥蒂斯发布了《殖民地所坚持和被证实的权利》的宣传册，对英国颁布的法案予以深刻揭露。图为这个宣传册的封面。

B 抗议印花税

弗吉尼亚议员帕特里克·亨利在弗吉尼亚众议院发表了一个充满激愤之情的讲话以回应《印花税法》。图为殖民地人民在街头示威，他们焚烧税票，高举反对法案的标语，甚至有人举刀。迫于殖民地人民强烈的抗议和游行示威的压力，英国当局只好取消了《印花税法》，这才平息了民愤。

C 讽刺漫画

印花税被废除后，印花税票被大批运回英国。这幅漫画描绘了在码头上的一队送葬者，他们在装着印花税票的棺材上赫然写着："北美税票小姐，生于1765年，死于1766年。"暗讽了英国当局的无能，同时赞扬了北美殖民地民众抗争的成功结果。

D 纽约示威人群

人民的不满与抗议情绪很快就蔓延到了纽约。人们认为《蔗糖法案》存在不公正性，愤怒的群众纷纷走上街头，吹号打鼓，控诉英国人的愚蠢行径与美利坚人民所受到的迫害。图为纽约市当时的游行抗议场面。

E 美利坚意识

18世纪中期，北美殖民地的"美洲"自豪感增强，他们同英国人的差异越来越明显：美洲式的餐饮习惯、美洲式的语言风格等等。加之各块殖民地从成立之初就有的自由传统，殖民地居民组成成分的多样性等北美特有的因素，北美居民开始用一个词来称呼自己——美利坚人。18世纪60—70年代，美利坚人这个称呼频频出现在报纸和杂志上。北美殖民地独立的思想因素已经形成。

F 波士顿大屠杀

1770年3月5日，一些波士顿居民向一队英国士兵投掷包着石头的雪球，后者随即开火还击，造成了5名居民死亡。图为表现这次大屠杀的版画。之后，在法庭上，只有两名士兵被判了很轻微的罪。这样的结果激怒了波士顿市民，它成为日后美利坚人民坚决抗英的重要诱因之一。

1773年 1775年

02 走向联合的美利坚

关键词:波士顿倾茶事件 第一届大陆会议

1774年，迫于英国当局的压榨，北美十三州的55位代表齐聚宾夕法尼亚州的首府费城，他们共同商讨对付英国针对殖民地的经济限制和纳税法令，史称第一届大陆会议。会议决定，各州与英国断绝商品贸易，同时还向英王呈递《和平请愿书》。这次会议的召开标志着美利坚已经朦胧地形成了自己的民主政权。

逐步形成抗英势力的北美力量	
1773年	波士顿倾茶事件 A
1774年	第一届大陆会议在费城召开 B C D E
1775年	北美成立了马萨诸塞爱国者民兵组织

A 波士顿倾茶事件

1773年5月，英国政府授权东印度公司向北美销售茶叶并免收茶叶税。这令殖民地民众十分愤怒，因为他们在购买这些茶叶后还必须交付额外的茶叶税。12月16日，一群波士顿人假扮成莫霍克印第安人，登上停泊在港口的装载茶叶的货船，将茶叶全部倾倒在海上，是为波士顿倾茶事件。

B 华盛顿

为得到南方支持，议员、律师约翰·亚当斯去劝说那些与北方各州有着同样利益的南方州一起加入反英斗争。1774年的大陆会议，来自弗吉尼亚的乔治·华盛顿成为了55名与会代表之一，图为华盛顿正面像。

C 申诉书

为争取殖民地人民更多的权利，在第一届大陆会议上，与会代表们起草了《权利宣言》《陈情书》《致英国人民书》等文件。文件说明了北美居民不满的缘由，表示殖民地人民仍然“效忠”英王，之前的各种抗议行动全为维持自身的合法权益。图为会议代表的签名。

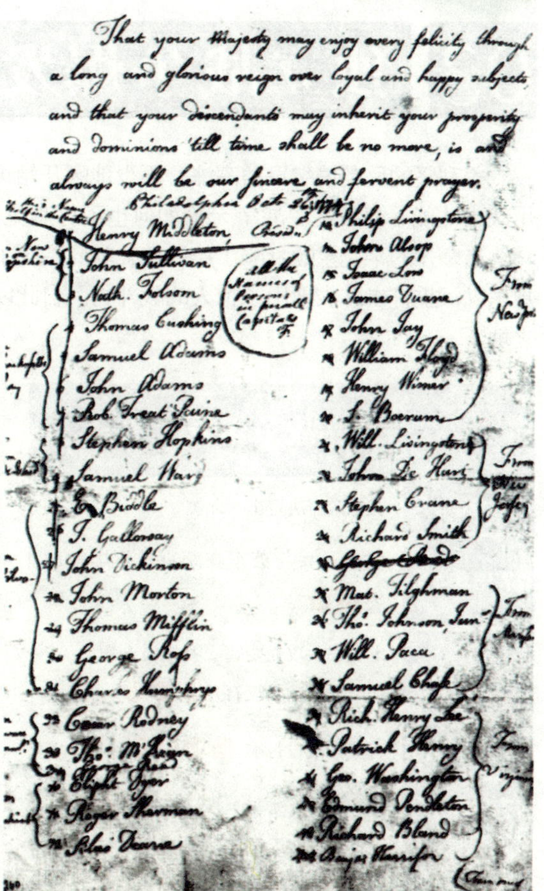
That your Majesty may enjoy every felicity through a long and glorious reign over loyal and happy subjects, and that your descendants may inherit your prosperity and dominions 'till time shall be no more, is and always will be our sincere and fervent prayer.

Henry Middleton
John Sullivan
Nath. Folsom
Thomas Cushing
Samuel Adams
John Adams
Rob. Treat Paine
Stephen Hopkins
Samuel Ward
E. Biddle
J. Galloway
John Dickinson
John Morton
Thomas Mifflin
George Ross
Charles Humphreys
Cæsar Rodney
Tho. M'Kean
Eliphalet Dyer
Roger Sherman
Silas Deane
Philip Livingston
John Alsop
Isaac Low
James Duane
John Jay
William Floyd
Henry Wisner
S. Boerum
Will. Livingston
John De Hart
Stephen Crane
Richard Smith
Mat. Tilghman
Tho. Johnson Junr
Will. Paca
Samuel Chase
Rich. Henry Lee
Patrick Henry
Geo. Washington
Edmund Pendleton
Richard Bland
Benja. Harrison

D 第一届大陆会议

图为表现第一届大陆会议与会者讨论的油画，这届会议一致通过了反《印花税法》的决定，这项法律之所以受到如此强烈的反对，其原因不仅仅在于它增加了殖民地人民的负担，更深远的意义在于，它违背了英国从开始就制定的殖民地管理原则——殖民地有自由经营的权利。

E 首届大陆会议的举办地

图为18世纪70—80年代的费城街市。1774年9月5日，第一届大陆会议就在费城召开。与会者起草了《权利宣言》，要求英国政府取消对殖民地的苛刻法令，实现殖民地人民自治，还要求英军撤出殖民地。第一届大陆会议是殖民地开始形成独立政权的关键会议。

1775年 1776年

03 独立战争爆发

关键词:《独立宣言》 第二届大陆会议

美利坚的反英情绪日益高涨，不少地区开始训练民兵。英王和议会的态度则是：不能让步，必须用武力才能平息叛乱。战争无论如何也不可避免，1775 年的春天，美利坚人民组成的民兵与英军在马萨诸塞州的莱克星顿打响了第一枪，就此拉开了美国独立战争的序幕。战争中，殖民地人给英国正规军以沉重打击，表现出了惊人的战斗力。自此以后，英国人再也不能控制这片原先属于他们的财富之地了。

独立战争爆发	
1775年1月	英国政府决定出兵北美
1775年4月	北美民兵与英军在莱克星顿爆发冲突 A B
1775年5月	北美民兵攻克要塞，兵围波士顿 第二届大陆会议召开 C D E
1775年6月	邦克山战役打响 F G H I
1776年1月	潘恩发表《常识》，号召独立 J
1776年7月	第二届大陆会议通过《独立宣言》，北美人民反英达到新高潮 K L M N O P

A 传报战事

1775年4月18日，英军接到对马萨诸塞州实行军事打击的命令，秘密前往马萨诸塞的康科德去袭击北美民兵的军火库。但他们的计划外泄，波士顿安全委员会命令保罗·瑞维尔和威廉·戴维斯骑着马到莱克星顿等村去通风报信。图上的骑马人正焦急地向村民报告。

B 莱克星顿第一枪

1775年4月19日早上，英军闯入了莱克星顿村，与当地北美民兵发生了冲突。图为在莱克星顿公共草地上，身着红色制服的英军正向北美民兵开火。指挥英军开枪射击的是指挥官约翰·皮特凯恩少校，即画中的骑马者。这场冲突为美国独立战争拉开了序幕。

C 泰孔德罗加堡之战

英军最初的计划是兵分两路，从加拿大和纽约南北夹击波士顿，从而使得波士顿屈服。而北美民兵于1775年5月在尚普兰湖的泰孔德罗加堡要塞的阻击战中，击溃了英军，打乱了英军的部署。图为泰孔德罗加堡要塞。

D 第二届大陆会议

1775年5月10日	第二届大陆会议在费城召开
6月14日	决定组建大陆军
7月5日	通过决议，由约翰·迪金森起草致英王乔治三世的请愿书，表示希望恢复旧有的和睦关系，恳请英王不要采取进一步的敌对行动
7月6日	通过决议，由约翰·迪金森和杰斐逊共同起草《关于拿起武器的原因和必要的公告》，号召大家宁死不屈，同时也表达了不愿意从英国分离的愿望
1776年3月	大陆会议改变了立场，装备了私掠船，并发布缉拿英国商船的特许状
4月	废止涉及美洲的一切贸易法令
4月12日	北卡罗莱纳代表在大陆会议上要求宣布独立
5月15日	弗吉尼亚代表在大陆会议上要求宣布独立
6月11日	会议决议，组成以杰斐逊为首的5人小组，起草独立文件
7月2日	大陆会议投票，决定独立，纽约代表投弃权票
7月4日	大陆会议通过《独立宣言》
9月9日	经纽约代表同意后，《独立宣言》公布

E 成立大陆军

1775年6月14日	第二届大陆会议决议，将目前波士顿地区的军队组建成大陆军，并从宾夕法尼亚和马里兰招募新兵
6月15日	任命华盛顿为大陆军总司令，此外还任命了4名少将、8名准将
9月	大陆会议决定扩充军队
10月	大陆会议决定组建海军
11月10日	成立海军陆战队
12月3日	“艾尔弗雷德”号舰艇上升起了代表北美联合殖民地的“大联合旗”，这是“大联合旗”首次出现在公众视线中
1776年1月1日	共招募了8000余名新兵

F 北美人民的态度

战争初打响之时，大多数美利坚人的态度是：不和英国决裂，仅给予英军一些打击，在和英方的谈判中增加一些筹码。但是随着局势的变化，特别是英王乔治三世于1775年8月23日宣布北美处于叛乱中，要求绞死殖民地领袖之后，美利坚居民迅速分化为两派：革命派和效忠派。后者主要是一些代理商、官员、牧师和种植园主等，他们组成军队或者直接加入英军，和革命派展开激战。失败后离开美国，前往加拿大或英国，1775年—1783年中离开美国的效忠派大约有10万人。

G 邦克山炮战

1775年6月17日，英军为解波士顿之围，向驻扎在波士顿周边的美军发起攻击，是为邦克山炮战。美军占据查尔斯顿半岛上的邦克山，用大炮轰击增援波士顿的英军。图为英军的波士顿阵地与美军的查尔斯顿阵地隔水对峙，两军酣战，查尔斯顿阵地上火光冲天。

H 邦克山阵地攻守战

在邦克山战役中，北美民兵隐藏在草丛中突袭了2000余名攻来的英军。但在英国人三次冲锋的强大攻势下，弹药已经耗光的民兵不得不撤出邦克山阵地。虽然英国人最终夺取了阵地，但却付出了损失1000多人的惨重代价，而民兵只损失了400多人。图为英美军队近身肉搏时的惨烈景象。

I 约瑟夫·华伦战死疆场

美国人在战斗中展现了高昂的斗志。其中一位名叫约瑟夫·华伦的勇士向众人宣称："英国人说我们不能打仗，那么这回我将战斗到流尽最后一滴血来回击他们。"图中已经躺在战友怀里奄奄一息的就是华伦。

J 潘恩和《常识》

潘恩的《常识》猛烈抨击了英国的政治制度，认为国王和上议院是君主独裁和贵族专制的残余。他主张北美大陆应该和英国分离，这样才能和欧洲其他国家结盟。同时，他还主张建立议会制的共和政府。《常识》在不到3个月的时间里发行了12万册，几乎所有的北美成年白人都阅读过此书，《常识》在社会上产生了巨大的影响，为北美殖民地的独立做好了舆论准备。

K 暴跳的马

在这幅暗示美利坚要独立的漫画中，代表美利坚的马暴跳如雷，让骑在它背上的英国主子快要跌到马下。这说明，此时英国已经无法控制北美这块殖民地了。而画中远处有一个肩扛大旗的美国军官正潇洒地走着，这也暗示美国将成为民主自由的独立国家。

L 第二届大陆会议通过《独立宣言》

图为约翰·杜鲁布尔在1818年所作的油画，这幅画再现了1776年7月4日美国第二次大陆会议通过《独立宣言》时的情景。《独立宣言》列举25种对英王的不满，宣告北美十三个殖民地脱离英国独立，此后北美殖民地的战争由武装起义转变为独立战争。

本杰明·富兰克林，美国著名科学家和政治家，为独立战争的胜利在外交上做出巨大贡献，还曾参加制定美国宪法

国会议员约翰·亚当斯，曾争取过南方州的反英活动

大陆会议主席约翰·汉考克

罗伯特·利文斯顿，建国后成为驻法公使

托马斯·杰斐逊，建国后成为美国第二任总统

M 独立之声传北美

《独立宣言》一经发表，便以迅雷不及掩耳之势传遍北美各地。图为一个临时政府派来的信使，他骑在马背上向北美民众宣读了《独立宣言》，周围群众全都将其团团围住，侧耳倾听。图左面墙上还贴出了“北美独立，1776”的告示。

N 自由的钟声

在《独立宣言》宣读之后的1776年7月8日，来自高塔的自由之钟的敲击声响彻整个费城的街道上空。它的响声也如同英国统治北美时期结束的丧音，从此北美进入一个新的时代。

O 独立纪念馆

图为美国独立纪念馆，它位于前宾夕法尼亚州州政府所在地费城。著名的《独立宣言》就是在这里被第一次宣读，而美国第一部宪法也是在这里起草的。《独立宣言》大量采用欧美启蒙思想家的观点，特别是天赋人权的思想。

P 摧毁乔治三世塑像

《独立宣言》在费城被宣读以后，1776年7月9日晚上，纽约市民从四面八方涌向百老汇大街高耸的乔治三世塑像下，愤怒地捣毁了它，并将它熔化铸成了1800公斤重的铅子弹用于独立战争。画面上正是市民捣毁塑像的一幕。此时美利坚独立意愿已成为主流。

1775年　1777年

04 中部的战斗

关键词:筹建海军 泰孔德罗加堡要塞 萨拉托加大捷

邦克山战役后，英军从波士顿撤退待援。1776 年 8 月底，英援军到达，统帅威廉·豪击败美军，占领纽约。英军虽暂居上风，但 1777 年的萨拉托加大战给予了英军沉重的打击，美利坚大陆军名声大噪，不少欧洲国家开始与美利坚结盟。英国在欧洲的主要竞争对手法国因在七年战争中败给英国，一直企图复仇，此时不仅和美利坚结盟，更承认美国为独立国家。这使得美国在完全摆脱英国殖民的道路上更近了一步。

邦克山战役后战争进程	
1775年6月	美利坚组建的海军开始打击英国海军 A B
1775年11月	美军北攻加拿大 C D
1776年3月	美海军袭击巴哈马 E
1776年8月—11月	英军进攻纽约，华盛顿战败后，英军占领纽约 F
1776年12月	美军痛击了驻扎在特伦顿的英国黑森军团 G
1777年7月—10月	美军取得萨拉托加大捷，英军夺占费城 H I J K L M N O
1778年2月	美利坚与法国签订同盟条约 P
1778年6月	英军从费城撤退，退守纽约 Q

A 海军的发展

1775年6月	奥布莱恩将军在缅因捕获英国皇家海军“玛格丽塔”号
1775年10月13日	大陆会议批准采购和建造军舰，正式组建海军
1776年3月3日	霍普金斯偷袭了巴拿马首府拿骚
1776年6月	美军用了一个多月在尚普兰湖组建了一支海军
1776年10月	尚普兰湖战役，美国海军拖住了英国进攻的脚步
1778年	法国与美利坚结盟，增加了美海军实力

B 夺取“玛格丽塔”号

1775年6月12日，缅因自由之子社（一个反英组织）在耶利米·布莱恩的率领下驾驶单桅帆船，截住了英国调查船“玛格丽塔”号并迅速夺取了该船。图为早期的版画，表现的就是这次海上军事行动，它标志着北美人民在独立战争中开始打击英国的海上力量。

C 蒙哥马利将军战死

1775年12月30日，蒙哥马利将军率军进攻加拿大重镇魁北克，但因为双方实力悬殊，被驻地英军重创，损失惨重，蒙哥马利将军战死，画面就是表现这一场景。此后，由于美军在加拿大地区人数过少，无法再发起成规模的进攻。

D 美军北攻加拿大

邦克山战役后，北美军队一时掌握主动。为争取加拿大殖民者的抗英力量，扩大战果，蒙哥马利将军北进加拿大。1775年11月13日，他们占领了蒙特利尔，但在次月，他率领的军队被英军击败，蒙受重大损失。到1777年年初，美军在加拿大仅剩约500人，这些人根本无法摧毁英国在尚普兰湖的强大势力，当年就被赶出了魁北克，远征失败。

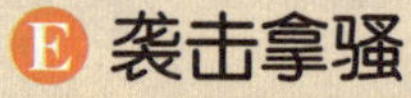

E 袭击拿骚

这两艘单桅军舰停泊在蒙塔古要塞附近的海岸上，已经被美大陆军海军俘获，并升起了美利坚的旗帜

美国主力舰只“阿尔弗雷德”号，担任这次主攻拿骚蒙塔古要塞战役的将领是美军上尉萨缪尔·尼古拉斯

美海军陆战队登陆艇

新组建的北美大陆军海军陆战队士兵

巴哈马新普罗维登斯岛海岸

1776年3月3日，北美新组建的大陆海军的一个中队由霍普金斯率领登上了巴哈马新普罗维登斯岛，这是加勒比海上的英国殖民地，是英国海军进攻北美十三州的重要基地。霍普金斯的部队划着小船悄悄地靠近海岸。占领滩头后，他们夺取了图左面的“斯库纳黄蜂”号和“普罗维登斯”号两艘战舰，并成功袭击了巴哈马首府拿骚。

F 纽约沦陷

邦克山战役的结果让英军改变了作战计划，他们开始将主攻方向转移到波士顿以外的其他城市。1776年9月，英国的豪将军袭击了曼哈顿岛，岛上残余美军撤退。10月，豪将军登陆皮尔基地，攻取了尚留在哈得孙河两岸美军的华盛顿堡垒和利堡垒要塞。在进攻利堡垒要塞时，英军将官康沃利斯率领载有大炮的帆船从新泽西州的哈得孙河岸上悄悄登陆，爬上高地，翻过木栅栏，突然兵临利堡垒。这迫使美军主帅舍弃了利堡垒。至此，英军完全占领了纽约。

G 破冰前行

1776年的12月，华盛顿不受军事惯例束缚，带领2400多人穿过结冰的特拉华河，进攻在宾夕法尼亚的特伦顿英国驻军。图为华盛顿和他的民兵正在河道上凿冰开路，向对岸挺进。一周后他们击退了英国雇用的黑森军团，此后华盛顿率领的军队势不可当。

H 萨拉托加大战经过

1776年6月	英军将领伯格因率军从加拿大出发，兵分两路，准备秋季到达奥尔巴尼
7月5日	英军将领伯格因攻占泰孔德罗加要塞
8月16日	本宁顿战役，美军在斯塔克的领导下大败由伯格因率领的英军，俘虏700人
9月13、14日	柏高宁带军越过哈得孙河，逼近奥尔巴尼
9月19日	弗里曼农庄之战，英军死600人
10月7日	比米斯高地之战，英军伤亡人数是美军的5倍
10月9日	伯格因领兵撤至萨拉托加附近，被美军包抄，供应线和撤退路线被截断
10月17日	伯格因率兵6000人投降

I 合围英军

1777年夏天，英军统帅伯格因将军带着他的情妇与7000名英军从刚被攻占的尚普兰湖南端的泰孔德罗加要塞赶往萨拉托加。在这里，他遭到霍雷肖·盖茨将军领导下的美军的合围。画面表现的正是这一场景。

J 英军投降

10月17日，面对美军强大的攻击，在这种情势下，英军将领根本无法挽回失败的厄运。如图，在萨拉托加的战场上，穿着鲜艳的红、黄、白三色制服的英国将领伯格因投降了穿着蓝色衣服的美国盖茨的军队。对于大英帝国来说，这场战役的失败是灾难性的。

K 萨拉托加战场

图为1777年萨拉托加战役中，美军和英军大战的画面。在丛林中，美军如鱼得水，左突右撞，不断变化队列，令英军仓皇逃窜。在独立战争中，美利坚之所以获胜，不仅仅是因为他们的将领指挥得当，美军的顽强和作战灵活也是一个重要的原因。

L 双方的将领和兵力

项目	英方	美方
将领	约翰·伯格因 巴里·圣莱格	霍雷肖·盖茨 本尼迪克特·阿诺德 丹尼尔·摩根 撒迪厄斯·科西阿斯 亨利·迪尔伯恩
兵力	7000人	20000人
火力	火炮42门	500火枪
战术	直线型队列	分散流动战术

M 斯坦威克斯要塞

1777年7月，英军上校巴利·圣莱杰带领重兵包围了位于奥尔巴尼西部莫霍克河上的斯坦威克斯要塞，英军火力迅猛，当地民兵组成的防线即将崩溃，要塞面临失守。华盛顿闻讯派遣阿诺德将军率领大陆军赶来支援，听闻此消息，圣莱杰急忙退到加拿大，斯坦威克斯要塞得以保全。

斯坦威克斯要塞之战在萨拉托加大战中占据重要的地位，它对于后来切断英军撤退和补给路线有重要的作用。

N 遭袭的民兵

1777年8月6日，民兵司令尼古拉斯·赫基摩的军队中了印第安人和加拿大军队的埋伏，在战斗中，他的大腿受了重伤。十天后，他的腿被截肢。图为赫基摩在受伤后，仍然坐在地上指挥民兵作战。在华盛顿的军队中，还有不少这样刚毅的将军，他们在战争中得到了锻炼和磨砺。

O 英军夺取费城

1777年，英军的一个主要作战目标是夺取大陆会议的所在地费城，迫使美军投降。9月，豪将军率军1.8万南下，于11日击败华盛顿部队，26日彻底占领费城。此役，美军伤亡900人而英军伤亡558人。大陆会议随即转移至宾夕法尼亚的约克。英军占领费城最重要的意义是对美利坚人民的心理产生了震慑作用，从军事角度看，费城并非要地，所以意义不大。

P 美法同盟结成过程

1776年9月17日	大陆会议通过了约翰·亚当斯起草的关于和外国缔结条约的计划
9月26日	派遣三名代表前去欧洲约谈
12月初	富兰克林抵达法国，虽受到热情款待，但双方未签署实质性文件
1777年1月5日	富兰克林、迪恩和李联合写信给法方高层，声称要将印度送给法国做报酬，但法方未表态
12月	法方得知英方两次派特使和美利坚和谈，也派人和美方接触
12月17日	法国宣布承认北美合众国独立
1778年2月	法、美签订两个条约，正式参战，援助美国
5月4日	大陆会议通过和法国签订的两个条约

Q 华盛顿攻克费城

萨拉托加战役后，战争的形势发生了巨大的转折。1778年6月28日，大陆军统帅华盛顿的军队在新泽西的蒙茅斯豪斯战场上所向披靡，大败英军。图为华盛顿身骑狂奔的战马，手舞锐利的军刀，在扬起的尘埃中受到士兵们的欢呼。此时的英军早已不愿坚守费城，他们准备撤往纽约了。

1779年 1781年

05 南方的战争

关键词:康沃利斯 约克敦

英军统帅康沃利斯在卡罗莱纳作战失利，于是英国从北部的纽约调运大批战备物资，利用海上运输的方式到康沃利斯所在的约克敦。与美国结成同盟的法国派遣海军在半道截击运输物资的英国船只及其护卫舰船，成功切断了海上补给线。在陆地上，美法军队又成功攻克了约克敦，这样，得不到陆地和海上支援的康沃利斯只好向美军投降，卡罗莱纳的南方地区负隅顽抗的英军也被消灭殆尽了。

南方的的战争		
1778年12月	英军攻取萨凡纳	法国、西班牙协助美军打击英国海外殖民势力 G
1779年	1 南方美军与法军反攻萨凡纳，遭遇失败 2 美海军上尉琼斯击溃英国舰队 A B	
1780年	1 英军海陆并进，进攻南卡罗莱纳的查尔斯顿，美军大败 C 2 民兵和大陆军也联手攻克英国据点 D	
1781年1月和3月	1 美军开始转向反攻 E 2 美南方民兵游击队的摩根马 大败英军 F	
1781年3月—9月	美军在南方继续与英军艰苦作战 H	
1781年9月	美法联军合围约克敦 I J K	
1781年10月	英军统帅康沃利斯投降美军 L M N O	

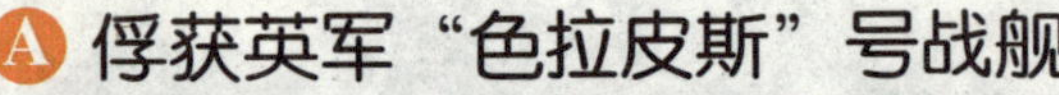

A 俘获英军“色拉皮斯”号战舰

为切断英国的海上补给线，1779年9月23日，美国海军上尉约翰·保罗·琼斯在英国近海率领美法舰队对英军舰队发起了近战攻势，击败了英国海军。图为琼斯的旗舰好人理查德号在当天夜晚袭击并俘获了英国的色拉皮斯号战舰。

B 琼斯上尉的漫画

图为美国海军上尉约翰·保罗·琼斯的漫画。琼斯在美国独立战争期间立下了赫赫战功，也因此被英国人所仇视。图中的他就被英国漫画家刻画成十恶不赦的海盗形象。

C 英军击溃南方部队

南方的卡罗莱纳本没有大陆军，直到1780年，大陆会议授权霍雷肖·盖茨组织并领导了4000人的南方部队。但在8月16日，英军将帅康沃利斯就在南卡罗莱纳州的卡姆登重创了这支部队。图为英军骑兵将刚建立的南方大陆军打得溃不成军。

D 摧毁莫特堡

1780年，南卡罗莱纳的大陆军在主帅弗朗西斯·马里昂的指挥下，集中力量打击英军。他们使用了燃烧的火箭，向被英军占据的莫特堡的房屋射击，顿时火光冲天，英国人一面扑火一面撤离。随着美国人不断地射击与进攻，莫特堡被攻克了。

E 战略反攻阶段及胜利

1781年8月	1 英军将领康沃利斯退守弗吉尼亚的约克敦； 2 华盛顿南下弗吉尼亚，法军战舰在约克敦海岸集结
9月28日	美法联军包围约克敦
10月17日	英军请求谈判
10月19日	英军正式投降

F 摩根马

图为大陆军准将丹尼尔·摩根马的肖像，他是美国独立战争中涌现的杰出军事家。1781年1月，英军将领塔勒敦在北卡罗莱纳的克皮恩斯开阔区遭遇了摩根马的部队。摩根马让民兵诱敌深入，后撤到英军后面的山岗上，然后再让民兵袭击英军左翼，骑兵与海军和陆军攻击英军右翼，结果大获全胜。

G 西班牙、法国参战

法国和西班牙分别于1778年和1779年与美国结盟并对英宣战。1779年，法国占领非洲塞内加尔的圣路易斯和西印度群岛的几个岛屿；西班牙与法国联合舰队远征英国本土，未能成功。1780年7月，法国特别远征军登陆纽波特。1781年，法国通过海战获取切萨皮克湾制海权，然后与美军联合攻克约克敦，北美独立战争获得胜利。同年，西班牙与法国联军占领佛罗里达的彭萨科拉。1782年，西班牙—法国联军占领地中海西部岛屿米诺卡的圣菲利浦要塞。1783年，英法在印度展开拉锯战，英军失利。这一系列的军事进攻迫使英国放弃了北美十三块殖民地，并于9月3日与美利坚在巴黎签订合约。

H 格林将军的民兵团

美军司令拿·格林在1781年3月15日的战役中十分巧妙地将民兵和训练有素的大陆军相互结合起来，给在北卡罗莱纳来袭的英军造成令人震惊的重大伤亡，取得了吉尔福特·豪斯战役的胜利。图为格林准将和他的罗得岛民兵团。

I 约克敦会师

1781年华盛顿声东击西，佯攻纽约，实则向约克敦进发。当英军回撤纽约组织协防时，华盛顿已于9月初成功与援助美国的法国军队在约克敦会师，这样华盛顿的兵力更为强大。这幅图描绘的就是美军与法军在约克敦会师时向法军脱帽致敬表示欢迎。

J 海陆合围约克敦

法国舰队在打败英国海军后，控制了约克敦沿海地区，借助法国舰队的策应，美法联军完成了对康沃利斯驻防的约克敦的陆海大合围。图片为美法联军的海、陆两军在约克敦城外会师，呈围城之势。

K 联军冲向英军阵地

1781年下半年，美法联军已经迫近弗吉尼亚的约克敦。图为如汹涌浪潮一样的美法联军突破英军防线，将阵地壕沟后面的木蒺藜撕裂开，与迎面着红色军服的英军作近身肉搏战。这一场面预示着英军在北美十三块殖民地的统治即将终结。

L 英军将领投降

M 1781年英国在北美最后的统治

1781年1月5日	英军在里士满大肆抢掠后焚烧里士满
5月9日	彭萨科拉城沦陷，这标志西班牙占领西佛罗里达
7月20日	奴隶在弗吉尼亚的威廉斯堡暴动
9月5日—8日	在约克敦战场的法国海军击败了英国舰队

美法联军对约克敦进行了长达90天的围困，10月17日，一个英国小鼓手爬到约克敦的城头击鼓表示请求休战，英国军队撤出约克敦城。图为英军将领康沃利斯郑重地献出了指挥官的宝剑表示投降。为庆祝胜利，法军的随军乐队还演奏了《天翻地覆的世界》的乐曲。

N 英美媾和

1782年末，英美终于从战场上走到谈判桌前。图为这个时期英国出版的一幅极富乐观主义的漫画，漫画的右边，代表英国的不列颠的母亲与左边头戴羽冠、身披烟叶的印第安少女拥抱在一起。画面中不列颠母亲手中的长柄兵器顶端还套着“自由”的口袋，似乎是她赋予了印第安少女自由的权利。

独立战争的胜利结束

1781年10月19日，英军列队在约克敦城外正式向北美军队投降。图中身着红色军服的英军队伍绵延2000米，图中身穿蓝色制服的是援助北美军的法国部队，而北美军队只穿着鹿皮，尚无统一正式的军装。从一定角度上说，北美的独立也得益于法国人的帮助。

英军将领奥哈拉率领7157名官兵投降

美军将帅林肯

法军将领德·格拉斯

众多自发前来观看英军投降仪式的北美民众，为了视野更开阔，有人甚至爬到树上。

约克敦战役后，英国的诺思政府被迫辞职，美英双方未再进行大规模的战斗，大陆会议开始着手恢复经济。1781年底，北美银行成立，通过外交手段，获得了法国、荷兰等国的贷款和军需品，初步抑制了疯狂的通货膨胀。而在战争期间，由于英国的封锁，北美的投资者开始将资金从贸易转向制造业，采矿、冶金、军工、棉纺业迅速发展，美国经济开始了独立发展之路。

嬉闹的美国大陆军士兵。参加约克敦战役的美国大陆军人数为7980人，民兵3153人。其中，23人阵亡，65人负伤。

一群前去观看仪式的黑人。自1777年起，地方政府开始陆续招募黑人入伍，甚至规定如果黑人加入大陆军，就可获得自由。大批黑人开始加入战争并涌现出如萨勒姆·普尔这样的战斗英雄，为北美独立做出巨大贡献。

1782年　1783年

06 巴黎和约

关键词:巴黎和约

在美国独立战争时期，英国一方面同美国作战，且连尝败绩；另一方面，它还受到法国、西班牙和荷兰等国的联合封锁；在国内，它无休止发行国债，债台高筑。在这些因素的联合作用下，英国政府决定暂时妥协。1782 年 3 月，英国政府宣布停战。同年 11 月，英国与美国签订和约，承认美国独立。次年，英美正式签署《巴黎和约》。

巴黎和约	
1782年3月	英国宣布停战
1782年11月30日	美英代表在巴黎签订停战协定
1783年	1 美英政府在巴黎签订《巴黎和约》A 2 《巴黎和约》是英政府对美、法、西等国妥协的结果 B

A《巴黎和约》签订后欧洲国家对英国的讽刺

图为表现1783年英美《巴黎和约》签订后的一幅讽刺漫画。图远处是大西洋上爆炸的军舰，暗指英国失败的战果。图中左一为荷兰，左二为西班牙，右二为法国，这三人正在嘲笑英国。右一的英国高举双手表示投降，一脸无可奈何的表情接受奚落。

B 华盛顿进入纽约

图为1787年5月13日，乔治·华盛顿在《巴黎和约》签订之后进入纽约，准备参加新生共和国的制宪会议，纽约居民夹道热烈欢迎的盛大场面。

1776年 1789年

07 由邦联条例到联邦宪法

关键词:邦联条例 联邦宪法

早在美国爆发独立战争之前，各个殖民地都有自己独立的宪章体系，从某种意义上说，每个州都可被视为是独立的国家。1777 年的大陆会议上，代表们提出，希望能拥有一个可以统治十三州的联合政府，制定统一的法律。为此，会上通过了这个代表十三州政府职能的《邦联条例》法案。但由于此法案局限性大，制定时间仓促造成了漏洞较多，因此在战后需要制定一套完备的宪法。

1776年	大陆会议上对是否推行邦联制存在争议
1777年	星条旗被作为美国国旗 A
1781年	《邦联条例》正式生效
1784年	美国经济大萧条，国会无权管理
1786年	马萨诸塞州爆发谢伊革命，证明联邦政府管理制度亟待改进
1787年	费城召开制宪会议
1787年—1789年	1 《西北法令》颁布，规定西部土地只能收归联邦政府 2 新联邦宪法出台 B

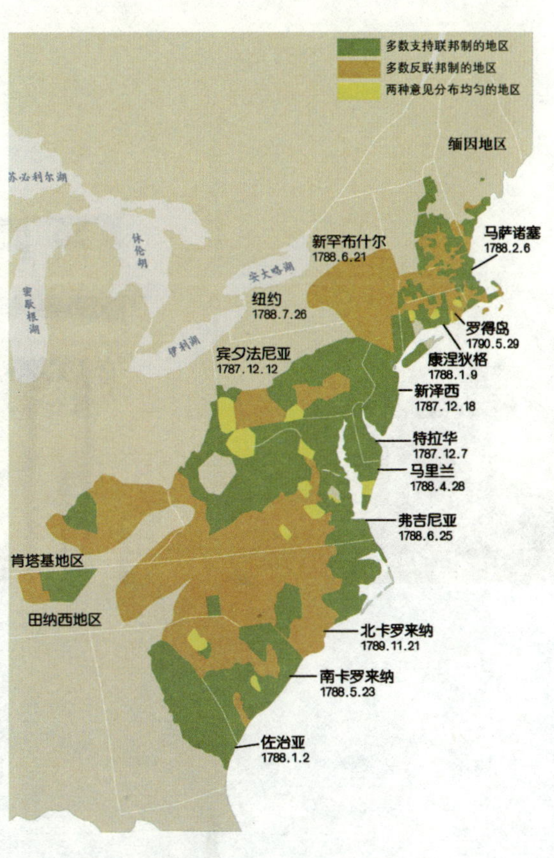

B 各州逐个批准宪法

新宪法最明显的特征是确定了人民主权和共和原则，明确了立法、司法和行政三个部门三权分立，确定了保护私人财产的原则。1791年12月15日，新宪法——《权利法案》正式生效。《权利法案》共10条，它对之后的其他资本主义国家的宪法制定产生了重要影响。图为各州批准宪法的日期。

A 美国国旗

贝齐·格里斯科姆在独立战争爆发后来到费城，着手设计美国国旗。1777年6月14日，大陆议会正式批准贝齐设计的国旗款式。国旗的十三颗星代表联邦政府是由十三个独立的州组成，之后随着新州的加入，国旗上的星星也随之增多。图为美国普通的家庭在看新国旗。

1789年 · 1840年

图为美国国家政权的标志——白宫。新的国家在1789年最终确定国都设在弗吉尼亚与马里兰交界的一块空地上，都城以美国第一任总统乔治·华盛顿的名字命名。为了彰显新国家的形象，他的总统官邸需要重新建造。1793年，一个爱尔兰建筑师詹姆士·赫本主持设计建造了白宫。

第五章

和谐与分歧：共和国早期的政治建设

1789年 1800年

01 联邦政府的初建

关键词:华盛顿 杰斐逊 汉密尔顿

1789 年 2 月，华盛顿当选为首任美国总统，组成了首届内阁政府。当时的美国外有英国居心叵测，内有各州纷争不断；经济上国家公共信用扫地，同时背负大笔借贷。在内忧外患中，华盛顿启用了汉密尔顿、杰斐逊这样的卓越人才，采取了一系列的措施，确立了宪法权威，使经济发展走入正轨，新生的美国国家政权得以巩固和发展。

1788年7月2日	联邦国会宣布新宪法生效，开始进行总统和国会议员选举
1789年2月4日	华盛顿当选为首届总统，约翰·亚当斯当选为副总统 A B C
1790年—1793年	汉密尔顿和国务卿杰斐逊就建立国家银行等诸多问题产生争议，被称为“杰、汉之争”，美国产生政党雏形 D E F G H I
1793年8月	出现“热内问题”，美、法关系受挫 J K
1793年底至1794年初	英国劫持美国商船，并宣称要永久占领美国西北部的据点，美、英关系恶化
1794年11月19日	《杰伊条约》签订，美、英关系缓和 L M
1795年10月27日	《平克尼条约》签订 N
1796年5月18日	《1796年公共土地法案》通过，土地售价翻倍，普通家庭无力购买，开始开发西部土地
1797年3月4日	联邦党人在选举中获胜，约翰·亚当斯当选为总统
1797年10月	美国大使前往巴黎谈判，但发生了法国外长公然向特使索贿的“XYZ事件”，美国和法国的关系再次恶化
1798年	联邦党内部分裂，国会通过了四项干涉人权的法案，遭到了国民的强烈反对，联邦党声誉扫地

A 华盛顿就职

图为华盛顿就任总统仪式，图中持剑手按《圣经》的为华盛顿。他创立了内阁制，就任后首先建立的是外交部，后来更名为国务院，首任国务卿为杰斐逊。1796年，他在第二任总统期满后宣布不再担任总统一职，形成了美国总统最多连任两届的惯例。

B 约翰·亚当斯

图为约翰·亚当斯，美国第二任总统。他早年是律师，1765年他在《波士顿公报》上发表文章抨击《印花税法》，之后便积极从政。美国独立战争期间，他出使法国和荷兰，与这两个国家缔结合约，孤立英国。他也是《独立宣言》起草委员会的成员之一。

C 政府组织成立时间一览

1789年3月1日	首届国会召开，共91名代表参加
1789年4月30日	华盛顿在纽约就任总统
1789年9月2日	财政部成立
1789年9月11日	汉密尔顿被任命为财政部部长
1789年9月20日	邮电总局成立，塞缪尔·塞斯古德任局长
1789年9月24日	国会通过了联邦司法条例，设立最高法院，约翰·杰伊为首席法官；成立联邦司法部，埃德蒙·伦道夫为总检察长

D 汉密尔顿

图为汉密尔顿，他是个国家主义者，同时相信人本恶的理论，对民主主义思潮抱怀疑态度，同时认为政府的最主要作用是维护社会、经济等的秩序。他深受重商主义理论和古典政治经济学的影响，主张保护关税，鼓励商业和制造业发展，发挥政府的作用控制经济发展。

E 汉密尔顿的经济政策

1789年7月，在汉密尔顿的倡导下，第一个关税法案出台，对大部分进口货物征收关税。当时由于联邦政府借债过多，连利息偿还都有困难，针对这种情况，1790年1月，汉密尔顿在国会作了名为“充分支持公共信用”的报告，明确指出必须偿还国内外的贷款，同时由中央政府负责归还战争期间各州的借债。这使得国内外的投资者对政府产生了信心，同时吸引了新的投资，恢复了国家信用。

1790年12月，汉密尔顿提出征收国产税，同时建议建立国家银行，稳定通货。在关于制造业的报告中，他主张劳动分工，吸引妇女和儿童加入，鼓励移民等措施。

汉密尔顿稳定了国内经济秩序，同时也确立了美国经济的政策和目标，在美国建国早期社会影响深远。

F 美国第一国家银行

图为设在费城的美国第一国家银行总部，它建于1791年，它的设立奠定了美国早期金融业的基础。银行成立后，废止了各州发行的纸币，发行了统一的货币，促进了国家统一的金融市场形成；由于银行对外募资，也给政府带来了大量的资金。

G 杰斐逊

这是托马斯·杰斐逊的画像。杰斐逊是美国第三任总统，他深受法国启蒙思想家的影响，相信天赋人权，反对君主专制。他认为当政府损害人民的利益时，人民有起义推翻政府的权利。杰斐逊和汉密尔顿在许多问题上的看法相左，争执激烈。

H 杰、汉之争

分类	杰斐逊的观点	汉密尔顿的观点
哲学政治思想	自然权利 天赋人权	国家主义者 认为政府是建立在遏制私人欲望的基础之上的
政府体制	主张州权 反对社会权力集中	主张联邦政府集权
经济	信奉重农主义	信奉重商主义
国体	若无民主基础，共和制根本不值得施行	共和体制只有在一个统治阶级的领导下才能成功维持
国家银行之争	杰斐逊认为，联邦宪法并没有赋予国会创建银行的权力，而国会权力不应该无限制的扩大，所以国会创办银行属于违宪	创建国家银行的提案交由国会，汉密尔顿认为，创建银行尽管不是宪法所明确列举的国会权力，但是属于引申权力，所以国会有权批准建立银行

I 联邦党和民主共和党

在美国建国之初，杰、汉之争逐渐演变为两个派系之争。一个是以汉密尔顿、约翰·亚当斯和平克尼为首，他们主张中央集权，联邦政府的统治必须强化，这一派叫做联邦党；另一派则以杰斐逊、麦迪逊和乔治·克林顿为代表，他们主张联邦政府的权力必须受到限制，而各州的政府权力应当更大，他们被称作民主共和党。这两党的争执奠定了美国两党制的传统。

J 美国中立

1789年7月，法国爆发大革命，图为当时法国贵族逃窜的场景。此后不久，英、普、奥等国联合干涉法国内政，双方交战。按照1778年美、法签订的协议，美国有义务在战时保护法属西印度群岛。但是根据当时的国际形势，美国于1793年4月22日宣布中立。

K 热内事件

就在美国宣布中立的同时，法国特使热内来到美国。他的任务是说服美国政府，借用美国领土作为进攻英国和西班牙殖民地的基地。他四处招募军队，鼓动叛乱，令华盛顿政府不安，最后华盛顿拒绝向热内提供资金。遭到拒绝的热内绕过政府，直接向美国国民借款并且继续招募军队。1793年8月，华盛顿内阁请求法国政府召回热内。法国政府同意这一请求，但是也要求美国召回驻法公使，双方关系降温。

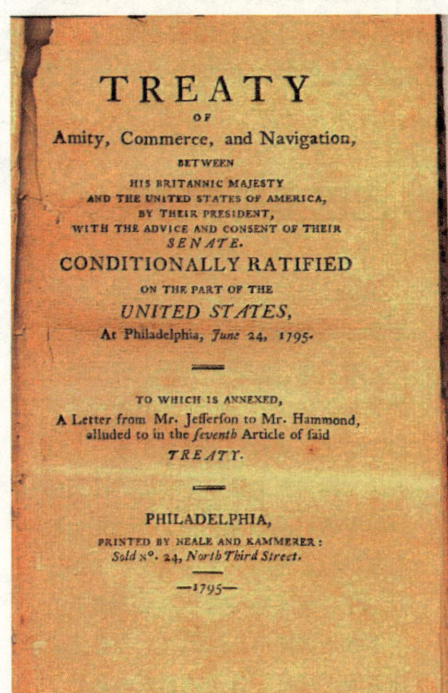

TREATY
OF
Amity, Commerce, and Navigation,
BETWEEN
HIS BRITANNIC MAJESTY
AND THE UNITED STATES OF AMERICA,
BY THEIR PRESIDENT,
WITH THE ADVICE AND CONSENT OF THEIR
SENATE.
CONDITIONALLY RATIFIED
ON THE PART OF THE
UNITED STATES,
At Philadelphia, *June* 24, 1795.

TO WHICH IS ANNEXED,
A Letter from Mr. Jefferson to Mr. Hammond,
alluded to in the *seventh* Article of said
TREATY.

PHILADELPHIA,
PRINTED BY NEALE AND KAMMERER:
Sold N°. 24, North Third Street.
—1795—

L 杰伊

美国虽然宣布中立，但是美国的商船却替法国运送物资，为此，英国枢密院于1793年12月6日发布命令，要求拦截中立国替法国运输的船只，美英战争一触即发。1794年春，枢密院撤销命令，美国派遣首席法官约翰·杰伊赴英谈判。图为约翰·杰伊。

M《杰伊条约》

1794年11月19日，美英双方在伦敦签订了《杰伊条约》，图为《杰伊条约》封面。条约规定英国从美国西部撤兵，允许美国船只到达东印度群岛。而美国答应偿还战前所欠的私人债务。此条约避免了美国卷入战争，也缓和了美英关系，但是却让美法关系再度降温。

N《平克尼条约》

为了能在密西西比河上运送货物，杰斐逊在1795年派平克尼斡旋，与西班牙签订《平克尼条约》，准许美国人在密西西比河上自由航行和在新奥尔良存货。经过几年经营，新奥尔良已经变成非常繁华的海港城市，图为1803年绘制的新奥尔良城市的风景。

1801年 1811年

02 杰斐逊时期

关键词:杰斐逊政治革命 麦迪逊

杰斐逊是第一个作为民主共和党当政的总统。他上台后，在政治上削弱中央政府权力，强化了各州的自主权。同时降低军费预算，减少税收，取消《客籍法》和《镇压反叛法》。在军事上，他成功打击了巴巴里海盗，维护了美国的贸易地位。在外交上，他从法国那里购买了路易斯安那地区。他之后的下一任总统麦迪逊取消对英法的贸易限制。历史上把杰斐逊和麦迪逊的执政时期合称为杰斐逊时期，这是美国民主政治的发展时期。

1801年	1 2月，杰斐逊当选为总统，开始了民主共和党人连续执政24年的历史 2 美国与法国解除了独立战争时期的盟约
1802年	杰斐逊改编陆军，建立西点军校
1803年	4月30日，美法签订条约，美国购买了路易斯安那和新奥尔良地区 A
1801年—1805年	巴巴里战争 B C D
1806年	1 4月，美国颁布《禁止输入法》，宣布禁止某些英国产品的进口 2 11月，杰斐逊发通缉令，捉拿前副总统伯尔 E
1807年	1 9月，伯尔案宣判 F 2 12月，国会通过《禁运法》，所有的来美船只全部封锁在美国港内
1809年	1 1月，国会通过《强制执行法》，进一步禁运 2 3月，解除禁运，准备逐步恢复同英法的贸易 3 3月4日，麦迪逊就任第四任总统

B 巴巴里战争背景

几个世纪以来，地中海地区是往来欧洲的商船必经之地，这里海盗猖獗，摩洛哥、阿尔及利亚、突尼斯、的黎波里（今利比亚），举国以海上劫掠为生，史称“巴巴里国家”。这些国家要求所有进出地中海的商贸船只都要缴纳高额保护费，否则将会被海盗劫掠。当时的强国英国、法国、西班牙、美国也不得不向海盗低头，年年缴纳保护费。1801年，杰斐逊就任美国总统后，海盗的勒索也达到了天价，接近美国联邦政府税金的十分之一，美国政府拒绝，的黎波里向美国宣战，史称巴巴里战争。

A 购买路易斯安那

杰斐逊认为，扩张土地可以保持国家的继续发展。1802年，他派遣美国驻法公使利文斯顿和法国政府进行谈判，讨论向法方购买路易斯安那地区的事宜。此时的拿破仑需要资金扩充军队，双方顺利于次年4月30日签约，美国购买了面积大约为260万平方公里的土地。

图为1803年美国购买的路易斯安那地区以及随后被并入美国版图的州及并入时间。

C 巴巴里战争经过

图为巴巴里战争示意图，1801年，的黎波里向美国宣战；1803年，美国海军封锁巴巴里海岸，炮轰摩洛哥王宫，摩洛哥屈服；1805年，美军攻占的黎波里，后者求和；1815年，阿尔及利亚同样向美国做出让步，巴巴里战争告一段落。

D 击毁“费城”号

“费城”号战列舰在战斗中被的黎波里海盗所虏获。为了不让“费城”号舰船上的重炮被海盗利用，1804年，美国海军夜袭的黎波里海港，烧毁了停泊在的黎波里港的“费城”号护卫舰。图中可以看到美军的小帆船正快速驶离已经火光冲天的“费城”号。

E 伯尔

图为阿伦·伯尔，1801年—1805年美国副总统。1804年7月，伯尔和汉密尔顿决斗，后者重伤死亡。1805年，伯尔开始策划路易斯安那独立，并得到一些印第安部落的支持。次年夏天，因被人告发而逃亡。11月，杰斐逊发通缉令捉拿伯尔。1807年2月，伯尔被捕。

F 伯尔案审判

1807年3月，伯尔以叛国罪的罪名被起诉，审判长达6个月，最后法官认为证据不足，证人不足，且监控方起诉罪名时的手续违宪，最后陪审团一致裁定被告无罪释放。伯尔案是美国法律史上里程碑式的案件，它捍卫了司法独立，阻止了政府其他系统干涉司法程序，同时为宪法中规定的叛国罪确立了严格的证据要求，有效避免了这一罪名成为政治迫害的工具。

1812年 1814年

03 1812年的美英战争

关键词:伊利湖之战 星条旗永不落 焚烧白宫

欧洲此时正处于拿破仑统治期，法、英开战，为了不卷入战争，美国开始禁运。但是禁运给美国造成了巨大的经济损失，为了挽救经济，麦迪逊上台后首先宣布解除禁运，恢复对英、法的贸易。法国于1810年底宣布了废止针对美国的海运法令，但是英国依然拦截美国商船。1811年2月11日，美国再次停止与英国通商。1812年6月18日，美国对英宣战，这场战争被称为“1812年美英战争”。

1812年6月	1 11日麦迪逊的宣战咨文被国会通过 2 18日美国对英宣战 A 3 23日英国通过撤销针对美国商业制裁的法令，但是因为通信工具落后，此时美国已宣战，英国的决议等于无效
1812年7月	威廉·赫尔从底特律北上进攻加拿大，未战先逃
1812年8月	英国在交战后封锁美国海岸线但初交战时，英军失利，“女战士”号被美舰“宪法”号击沉 B C
1812年10月	美舰相继击败几艘英舰 D
1813年1月	伊利湖之战，美军失利 E
1813年4月	美军袭击约克敦
1813年9月	美军夺回伊利湖 F
1813年10月	美军在加拿大泰晤士河击败英军 G
1814年7月	尼亚加拉之战，美军胜 H
1814年8月	英军攻入华盛顿，焚烧白宫 I J
1814年9月	1 拉茨堡之战，美军胜 2 “星条旗”出世 K
1814年10月	1 英军进攻巴尔的摩计划失败，将领罗伯特·罗斯阵亡 L 2 亚速尔群岛海战，美军胜 M
1814年12月	美英双方签署《根特和约》，宣布解除敌对状态 N O
1815年1月	新奥尔良战役结束，美军胜 P
1817年4月	美英签订《拉什—巴格特协定》，规定了双方在五大湖的军事力量

A 美英开战的原因

1812年的美英战争，导火索是英方坚持拦截、扣押美国商船，追求其深层次原因，则是领土和经济之争。英国虽然承认了美国独立，但是它在英属加拿大布置众多军队，时刻准备进攻美国，同时它挑唆美国各州独立，鼓动印第安人和美国政府发生冲突，成为美国扩张的阻碍。同时，由于英国的封锁，美国的贸易受到巨大打击，制造业面临破产境地。此时，和英国关系密切的联邦党人在美国国内失势，主战派共和党人控制政坛，双方再战不可避免。

B 逃逸的美国军舰

英国皇家海军在战争中出动了将近1000艘舰船封锁美国海岸，阻止美国对外贸易，并切断美国的海外救援通道。而面对这个世界上最强大的海上力量，美国根本无法与之抗衡。图为美国军舰在新泽西州的海岸沿线被英舰追击偷袭之后逃逸的场景。

C “宪法”号首战告捷

1812年8月16日，美国装备最精良的“宪法”号驱逐舰在与英国皇家海军战舰在距离波士顿750英里的海域首次进行了海战，“宪法”号击沉了英国主力舰“女战士”号，获得了海战的决定性胜利。图为美国“宪法”号船员正在海上追击“女战士”号。

D 俘获“马其顿人”号

美国海军护卫舰在1812年10月25日的马德拉岛外俘获了英军舰船“马其顿人”号。图为挂着星条旗的美国军舰正在向前方的英舰开火。它显示了美国海军此时已发展成为一股不可忽视的军事力量。

E 佩里的转移

底特律沦陷后，美军新任指挥官威廉·亨利·哈利森将军试图将其夺回。1813年1月22日，哈利森的部队在法兰西镇战斗中失败。美国海军将领佩里的战舰“劳伦斯”号被严重摧毁，图为佩里正乘坐救生小艇狼狈转移。美军这次收复底特律的军事行动宣告失败。

F 混战伊利湖

图为佩里的舰队在伊利湖遇见由罗伯特·巴克利率领的英国皇家海军舰队，双方立即进入混战状态。佩里带领船员殊死搏斗，最后船员伤亡超过三分之二，但迫使英军整支舰队投降。此后不久，美军收回了底特律。

G 泰晤士河激战

英军由于供应线断裂，被迫撤出底特律。美将哈利逊带领3500人追击，10月5日，美军追上了英国同印第安人联军，联军共1600人。双方在泰晤士河畔的莫拉维安展开激战，图为在战斗中印第安首领特库姆塞被约翰逊枪杀的情景。

H 尼亚加拉战役大捷

图为1814年7月，美军在尼亚加拉之战时，步兵排着整齐的队形冲向敌军。尼亚加拉之战是1812年美英战争中双方伤亡最惨重的一次战役。经此一役，美军制止了英军北上的作战计划。战后不久，英军因为补给困难，被迫撤出了尼亚加拉地区。

I 华盛顿保卫战

1814年8月，英军进攻华盛顿，华盛顿地区组织了九万五千民兵进行抵抗，图为当时的情景。但是因为美军指挥不力，华盛顿于24日最终沦陷。英军入城后焚烧了国会大厦、总统府邸以及国会图书馆。

K 星条旗之歌

巴尔的摩市东南的麦克亨利堡是建在一个小半岛上的平面成五角星状的要塞，扼进港要道。1814年，英国舰队直扑麦克亨利堡，昼夜连续猛轰此堡。当时，美国律师弗朗西斯·斯科特·基乘船到英舰上交涉释放被扣留的美国平民，他目击了英军炮轰麦克亨利堡的惨烈场面。1814年9月13日凌晨，他透过炮火的硝烟，看到一面美国国旗仍然在城堡上迎风飘扬，顿时被这景象深深打动，随手在一封信的背后写下了几行诗，名为“星条旗”。后来此诗被谱上曲子广为传唱，1931年，美国国会正式将《星条旗》定为美利坚合众国的国歌。

J 被毁前的总统府

在英军攻入华盛顿前，麦迪逊政府已经撤退。愤怒的英军抢劫并烧毁了总统府邸，战后进行修复时总统府被涂成白色。1901年，第二十六任总统西奥多·罗斯福正式将其命名为白宫。图片为被英军破坏前的总统府邸。

L 马里兰阻击战

1814年9月，英军计划用海陆两军同时突袭巴尔的摩。10月，在海军受到阻击后，陆军又从华盛顿北上攻入马里兰州，前锋直逼巴尔的摩。马里兰州这时组织民兵抵抗来犯的英军，图为马里兰的美军组成的枪阵。马里兰之战最后以英军失败，被迫撤退而告终。

M 亚速尔群岛海战

1814年10月26日，美国海军在大西洋的亚速尔群岛（现属西班牙）法亚尔港和英国海军开战。图中双方的舰队正在激战，炮火的硝烟笼罩了整个战场。大西洋的海运对英国而言至关重要，英国依靠这条航线向北美输送兵力。

N 和谈经过

1812年9月	俄国首相向美国驻俄公使提出美英和谈建议
1813年3月	美国政府接受俄国的建议
1813年9月	英国正式同意和谈，双方直接对话
1814年8月	双方代表在荷兰根特开始正式谈判，英国提出极为苛刻的领土条件，双方僵持
1814年11月	由于英军在战场上失利，英国决定放弃让美国割让领土的要求
1814年12月	双方代表在《根特和约》上签字
1815年2月	美国国会通过《根特和约》

O 1812年美英战争的意义

1812年的美英战争巩固了美国的国家独立，同时增强了美国人的民族意识、国家意识。在战争中，联邦党人的势力更加衰弱，联邦党人在1814年初召开会议，抗议美国政府的开战行为，提出要修改宪法，甚至提议要组成新英格兰联盟，提出独立；合约签订后，联邦党人逐渐销声匿迹。联邦党人的消失意味着他们提倡的重商主义政策结束，美国开始了工业革命，经济结构逐步转变。战后，美国和英属加拿大的领土边界更加清晰，美国着手于发展内陆经济，随后开始了西进运动。

P 新奥尔良防御战

图为在1815年1月的新奥尔良战斗中，杰克逊将军在棉花包和土垛筑成的坚固阵地前督战，中间骑马手拿望远镜的就是他。由于英军将领在发动攻势之前等候的时间太长，给新奥尔良修造大量防御工事赢得了宝贵的时间。最终英军损失惨重，只好撤退。

1816年　1825年

04 领土扩张与门罗主义

关键词：《横贯大陆条约》 阿拉斯加

从美国建国到 19 世纪中叶这段时期内，通过侵占、开发和购买等手段，美国领土不断增加。与此同时，随着国力的不断增强，美国开始干涉美洲大陆的事务。1819 年，美国与西班牙签订《横贯大陆条约》，边境线再向西扩展，并且得到了佛罗里达州；之后，与俄国签订条约，使其退出了阿拉斯加南部的疆土；在拉美革命期间，美国又发表声明指责欧洲各国干涉拉美新独立的共和国。美国已俨然成为在美洲大陆颇有威望的霸主。

领土	美国不断地扩充领土 A B C	
国际关系	1816年	阿根廷脱离西班牙独立
	1818年	1 英美签署条约，对美国北部土地进行了调换，俄勒冈由英美共管 2 智利独立
	1819年	1 美国和西班牙签订了《横贯大陆条约》 2 玻利瓦尔建立大哥伦比亚共和国
	1821年	1 俄国宣称对阿拉斯加有主权 2 墨西哥脱离西班牙独立
	1822年	巴西脱离葡萄牙独立
	1823年	门罗总统发表声明，表示欧洲国家不应再干预美洲事务 D E
	1824年	俄国放弃阿拉斯加南部主权 F

A 各州放弃土地示意图

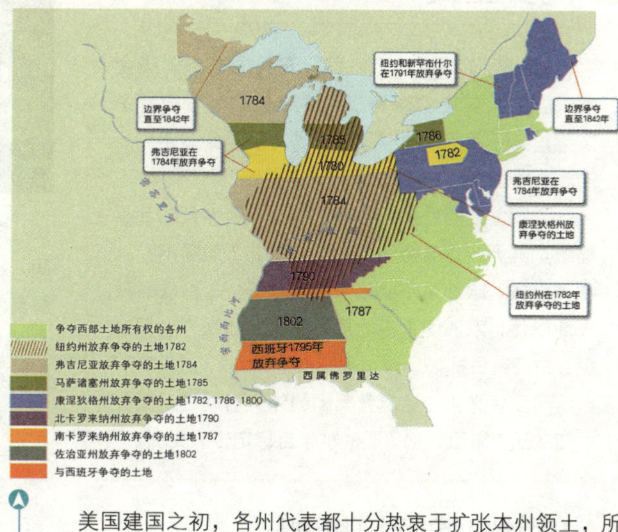

美国建国之初，各州代表都十分热衷于扩张本州领土，所以各州争相抢夺西部土地开发的权利。1787年《西北法令》颁布，各州逐渐放弃争夺土地。图为1782年至1802年各州逐步放弃西部土地所有权的图示。到1802年，所有的西部土地都收归到中央政府所有。

B《杰伊条约》签订后的美国疆土

图为1794年，《杰伊条约》签订之后的北美各势力范围，英国让出了密西西比河以东五大湖以南的控制区给美国。此时的美国领土仅占据北美一角，但是在随后的30余年里，它通过各种手段占据了北美的大片领土。

C 美国领土扩张

到1819年，美国领土已经能够大面积向西扩展到落基山脉沿线。在南方，美国通过与衰弱的西班牙签订《横贯大陆条约》，轻而易举地以低价购得佛罗里达州；在中部，美国和法国签约购买了路易斯安那地区；此外，美国还与英国签订一系列条约互相转让了土地，西北的俄勒冈还成了英美共管地区，这样就为今后美国能扩张成为横贯大西洋与太平洋的面积空前庞大的国家奠定了基础。

D 门罗

图为美国第五任总统门罗的画像。在他当政期间，拉美地区不断爆发独立战争，许多新兴国家纷纷脱离欧洲宗主国而独立。在这种情势下，门罗总统在1823年发表《门罗宣言》，宣布美国对于任何欧洲国家的殖民地或属地将不会予以干涉，但他警告欧洲国家，对于已经获得独立的新兴美洲国家，今后不得再次殖民和侵略。

E 门罗主义

1823年12月2日，门罗代表美国政府向国会发表咨文，其中的对外政策部分被称为“门罗主义”，实际上所谓的门罗主义其实是国务卿亚当斯的外交理念。

门罗主义的主要内容有三项：1.欧美大陆互相隔绝，美洲应该有美洲自己的体系。2.美国不介入欧洲事务，欧洲也不能干涉美洲事务。3.除现有殖民地以外，欧洲国家不能再将美洲大陆视为殖民对象，进行殖民扩张。

门罗主义出台标志着美国的外交活动进入了一个新的历史阶段，把首要的扩张目标定位为美洲。

F 19世纪的阿拉斯加

1821年，一直控制并占有北美西北阿拉斯加地区的俄国宣称，在它的领域内，禁止外国船只进入。1824年，俄国与美国签订条约，放弃了阿拉斯加南端，并解除了对外国船只的限制。图为19世纪的阿拉斯加锡特卡。整个阿拉斯加最终于1867年被美国全部购买。

1825年 1840年

05 新政党的形成

关键词:杰克逊 昆西·亚当斯 辉格党

1812 年英法战争之后，联邦党逐渐衰亡，民主共和党一党独大。随着中部和西部新州的开发和东北部的工业发展加速，代表它们利益的民主党逐渐发展起来，并于 1828 年成为执政党。1834 年，原来的民主共和党进行改组，一部分反对杰克逊的民主党人也加入其中，新政党名为辉格党，美国两党制形成。

1825年	昆西·亚当斯被选为总统
1828年	马丁·范布伦建立民主党，在民主党的推动下，国会通过了一个新的关税法，遭到了南方各州的抵抗 A B
1829年	杰克逊就任总统 C
1830年	韦伯斯特—海恩大辩论，美国南、北部分歧加剧 D 美国历史上首个印第安人迁移法案通过，五大文明部落被迫迁出故土
1831年	国家开始干预和教化印第安部落
1832年	第二合众国银行的继续经营权得到国会批准，但杰克逊动用总统权力否决此提案，是为“第二银行之争” E 黑鹰战争爆发 佐治亚州政府制订法令，禁止白人未经允许而在印第安部落居住，最高法院裁定州法令违宪，但佐治亚州拒绝服从判决 F
1833年	联邦政府缩减了关税 G 杰克逊将税收撤出国家银行，再分配到州银行，出现经济萧条 H
1834年	约翰·昆西·亚当斯成立辉格党 I J
1835年	第二次塞米诺尔战争爆发
1836年	杰克逊实施金融紧缩政策
1837年	马丁·范布伦被任为总统
1838年	白人挺进西部印第安地区
1840年	东部的印第安人全部离开故土

A 马丁·范布伦

图为美国民主党的创始人马丁·范布伦。由于越来越多的政府职能部门人员都开始由民众选举而产生，所以也导致有资格参加总统选举的人多了起来。马丁·范布伦在此情况下，从民主共和党中另立门户，创建了民主党。

B 关税之争

在美国立国之初，关税只是一种国家收入来源。但是随着英国工业革命发展进程的加速，它开始向美国倾销越来越多的产品，美国本土的工商业受损，所以保护关税的呼声渐起。1828年3月，国会中的杰克逊派推出了一个新的关税法案并获通过。按照规定，铁、麻、羊毛等原料和毛纺织品将会被课以重税。

南方各州对这个关税法十分不满，佐治亚、南卡罗莱纳等州宣布此关税法违宪。他们认为这是北方工商业集团为了自己的利益损坏了南方的利益。

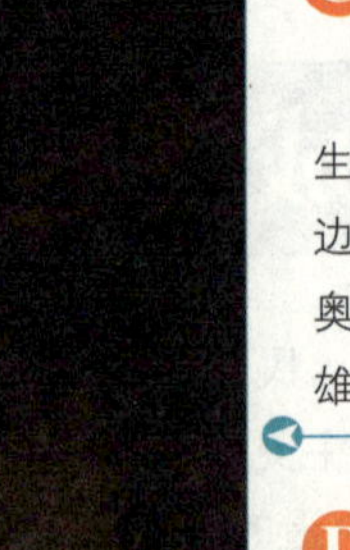

C 安德鲁·杰克逊

图为美国第七任总统安德鲁·杰克逊。他是新生的民主党的核心人物之一，杰克逊平民出身，在边疆长大，因驱赶印第安人而成名。1815年初的新奥尔良之战，他带兵重创英军，成为全国闻名的英雄。杰克逊更加重视工商业和农业从业者的利益。

D 韦伯斯特—海恩辩论

1829年12月底，康涅狄格州的一位议员向国会提交了一项议案，要求国家停止出售公共土地，引发了一场南北议员大辩论。北方担心土地出售会造成劳动力流失，而南方特希望通过支持土地出售自由的法案来笼络西部各州，换取对方对降低关税的支持。1830年1月，代表南方的罗伯特·海恩和代表北方的丹尼尔·韦伯斯特展开了激烈的辩论，双方的话题最后已经背离当初辩论的论题，开始转向州权和联邦权力的方向。

E 第二合众国银行

图为第二合众国银行建筑群，它成立于1816年，职能和第一合众国银行相仿。1832年，银行总裁比德尔向国会提交申请，要求国会重新颁发许可证，国会通过。但是总统杰克逊认为银行的存在会造成经济权利集中在少数人手里。而在政治上，银行侵害州权，危害自由。最后，杰克逊动用总统权力，否决了提案。

F 佐治亚州的抗拒

政府颁发了驱赶印第安人的法令，但是有些同情印第安人的白种人会来到印第安人的部落，帮助他们，图为一名白人传教士在印第安部落定居时所绘的油画。针对这种情况，佐治亚州颁发了法令，禁止白人未经允许就去印第安地区居住。最高法院后来判决此法令无效。

G 缩减关税

关税风波越闹越大，1832年11月，南卡罗莱纳州州大会通过了一项《国会法令废止权法案》，宣布联邦政府的关税法在本州无效，联邦政府自1833年2月1日后不得在该州征收关税，并且宣称南卡罗莱纳州决不屈服于联邦，必要时会独立。杰克逊在3月22日签署了《强制法案》，宣布必要时会使用军队征收关税，战争一触即发。之后，在各方的斡旋下，联邦政府决定逐步降低关税，关税风波得以平息。

H 经济萧条

南方种植园经济1812年美英战争之后迅速发展，图为南方广阔的南方种植园。征收高额关税给种植园经济一重击，棉花的国内价格在两年内降低了40%。同时，杰克逊关闭了第二合众国银行，地方银行迅速发展，信贷迅速扩展，土地投机狂热，最后造成了经济不稳，甚至发展为萧条。

I 辉格党

创立时间	1834年
消亡时间	美国内战前
党员成分	一部分为原民主共和党人，一部分为不满意杰克逊的民主党人
创建者	亨利·克莱、丹尼尔·韦伯斯特、约翰·昆西·亚当斯
主张	政府干预主义、民族主义

J 约翰·昆西·亚当斯

图为约翰·昆西·亚当斯，是第二任总统约翰·亚当斯之子。任国务卿期间，他就一手炮制了门罗主义，1825年，他当选为美国总统。任职期间，对美国工业的发展和国内市场的形成做出了重大贡献，1834年，他又成立了辉格党。

图为加拿大太平洋铁路的前身——加拿大西铁路上的巨型火车“埃塞克斯”，图片摄于1859年尼亚加拉瀑布附近的克利夫顿车场。事实上，美国制造业的兴起与美国国土上蕴藏的丰富资源使得它迅速从一个农业国家转变为实力颇强的工业国家。除了铁路运输业，美国在金融、棉纺、海运、军工以及种植业等诸多领域都欣欣向荣，均有长足进步，但美国的南方仍没有摆脱奴隶制经济的野蛮统治。

加快步伐：共和国早期的经济与社会

第六章

1784年 1860年

01 血泪之路——西进运动

关键词:西进运动 克拉克与刘易斯

美洲大陆被殖民后，特别是美国建国后不足百年的时间，美洲土著印第安人的生活被彻底打乱了。文化输入、种族融合、技术传播让印第安人的生活方式发生了巨大的改变。更重要的是，他们的生存空间被一再压缩，驱赶、屠杀会随时降临在他们的头上。18 世纪，为了开发阿巴拉契亚山脉以西的广大土地，联邦政府责令印第安人继续迁移，以便国家将他们的居住地卖给移民。这场漫长而艰辛的运动被称为“西进运动”。

印第安人生活方式变化	服装开始西化，原本的传统服装被逐渐抛弃 A	
	和白人通婚，出现了混血儿，混血儿在白人世界和印第安人世界中同样不受欢迎 B	
	传教士在印第安部落传播基督教，一些印第安人入教 C	
	科学技术的传播，导致印第安世界被颠覆 D	
美国人对印第安居住地的开发	19世纪上半叶	美国领土急速扩张，广大中西部地区并入美国版图 E F
	1794年	美国人击败印第安联军 G
	18世纪初	探险家派克探索西部，来到新墨西哥 H
	1804年	克拉克和刘易斯去西部探险 I J K
	1808年	肖尼人特库姆塞联合各印第安部落，开始和白人作战
	1814年	杰克逊击败了克里克人，开始逐步控制和蚕食田纳西、亚拉巴马、密西西比和西佛罗里达大片地区
	1817年—1818年	通过塞米诺尔战争，美国击败西班牙，吞并了佛罗里达 L
	1819年	美国人进军黄石 M
	1830年	颁布《印第安人迁移法案》N O P Q R
	1837年	美军再次击溃了塞米诺尔人 S T
	1846年—1848年	美墨战争爆发，墨西哥战败，丧失大片领土
	1840年—1860年	东部白人陆续移民西部 U V W X Y Z a

A 服装改变

1831年，最高法庭要求印第安人建立“国内依附族群”，帮助他们融入白人社会。就在当年，阿西尼本部落酋长卫俊俊来到美国东部繁华地区，他在华盛顿领略到了白人社会中的时尚生活。返乡之后，他跟外出之时的着装全然不同。图为卫俊俊出发时和归乡后的打扮形象对照。

B 混血儿出现

图中叼着烟斗坐在小船上的男子是白人与印第安奥吉布瓦人结合的混血种人，而在房屋里注视着他的是他的母亲，一个奥吉布瓦族土著人。混血儿的出现是白人和印第安人在同一片土地上长期共同生活的必然结果。

C 信仰入侵

图为一个白人传教士在指导众人将十字架架起来，旁边很多印第安土著在围观。白人传教士在印第安部落会给当地居民治病，也会把一些新的狩猎方法或者种植技术传授给居民，甚至会带来先进的工具，所以颇受欢迎，一些印第安人甚至入教。

D 文明入侵

随着中西部开发速度的加快，越来越多的森林和草原被开垦，或成农场、或成牧场，甚至被建成工厂或者城市。图为西部的印第安人正在呆呆地看着正在被白人开发的河对岸，那里曾是他们的猎场，他们的世界被颠覆了，背上的羽箭已无处可用。

E 19世纪上半叶美国领土扩张

时间	名称	面积	价格（单位：美元）
1803年	路易斯安那购买	827,192平方千米	6,200,000
1819年	兼并佛罗里达	58,560平方千米	5,000,000
1845年	兼并得克萨斯	390,143平方千米	15,496,448
1846年	获得俄勒冈	285,580平方千米	无
1848年	得到的墨西哥割让土地	529,017平方千米	15,000,000
1853年	加兹登购买	29,640平方千米	10,000,000

F 19新州建立时间表

佛蒙特州	1791年3月4日
肯塔基州	1792年6月1日
田纳西州	1796年6月1日
俄亥俄州	1803年3月1日
路易斯安那州	1812年4月30日
印第安那州	1816年12月11日
密西西比州	1817年12月10日
伊利诺伊州	1818年12月3日
阿拉巴马州	1819年12月14日
缅因州	1820年3月15日
密苏里州	1821年8月10日
阿肯色州	1836年6月15日
密歇根州	1837年1月26日
佛罗里达州	1845年3月3日
得克萨斯州	1845年12月29日
爱荷华州	1846年12月28日
威斯康星州	1848年5月29日
加利福尼亚州	1850年9月9日
明尼苏达州	1858年5月11日
俄勒冈州	1859年2月14日

G 进攻印第安联军

美国在结束独立战争后，开始把目光转向富饶而广阔的西部。这不免又会与当地印第安部落发生冲突。1794年，美国将军韦恩指挥美军，在鹿寨战役中成功击败了肖尼人、渥太华人、迈阿密人等土著部落的印第安联军。图为韦恩正在战马上指挥战斗。

H 来到墨西哥

泽比伦·蒙哥马利·派克是一位美国军官，也是一个探险家。他是第一次在科罗拉多瀑布以西绘制山脉地图的人。19世纪初，派克为探索雷德河的源头误入了当时西班牙的辖地新墨西哥地区。图为派克（右）骑着马正与西部的墨西哥人交谈。

I 西部探险

1804年，探险家克拉克和刘易斯奉美国总统杰斐逊之命，开始了探险大西部的壮举。他们从圣路易斯出发，渡过密苏里河，最后到达太平洋沿岸。沿途他们领略了北美西部壮丽的自然风光，见到了之前从未见过的植物和动物。图为北美野牛群横渡密苏里河的壮观景象。

J 刘易斯会见肖肖尼人

1805年8月，刘易斯从落基山脚下出发，去寻找有马匹的部落，以便穿越落基山。图为刘易斯和他的探险兵团亲切会见肖肖尼部落酋长的画面。肖肖尼人给予他们很大的帮助，不仅给他们提供了马匹，还帮助他们成功翻越了落基山。

K 俄勒冈的水路

图为克拉克和刘易斯到达哥伦比亚河口，穿过俄勒冈森林后来到的水路，他们的印第安向导划着弓形船陪同，用支奴干语以及各种手势与探险队进行交流。克拉克与刘易斯返程后，把他们的经历写成书以记载他们奇妙的旅程。

L 第一次塞米诺尔战争

佛罗里达的印第安人在1812年战争期间常常与边境上的美国人发生冲突。1817年—1818年，为了彻底解决印第安人的问题，并且获得佛罗里达的土地，美国发动第一次塞米诺尔战争。时任美军将领的杰克逊奉命进攻西属佛罗里达，美军与塞米诺尔人进行了残酷的厮杀，占领了西班牙人的两个要塞。已经式微的西班牙请求停战，1819年，美国仅以500万美元作为补偿，迫使西班牙割让佛罗里达。

M 与波尼人会面

在19世纪初，印第安波尼人等一些部落已经被美国人赶得越来越偏向西部了。这时的美国政府已经开辟了几个主要路线可以去往西部。图为美国陆军少校史蒂文在1819年进军黄石期间与已移居于此的波尼人代表交谈。

N 杰克逊的印第安政策

杰克逊一贯主张对国内的印第安部落采取强硬政策。他和其他分离主义者认为，印第安人是落后顽固的野蛮族群，解决印第安人的办法就是强制性隔离。1830年，他的政府颁布了《印第安人迁移法案》，强制印第安部落从南部迁移到密西西比河西部。此后，大批人涌入印第安部落，和酋长"谈判"迁移事宜，所谓的谈判过程充满了欺骗、讹诈、贿赂和威胁。至1840年，东部的印第安人被迫放弃了1亿英亩肥沃的土地，移居到西部仅3200万英亩较贫瘠的土地上。

O 查克托人的保留地

五大文明部落之一的查克托人是首批转移的印第安人，他们于1831、1832、1833年分三批次西迁至阿肯色地区。图为他们被迁徙后的部落成员的暂居地，地方极为简陋，以至于到冬天有许多成员因疾病、饥饿和寒冷而亡。

P 眼泪之路

印第安人的西进迁徙之路被称为"眼泪之路"，他们只有很少的帐篷和篷车，只有一点口粮，在漫长的旅途中他们缺衣少食，忍饥挨饿，不少人死亡。例如在克里克人的迁徙途中，所有的老弱病残全部死亡。死亡人数高达3500人。

Q 西迁对印第安人的危害

西迁运动对整个印第安种群产生了不可估量的恶果。首先，印第安人的文明发展被阻断了。19世纪初，一些印第安部落文明化程度已经相当高了，有些部落有自己的文字甚至有自己的宪法，但是迁移之后，他们连生存都相当困难，更罔谈文明发展。再者，在迁移中，印第安人部落矛盾加剧，更加分裂的种族以后再也无力对抗白人，只能任人宰割。第三，在迁移途中，大批印第安人死亡，对种族的延续产生了极其不良的影响。

R 赛米诺尔部落的愤怒

1819年，美国与西班牙签订条约，佛罗里达州被割让给美国，生活在此的土著印第安部落塞米诺尔人归美国管理，他们屡屡被压榨、奴役，迁移条例一出，他们的不满彻底爆发。图为1835年塞米诺尔部落酋长奥西奥拉愤怒地将美国人送达给他们的不平等合约撕毁。

S 想象中的屠杀

T 第二次塞米诺尔战争

1832年—1842年，杰克逊总统发动第二次塞米诺尔战争。美国先后动用了25000名民兵和5000名正规军，对佛罗里达的赛米诺尔人发起了四次进攻。塞米诺尔人与逃亡黑奴在酋长奥西奥拉的指挥下，利用地形之便，多次给入侵的美军以沉重打击。1837年，双方进行合谈，美方承诺保证合谈人员的安全，但他们却扣押了印第安人的代表奥西奥拉酋长。印第安人群龙无首，最终失败，家园尽毁。

塞米诺尔人拒绝从富庶的佛罗里达迁徙到苦寒、贫瘠的西部，第二次赛米诺尔战争爆发，图为当时的美国画家凭想象绘制的一幅表现塞米诺尔人暴虐杀害白人的绘画。而实际上，被屠杀这种事情更多地是降临在印第安人身上。

U 印第安人袭击车队

19世纪40—60年代，是美国人移民西部的高潮，有数十万人赶着马车穿过北美大草原来到遥远的西部。之前被迫西迁的印第安人因为对政府充满仇恨，所以经常袭击迁往西部的移民，阻挠他们在自己土地上殖民。图为美国西部片中经常会看到的移民车队与包围过来的印第安战士战斗的情景。

V 龙骑兵穿越落基山

图为1857年—1858年冬季，美国第二龙骑兵军团穿越白雪皑皑的落基山的情景。由于犹他地区印第安人经常袭击移民，所以美军中校菲利普·圣乔治·库克奉命带队准备穿过落基山，去缓解犹他地区的冲突和混乱局势。但这次行动由于落基山环境恶劣，龙骑兵有三分之一的人死在路途中。

W 俄勒冈之路

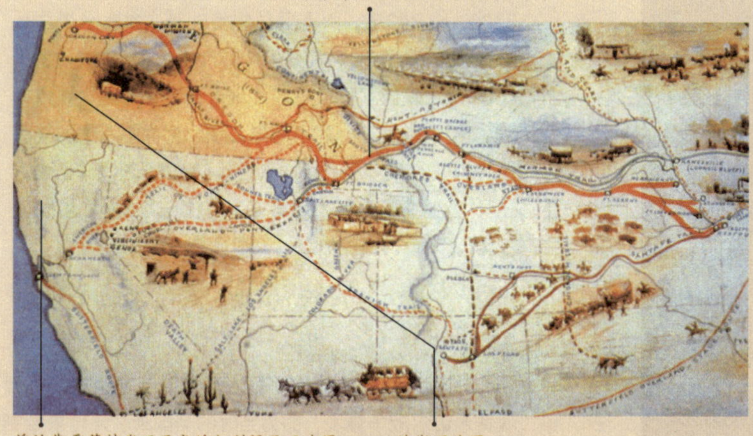

美国西部移民人数最多的就是濒临太平洋的加利福尼亚及周围地区，领导和代理加利福尼亚开荒的是探险家弗雷蒙特，他是个富有活力而敢于冒险的人。图为弗雷蒙特在1842年—1844年间绘制的去往俄勒冈州的线路图。

X 犹他州风景

图为美国在开发西部时所描画的犹他州山川秀丽景色水彩工笔画。画家用简单线条表现出了广阔和荒凉的西部。移民为了实现农场梦、黄金梦等一系列梦想，举家迁往西部。

Y 弗雷蒙特

图为弗雷蒙特登上了美国海拔最高的落基山顶。弗雷蒙特作为一个探险家，最早开发加利福尼亚，还曾到过俄勒冈地区。此外，他还曾建立美国重要的政党——共和党。

Z 1800年的温哥华岛

19世纪40年代，英国在加拿大的哈得孙湾公司为拓展其皮毛生意，遂进入了美国西北部的俄勒冈地区。1800年，哈得孙湾公司总部被迁移至俄勒冈沿岸的温哥华岛，图为当时其总部的面貌。很显然，它的规模十分不起眼。

a 1860年的温哥华岛

经过60年的发展，哈德孙湾公司，这个北美最早的商业股份公司已经操控了北美的皮毛生意而且几乎垄断了西部的百货市场。图中它位于温哥华岛上的公司总部已经发展壮大到一定规模。哈德孙湾公司在美国西部的拓荒历程里扮演了重要角色。

02 经济发展改变生活环境

关键词:第一国家银行 金融危机

19 世纪初到中叶，是美国经济发展的黄金时期。金融业首先在东北地区发展，建国伊始，纽约的华尔街就成为经济中心，美国政府斥巨资将其建设成为可以从事各种交易活动的金融街。美国人的生活也随之改变，都市生活中追求更惬意、更舒适的目标。中心广场、喷泉、宽大的起居室随处可见。

生活方式	精美壁画、吊灯、细致繁琐的带有花纹的装饰品成为主流 A B	
经济发展	18世纪末	华尔街成为金融中心 C
	19世纪20年代	近郊城市发展迅速 D
	19世纪30年代	纽约逐渐成为世界商贸中心
	1833年	国家银行紧缩，引发经济萧条
	1837年—1843年	国家陷入经济大萧条时期 E
	1857年	纽约银行停市，出现了第一次世界性金融危机 F

A 起居室

图为19世纪20年代美国城镇富裕家庭的起居室。精美的窗帘，从屋顶上垂下的吊灯，图案华美的地毯，都成为了必需品。和欧洲稍有不同的是，这里的一切家居更加实用，在清教徒占据地位的国家，实用性成为了选择一切物品的首要条件。

B 建筑师之梦

图为托马斯于1840年创作的油画《建筑师之梦》。图中的建筑都是当时美国的流行风格，画师将这些综合在一起：高耸的高楼，连绵的建筑群，河道旁边是生活广场，绿地和喷泉是广场的标志性建筑，河上排列成行的船队驶过。

C 纽约华尔街的东庭咖啡大厦

图为18世纪末的纽约华尔街一景。图左边的大楼是东庭咖啡大厦。这个时期的纽约是美国最繁华的城市，在华尔街开设了股票市场和大型保险公司，它成为纽约甚至全美国的商贸中心，在这里云集了众多的富商大贾。美国的金融业由此发家，纽约也逐步成为世界的金融中心。

E 1837年—1843年经济大萧条

杰克逊总统曾竭力反对国家银行的创立，认为它只是为少数富人牟利的垄断机构，会导致贫富差距加大。在他的金融政策、紧缩政策、提高关税政策的共同干预下，1837年，美国陷入长久的经济萧条时期，通货膨胀加剧，银行坏账增多，工厂停产，商业机构陷入困境，原因就在于杰克逊总统忽视了国家银行能够对经济实行宏观调控的作用。杰克逊令国家银行破产，还造成了个人资本过度膨胀，可以干涉国家经济，而国家无力制止的局面。

F 纽约银行停市

1857年10月13日纽约的银行突然停业，华尔街发生了金融危机。图中有许多金融从业者都面带恐慌神情，美国由此陷入了两年的经济危机中。这是首次源自美国的世界性金融危机，这年秋天，美国还爆发了货币危机，造成整个银行系统瘫痪。

D 哈得孙河上的景观

图为19世纪20年代的纽约州哈得孙河上游景观图。从图中可以看到此时一些原先较为荒僻的土地，如今也已是村庄林立了。河上原始的帆船和蒸汽轮船共存。工业和经济的高速发展，让远离城市的农村也发生了翻天覆地的变化。

1807年　1860年

03 交通运输业的巨大进步

关键词:坎伯兰公路 铁路 水路

随着移民大量涌向未开辟的西部土地，美国阿巴拉契亚山脉以西的交通运输业也得到飞速发展。一时间，新修建的公路、新开辟的内河航道和新开通的铁道如密布的血管般，迅速在西部广袤的土地上扩散。交通的便利又促进了西部开发的加速。

18世纪末	建国初期的公路 A
1807年	1 国会通过公路法案 2 富尔敦发明了蒸汽轮船 B C
1865年	普尔曼发明的卧铺车问世 D E
1811年	坎伯兰公路开工
1838年	坎伯兰公路成形
1850年	公路、运河及海上交通愈加发达 F G
1860年	1 美国铁路初具规模 H I J 2 驿站系统支持的“小马快递”正式服务于邮政 K

A 18世纪末的公路

图为美国独立战争后东部地区的乡间公路和驿站。从图上看，这种公路似乎很简陋，而且路两旁都是一望无际的森林和沃野。很显然，这时候的美国地广人稀，大部分地区未开发，公路交通尚处在刚刚起步阶段。

B 富尔敦

图为美国科学家罗伯特·富尔敦，他正在自己的实验室里手拿机械模型冥思苦想。富尔敦是个画家和发明家，他于1807年成功地发明了最早的蒸汽轮船，名噪一时。而蒸汽轮船的发明改变了人类的运输史。

C 第一艘轮船下水

1807年，富尔敦在卡莱蒙特表演了他的蒸汽动力桨轮，安装了他设计的桨轮的船在32小时内溯哈得孙河而上，行驶了150英里。图为富尔敦的第一艘轮船在下水时的样子。轮船蒸汽机轮的发明使得海运的载重量以及货运速度大幅度提高，并且增加了海船的安全性。

D 乔治·莫蒂默·普尔曼

图为火车车厢设计的改进者和卧铺的发明者普尔曼。1865年，他设计建造了铁路卧铺车；1868年，他设计的餐车问世；后来，他还为自己的员工修建了普尔曼城，就坐落于今芝加哥郊区。

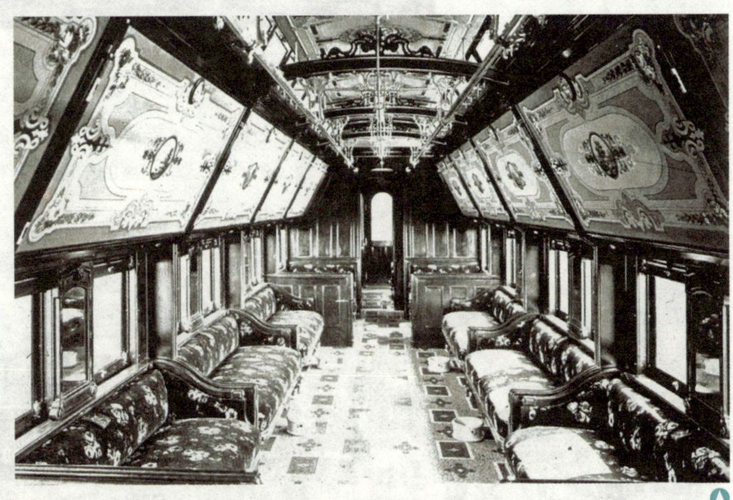

E 修饰一新的火车车厢

图为美国工业家乔治·莫蒂默·普尔曼设计的火车车厢的内部装饰。在19世纪，美国的铁路运输已经十分发达，但由于旅途遥远，在车厢内需要待上长达数天时间，乘客感到十分枯燥。普尔曼设计出了带有地毯、华丽门窗以及舒适座椅的车厢，让火车上的旅者不再感到烦闷。

F 纽约码头

建国初期，美国的海运事业蓬勃发展。美国的工业产品被大量运往海边码头，码头的建设也极具现代化，这从图中1849年纽约1号码头的繁荣景象就可见一斑。纽约的码头多且庞大，码头上设施完备，且一刻不停地运转，足见码头的忙碌程度。

G 加利福尼亚水路交通

图为美国加利福尼亚州州府萨克拉门托的城市河道景观。19世纪中叶，加利福尼亚已经发展得十分繁盛。由于西部山地崎岖，而水域丰富，所以政府大力发展水路交通。发达的水运运输，有效地刺激了商品流通的加速。

H 詹姆士敦迎来的第一辆火车

图为美国历史上第一辆火车从纽约开到詹姆士敦时，人群簇拥上去迎接的情景。美国的第一辆蒸汽机车诞生于1828年，在此后的岁月中，这片广袤的土地上不再受马车速度的限制，遍布全境的铁路网络将美国各地连接起来，人们的出行变得更加快捷和便利。

Crowds turn out to greet the arrival in Jamestown of the first Atlantic and Great Western train from New York.

I 飞速发展的铁路运输

图为19世纪30年代美国一条铁路修建完成时的庆祝场面。美国铁路发展极为迅速，自1830年美国第一条铁路建成开始，美国铁路建筑长度以平均每5年翻一番的速度发展。到1880年美国已建成铁路达15万余公里，仅比全欧洲的铁路总长少两万公里。

J 铁路贯穿西部

图为18世纪中期反映西部地区移民生存状态的油画。从图中可以看到，一条长长的铁路线贯穿在草原和山谷之间。联邦政府制定了十分优惠的政策来支持铁路的发展，给予参建的地方政府和私营公司包括对进口铁轨豁免关税，为铁路公司提供贷款、土地赠与等优惠。

K 快马邮递

图为携带邮件的快递员正在西部原野上骑马奔驰。1860年，一个由驿站系统建立起来的“快马邮递”业务开始了快递服务。快递服务范围贯穿了美洲大陆的东西部，但这段旅途充满危险，其间还会经过白人与印第安人的交战区。这项业务到1861年就被高效的电报业务所取代。

1791年 1860年

04 生机勃勃的制造业

关键词:工厂 棉纺织 石油

早在新国家刚刚建立，汉密尔顿在1791年的发展制造业的报告中指出了发展制造业的必要。他认为美国不能仅成为一个自给自足的农业国家，发展本国制造业可以摆脱贸易上依赖英国的现象。19世纪开始，北方工业制造业异军突起，南方的棉花工业革命也收到了立竿见影的功效。再加上国内政治稳定，即使经历了1812年战争，也没对美国经济生产造成太大影响。美国从此慢慢成为工业大国。

1790年	布朗和阿尔梅在波特基特建立新型纺纱厂，并取得成功
1791年	在汉密尔顿的倡导下，纽约的实业家合资建立了实用工业建设会社
1793年	惠特尼发明轧棉机 A
19世纪初	军工业得到重视和发展 B C
1813年	阿普尔顿和杰克逊建立了波士顿制造业公司
1815年	棉纺织厂开始猛增
1823年	大瀑布制造业公司成立
1828年	第一个工业化的机器制造公司里士满港口公司正式成立，机器制造业开始飞速发展 D
1831年	阿莫斯科各制造业公司成立
1835年	焦煤炼钢法在宾夕法尼亚的亨廷顿县试验成功，美国钢铁业迅速发展 E
1853年	纽约举办世博会 F
1854年	西利曼建立最早的原油分馏装置，美国石油工业开始快速发展 G H
1860年	巴恩斯代尔和艾博特在宾夕法尼亚州的泰特斯维尔建造了美国第一座炼油厂
19世纪60年代	美国北部制造业发展状况定型，影响深远 I 工人阶级登场，早期工会成立 J

A 棉花加工作坊里的工人

图片显示在南方的棉花加工作坊里，工人正运用伊莱·惠特尼设计的轧棉机清理棉花。1791年，惠特尼从一只猫扑抓一只鸡遗落的羽毛获得了灵感，发明了轧棉机。这种机器的使用提高了棉花生产效率，工人劳动效率提高50倍。由此引发的棉花工业革命无疑也带动了南方农业的迅速发展。

B 制造战船的船坞

图为费城的修造大型军舰的船坞现场。在汉密尔顿重视制造业的思想带动下，制造业首先在东北地区发展起来。制造业的兴起也直接带动美国北方各州的重工业发展起来，许多黑人奴隶被解放，在工厂充当工人。

C 军舰制造厂

美国从建国伊始就重视军工业的发展，密西西比河舰队就是在密苏里州的卡朗迪利特和伊利诺伊州的芒德城里打造出来的。这些军舰将游弋在田纳西河和密西西比河上，护卫美国内陆河流域。图为新建的炮舰制造工厂。

D 机器制造业发展

1820年	托马斯布兰查德制造出一台加工木部件的旋床
1828年	里士满港口公司成立
1838年	摩根大型机器制造厂成立
1848年—1852年	改进型铣床问世，其性能比以前大为提高
1851年	约瑟夫发明游标卡尺
1854年	豪和斯通制造出第一台六角车床
1860年左右	形成了马萨诸塞州为中心的纺织机械制造地和以新英格兰为中心的刀具工具制造中心

E 博格达斯第一铸铁厂

图为1850年的石版画，表现的是博格达斯工厂的第一铸铁厂开始投入运营。该厂主体建筑是幢四层的楼房，顶端的烟囱正在排出浓黑的烟。19世纪早期，随着美国工业技术的进步，钢铁的年产量比过去成倍增长，于是被应用于铸铁的大型多层的工厂厂房出现了。

F 纽约水晶宫世博会

图为1853年纽约新落成的水晶宫的内景。这里正举办世界博览会，这次博览会的召开标志着美国工业强国的身份被确定。水晶宫内的梁架使用大量优质铸铁，这些铸铁采用了铸铁聚镀铬技术，保障了铁质构件不易被腐蚀。

G 挖掘石油

埃德温·德雷克是一个宾夕法尼亚州泰特斯维尔铁路的领导者和探矿爱好者，他曾被雇佣在油河挖掘一种黑色的液体，也就是后来人们所说的石油。图为19世纪原始的木质挖掘石油的起重机。石油的开掘和大规模利用成为重工业发展的标志。

J 早期工会发展

1792年	费城制鞋工人成立工会，这是美国历史上首个工会
1794年	巴尔的摩制衣业和纽约印刷工人也成立了工会
1805年	费城联邦制鞋工人职工会组织罢工，失败后几位组织者被控告
1827年	费城木工工会组织罢工，效果不佳
1828年	新泽西州帕特逊爆发有组织的罢工
1832年	波士顿造船工人爆发了长达7个月的罢工
1833年	首个地区性工会联合会纽约总工会成立
1834年	全国总工会成立

H 石油钻机

图为发展到19世纪中叶时美国西部的石油生产钻机。19世纪开始起步的石油工业在美国得到了发展，石油当时只是提炼灯油，但随着内燃机的发明，石油作为它重要的燃料，很快成为工业化国家所急需的资源，最终石油工业在美国被巨富洛克菲勒所垄断。

I 北方制造业发展的影响

北方制造业的发展给美国的经济发展和社会结构变化造成了深远的影响。这里成为美国重要的工业基地，靠了它向其他地区输送产品、设备和技术人才，西部地区的工业才因此得以迅速发展。从19世纪50年代开始，美国工业中心开始西移。截至1860年，美国的工业产值仅次于英、法、德，居世界第四位。同时，制造业的发展促进了农业机械化的发展。制造业的发展也引起了社会结构的变化，工人人数增加，工人运动开始兴起。最后，北方制造业的发展使美国南北差距加大，双方矛盾增多，最终爆发了内战。

1820年 1860年

05 规模庞大的移民浪潮

关键词:新本土主义 淘金热

19世纪上半期，美国幅员辽阔，资源丰富而人烟稀少，40年代又在加利福尼亚发现了金矿，加之它那完善又民主的政治制度，这一切都对移民很有吸引力。反观欧洲，政治动荡，灾荒不断，所以大批人涌向新大陆。1815年开始，美国历史上前所未有的移民浪潮出现了，1815—1960年间共有500万人移民至美国，比1790年美国的全国人口还多。

移民潮形成详解	1783年—1812年	每年移民到美国的人数大约在1万人左右 来自法国的移民多为大革命中失败的政界成员 来自英国和爱尔兰的移民多是贫苦的工匠 来自德意志的多为契约劳工
	1812年—1815年	美英战争爆发，移民潮中断
	1815年—1860年 此阶段的移民，大多是冲着美国国内政治稳定、土地广阔、资源众多的原因而来，还有些是因为40年代加利福尼亚发现黄金，引发淘金热而来的 A B	来自于爱尔兰的移民最多，大约占全部移民的三分之一左右。英国的剥削，教会的苛刻，耕地被侵占和大饥荒是移民的主要原因 C
		德意志移民人数仅次于爱尔兰，失去土地是农民移民的最主要原因，破产的工匠和失业工人也是移民的重要组成部分
		英国的移民阶层广泛，其中技术工匠占很大比例 D
		挪威的移民主要分两种，一种是因为国内宗教原因而移民，另一种是失地农民
		荷兰的移民大多是因为1845年—1846年的国内自然灾害而来的
美国对待移民的态度	1790年	首届国会通过了第一个归化法，规定移民居住两年就可成为美国公民
	1795年	归化法修正，取得公民资格从两年变为五年
	18世纪90年代	排外主义运动开始，新本土主义诞生，一些土生白人开始排斥新移民 E F

A 加州河谷

图为加利福尼亚的河谷地带。1848年，一个苏格兰木匠在这里发现了许多金黄色闪亮的颗粒，经过勘探，发现这里蕴藏着大量的金矿。这一发现引发了19世纪美国西部的淘金热。

B 淘金者宿营地

由于在圣弗朗西斯科发现了金矿，这一带移民人口急剧增长。图为淘金者的宿营地。黄金的价值以及人口的激增很快就刺激了经济发展。很快，这里将成为一座西部发达的城市，中国的淘金者将其命名为旧金山。

C 移民代理所

1847年，在爱尔兰大饥荒时期，仅被迫移民美国的就有21.4万人。为了将移民安全转移出境，美国专门在爱尔兰的科克港设立了移民代理所办理移民事务。此图即为科克的移民代理所，这里终日都有等候移民美国的穷苦人。

D 英国人移民美国

19世纪40年代到50年代，欧洲人又掀起新一轮的移民美国高潮。图为英国利物浦港的运输船正在等候拖带行李即将登船的移民。这些移民的目的地是美国纽约。事实上，很多美国东部地区的城市人口骤增，都是因为移民的大量涌入造成的，这也推动了美国城市化进程。

E 1860年移民

1860年从欧洲大量涌入移民，仅这一年就有爱尔兰和德国等地的10.5万名移民为了逃荒而来到纽约。图为新移民乘船停在纽约码头的情景。图左边的箱子上的英文字母被画家塞缪尔·沃故意拼写错误，这表明了美国本土白人蔑视新移民的文化素质水平。

F 新本土主义

美国的新本土主义刚开始的目标是反对罗马天主教的。但是随着移民的增多，贫民和罪犯的数量也随之增多。越来越多的白人把犯罪归咎于移民。同时，移民的到来威胁到本土白人的生存，移民占据了大量的工作岗位，本土白人面临失业危险。19世纪40年代至50年代，美国的排外运动达到高潮，甚至组成了全国性的排外组织。50年代，新本土主义者甚至发生过骚动，挑起过针对爱尔兰人和德意志人的械斗。

1791年 1860年

06 城市的兴起

关键词：华盛顿城市规划 城市扩张

美国建国初期，农业占主导地位，城市发展速度不快。从 19 世纪 20 年代后半期开始，美国城市化进程加速。北部制造业的发展带动了城市化；西部贵重金属的发现和开采，使旧金山湾地区和科罗拉多州北部派克峰一带出现了很多矿业城镇。在 1820 年—1860 年间，城市人口以每 10 年平均 57% 的速度增长，城市规模相应增大。1820 年，10 万人以上的城市仅有 1 座，而到 1860 年，增加到 9 座。

1791年	华盛顿作为首都被规划出来 A
19世纪30年代—50年代	1 城市人口成倍增长 B 2 外国移民充入城市，城市扩张迅速 C

A 华盛顿城市规划

图为法国工程师皮埃尔·查尔斯1791年绘制的城市规划草图。1791年，华盛顿总统让皮埃尔绘制出这座位于波多马克河畔的新城市规划图。这就是美国建国之后的第一座被建立起来的城市——华盛顿—哥伦比亚特区。

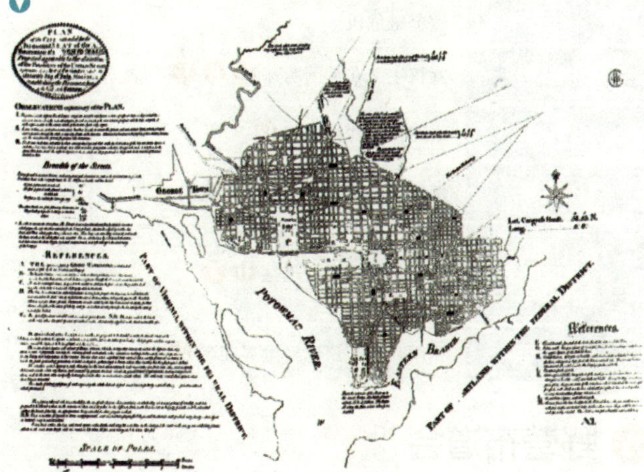

C 费城一角

图为1844年拍摄的费城的某一角落。它是美国历史上最早用相机记录时事新闻的照片。照片上的一队外国移民正在排队进行投票选举。图中能看到楼房林立，树荫成行。截至1860年，费城人口已比1812年战争前翻了一倍。

B 商贸兴旺的布鲁克林

19世纪30年代，伊利运河的开通连接了纽约的西北部，纽约更加扩展了它的商业贸易，经济的增长与不断的兴旺使它迅速成为一个繁忙的世界贸易中心。图为伊利运河畔的纽约的布鲁克林区，可以看到众多商船往来穿梭，一派繁荣的景象。1830年—1850年，纽约的城市人口增加了2.5倍。

1820年　1860年

07 剧烈变化的北方社会

关键词:第二次宗教大觉醒 乌托邦 平克顿侦探

19世纪中期的北方地区和百年前相比，有了巨大变化：经济飞速发展，工业化程度提高，城市化进程加速，社会风气活跃，人文思潮广泛传播。虽然也出现了国家快速发展期必然会出现的问题：贫富差距加大、周期性经济危机爆发、酗酒问题困扰政府、地区分化严重等，但是整体而言，此时美国北部简直可以称为资本主义发展的典范区域。

19世纪初	北方的军工企业发展已远胜于南方
1819年	美国第一次出现经济衰退
1825年	第二次宗教大觉醒运动开始 A B
19世纪20年代	禁酒运动开展 C
1837年	杰克逊总统对经济政策的干预导致金融危机
1848年	女权主义在美国萌芽 D E F
1850年	平克顿侦探社成立 G
1857年	美国首次爆发全球性金融危机
1840年—1860年	乌托邦社团发展迅猛 H I
1860年	雷明顿军工厂已经世界闻名 J

B 查尔斯·G.芬尼

图为野营布道会的发起人及牧师查尔斯·G.芬尼。野营布道会每年都会举行一次，参加者远离家庭和日常的工作，聚在一起用餐和交流。人们希望采用宗教形式平息社会上的动荡，让人们放弃自身的罪恶。事实上，由于野营布道会的开展，社会犯罪率的确下降了。

A 野营布道会

快速变化的社会显露出诸多弊病，人们迫切希望这些弊病可以迅速解决。1825年，的第二次宗教大觉醒运动开始。图为马萨诸塞州的伊斯特汉姆野营布道会现场。一个祈祷者正在野营布道会的帐篷里虔诚祈祷上帝，他周围布满了信徒。

D 伊丽莎白·凯迪·斯坦顿

图为女权运动杰出领袖伊丽莎白·凯迪·斯坦顿的画像。此画由安纳·伊丽莎白·克隆扑克于1887年创作。1848年，斯坦顿协助起草了《情感宣言》，宣言详细陈述了社会对女性的不公正，她呼吁男人与女人应有同等自尊，并宣布女人不属于男人的财产。

C 禁酒运动

19世纪20年代，美国人消费酒精饮料的量极其巨大，伴随着大量饮酒出现的是酗酒者出现暴力倾向、身心受到摧残以及不务正业风气的滋生。1826年，全美戒酒联合会成立，1840年华盛顿市民戒酒会社成立。这些社会组织发起的禁酒运动成功地在40年代让许多州立法对酒类饮料加收重税或干脆禁止售酒。在后来的数十年时间里，酗酒这种现象大为减少。这其中，妇女在禁酒运动中起了主要作用。

E 阿米莉亚·詹克斯

图为阿米莉亚·詹克斯画像，她是一个早期的女权主义者，还是一位服饰改革家。在社会呼吁改革的浪潮中，她较早地跳出妇女被禁锢的牢笼，于1849年到1855年间，创办和主编了一个叫《百合花》的女权主义的报刊，宣传女性在社会上的权利与尊严的理念。

F 灯笼裤

图为一个穿着灯笼裤的美国妇女。灯笼裤是詹克斯为妇女设计的，当时这种裤子成为年轻女性所追求的时尚服饰。这种全新款式的女装是妇女在追求服饰上的平等与自由的体现。

G 平克顿的侦探们

19世纪初，美国的犯罪率极高，这种现象一方面是由于酗酒的风气导致的，而另一方面则是刑侦能力的缺乏。阿伦·平克顿在刑侦方面的努力成功地降低了犯罪率。他被选举为国家公安警长后，于1850年创建了平克顿国家侦探社，其社员曾成功地抓捕大量火车抢劫犯。图为平克顿的国家侦探社的侦探们。

H 乌托邦社团

19世纪，面对美国社会贫富差距的拉大和社会多种不平等现象的出现，有些人提出要重建社会秩序，改革生活模式，建立“乌托邦”社会。乌托邦指的是源于欧洲旨在消灭私有制并建立公有制的理想国家的一种思想。在那个期待社会改革的年代，美国的乌托邦思想家提出了许多营造共产主义社会的构想。他们在边远地区组建社团，建立实验性社会，妄想通过这些小社会的成立和经营来检验自己的改革理论。但这种理想中的和谐社会在实际运作当中的成果并不理想，许多人因不堪忍受这种实验社会中令人瞠目结舌的制度和理论，纷纷离开了乌托邦组建的社团。

I 诺伊斯

图为乌托邦社团奥奈达社会的建立者诺伊斯。在优胜劣汰的竞争与贫富不公的国家中出现的乌托邦，无疑是生活在社会下层的贫苦百姓的调节剂。

J 雷明顿兵工厂

图为19世纪早期建立的雷明顿军火工厂的炮管生产车间。面对着源源不断的订单，特别是来自国外数额巨大的订单，工人们被迫要延长劳动时间和增加劳动强度。在那时，一名工人要多付出比一名农民长一半的劳动时间。

1777年 1860年

08 依旧保守的南方奴隶制

关键词:棉花 奴隶贸易 发生地:密苏里及南方各州

南方的奴隶制社会在美国建国后也一直处于发展的态势。南方种植园经济繁盛，奴隶人口与日俱增，但大部分的奴隶还是集中在少数庄园主的手中，成为他们的私人财产。1850 年和 1854 年的两个新法案的通过使美国新获得的西部广袤国土成为蓄奴州，也使得美国绝大部分领土都处于奴隶制的农业发展中，工业化在这些地区很难实现。

18世纪末	美国北方开始废除奴隶制 A B C D E
19世纪初	棉纺织业兴起，奴隶制起死回生，源源不断的黑奴被运往北美贩卖 F G H I J K L M
1807年	《禁止国际奴隶贸易法》颁布，奴隶走私贸易猖獗
1820年	《密苏里妥协案》签署，划定禁止实行奴隶制的界线 N
19世纪20年代	美国南方形成“棉花地带”，包括佛罗里达北部、密苏里东南部、田纳西西部、得克萨斯东部、北卡罗莱纳州部分，以及南卡罗莱纳、佐治亚、亚拉巴马、密西西比河阿肯色全境
19世纪30年代	南方农场出现多种机械化农机，经济发展使得南方种植园主的生活水准得到提升，同时，奴隶也展开了形式多样的反抗活动 O P Q R S T U
1836年	国会通过“钳口法”，将反奴隶制议案搁置
1844年	经过八年的抗议，“钳口法”终于在当年12月3日被国会废除
1846年	美墨战争爆发后，议员威尔莫特提出，禁止在新得到的原属墨西哥的土地上实行奴隶制，这个议案引发巨大争议
1850年	国会通过妥协案批准犹他和新墨西哥成为奴隶制准州
19世纪50年代	南北方差异日渐增大，对立情绪明显 V W
1854年	《堪萨斯—内布拉斯加》法案通过，此法案违反了1820年妥协案，造成议员分裂，共和党形成
1857年	德雷德·斯科特案宣判，南北方反应迥异，分歧愈加明显
1860年	美国的棉花产量占据了全世界产量的四分之三，奴隶制在南方得到重新扩展 X

A 废奴运动的发展

美国黑人奴隶制自产生之日起就遭到了抵制，教友派的人认为奴隶制违背了人人在上帝面前是平等的原则，所以这些人撰文抨击奴隶制，废奴思想得以广泛传播。《独立宣言》最早的版本中还加入了谴责奴隶制的文字，但是后来被删掉。18世纪末期，北方各省陆续宣布废除奴隶制，早期废奴运动结束。

19世纪30年代，立即废奴主义兴起，他们主张立即、无条件地废除奴隶制。他们认为奴隶制不仅违反基督教原则，更违反了人权基本准则，同时奴隶制造成了生产效率低下，同时危害了国家的和平安定。立即废奴主义者后来分裂为和平废奴派和暴力废奴派。

B 本杰明·富兰克林

本杰明·富兰克林是美国建国早期杰出的发明家、外交家和政治家，他曾出任美国驻法国大使，成功取得法国支持美国独立。他在美国早期的废奴运动中作出了巨大贡献，1775年建立的首个反奴隶制团体的领导人就是他。

C 废奴运动一览表

1700年	塞缪尔·修厄尔发表《出卖的约瑟夫》
1754年	约翰·伍尔曼发表《蓄奴之商榷》
1775年	潘恩发表《非洲的非洲人奴隶》
1775年	全美首个地方性反奴隶制团体在费城成立
1776年	塞缪尔·霍普金斯发表《关于非洲奴隶制的对话》
1794年	费城举行了首个关于废奴的第一次全国代表大会
1821年	本杰明·伦迪创办了废奴报纸《普遍解放思潮》
1824年	伊利莎白·海利克发表《要立即解放，不要逐渐解放》
1831年	加里森创办废奴刊物《解放者》
1832年	新英格兰反奴隶制协会成立
1833年	美国反奴隶制协会成立
1840年	首个废奴主义政党自由党成立

D 解放的黑人妇女

图为拍摄于19世纪中叶的一个黑人妇女的照片。这位打扮时髦、手握书本的女士是一位被解放的北方黑奴，她们和白人一样，拥有受教育权，可以进工厂做工。实际上，北方工业之所以发展飞速，黑人劳工功不可没。

E 1777年—1858年奴隶制的废除

图为美国在废奴主义者的倡导下开始废除奴隶制度的州，以及奴隶解放运动在美国内战之前举行反对奴隶制的起义和暴动的形势。从图上的时间上看，废奴的州是由北向南，由东向西逐步蔓延的。

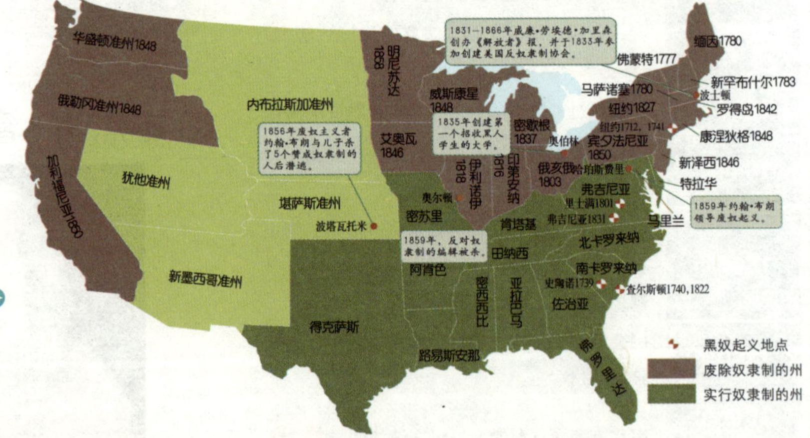

F 南方种植园经济

美国南方土地肥沃，适合耕作；光照时间长，有利于棉花生长；气候适宜，雨量充沛，同时采棉季节少雨，加之交通便利，非常适合棉花种植。而棉花出口占据了南方财政收入的大半，1850年，棉花出口占据南方出口总额的85%，内战前，英国、整个欧洲大陆以及美国北部的棉纺织业都依赖于南方的棉花供应。鉴于南方棉花的重要性，在北方废奴运动如火如荼展开的同时，却很少有议员敢于要求南方彻底废奴，南方的种植园主也因此有恃无恐，继续蓄奴。

G 南方金字塔型社会关系

大奴隶主

中小奴隶主、商人、律师、牧师、医生

自耕农、小商贩、工匠、工人

生计艰难的贫穷白人

自由黑人

黑人奴隶

I 拍卖奴隶的海报

自1808年的海外奴隶贸易禁令颁布后，由于南方种植经济的日益昌盛，南方农场主们对奴隶的需求量激增，造成了奴隶走私贸易的猖獗，购买走私的奴隶已成了种植园主默认的共识，这是1829年5月18日南方州拍卖奴隶的海报。

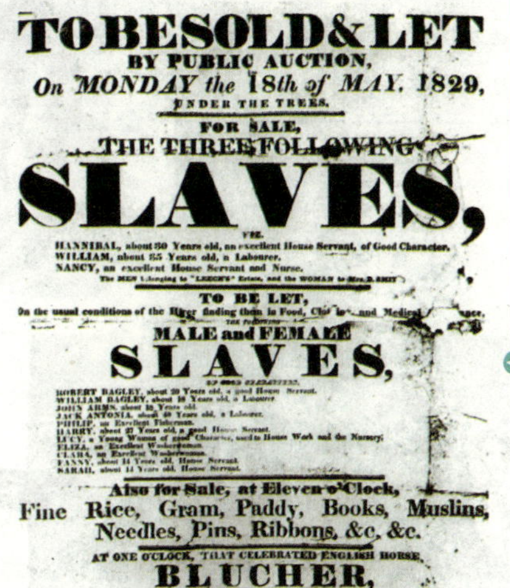

TO BE SOLD & LET
BY PUBLIC AUCTION,
On MONDAY the 18th of MAY, 1829,
UNDER THE TREES.

FOR SALE,
THE THREE FOLLOWING
SLAVES,
VIZ.
HANNIBAL, about 30 Years old, an excellent House Servant, of Good Character.
WILLIAM, about 35 Years old, a Labourer.
NANCY, an excellent House Servant and Nurse.

TO BE LET,
On the usual conditions of the Hirer finding them in Food, Clothing and Medical Attendance,
MALE and FEMALE
SLAVES,
ROBERT BAGLEY, about 20 Years old, a good House Servant.
WILLIAM BAGLEY, about 18 Years old, a Labourer.
JOHN ARMS, about 18 Years old.
JACK ANTONIA, about 40 Years old, a Labourer.
PHILIP, an Excellent Fisherman.
HARRY, about 27 Years old, a good House Servant.
LUCY, a Young Woman of good Character, used to House Work and the Nursery.
ELIZA, an Excellent Washerwoman.
CLARA, an Excellent Washerwoman.
FANNY, about 14 Years old, House Servant.
SARAH, about 14 Years old, House Servant.

Also for Sale, at Eleven o'Clock,
Fine Rice, Gram, Paddy, Books, Muslins,
Needles, Pins, Ribbons, &c. &c.

AT ONE O'CLOCK, THAT CELEBRATED ENGLISH HORSE
BLUCHER,

H 被驱赶的黑奴

黑人奴隶在南方没有人身自由，而且还要被迫为奴隶主们到种植园劳作。图为一支刚从非洲被贩卖到美国的黑人奴隶大军正在赶往南方的农场和种植园，准备让当地的奴隶主们挑选去做苦工。在漫漫征途上这些黑人还要忍受抓捕他们的军官的殴打和虐待。

J 接受检查的黑奴

这是一个正在接受身体检查的黑奴，他即将被当作商品卖掉。而在他一旁的白人却显得十分轻松和冷酷。他们或是对着奴隶指手画脚，或是抽着指间的雪茄，冷酷地看着被人随便摆弄的黑人。

K 奴隶交易市场

在南方，黑人只是奴隶主的财产，不享受任何自由和权利，奴隶主可以随意地惩罚和拍卖奴隶。图为在南卡罗莱纳州的查尔斯顿的一个奴隶交易市场，白人奴隶主正在拍卖黑奴。黑奴因为生活条件太差，营养不良，造成疾病流行，不少奴隶被肺炎、麻疹等疾病夺去生命。

L 母子分离

对于图片上所表现的凄惨景象在奴隶交易市场上几乎天天都在上演。白人奴隶主对此早已司空见惯，麻木不仁。买走的黑奴平均7—9个人住一间小木屋，每年的伙食费只有10—12美元，冬天连条毯子也没有，双脚冻裂，鲜血直流。

M 黑奴在农场

画面中，一个白人农场主双手交叉，冷冰冰地监督着数名黑人奴隶在田间从事重体力劳动。南方黑奴每天早晨4点起床，每天劳动时间长达18—20个小时。他们的主要食物是煮玉米，还难以果腹，有些黑奴不得已去偷主人食物，一旦被抓，后果不堪设想。

N 《密苏里妥协案》

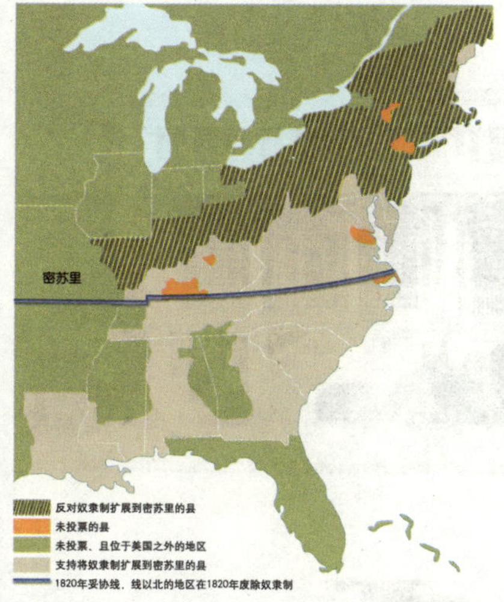

1819年，密苏里申请加入联邦，国会就密苏里应该作为自由州还是蓄奴州问题发生争执，一年后，双方达成妥协。如图所示，北纬36° 34′ 以北为自由州，以南为蓄奴州。《密苏里妥协案》预示了联邦的不祥前景，南北之争必将白热化。

O 奥贝德·赫西的收割机

图为1831年由奥贝德·赫西发明制造出来的最早的小麦收割机，虽然它仍需要畜力牵引，但比人工收割要省力和高效多了。先进机械在农业上的广泛运用，更进一步刺激了南方种植经济的蓬勃发展。

P 收割机

图为19世纪30年代生产制造的两款农业收割机。由于美国的耕地面积广阔，且当时的田地多为平原，极适合这种收割机，因此它们有着巨大的市场，它们的出现无疑是农业生产的一场革命。

Q 风能涡轮与粮食撒种机

图为在美国本土发明制造的风能涡轮机（左图）与粮食撒种与鸟粪施肥机（右图），在杰斐逊的重农思想的政策导引下，19世纪30年代的美国农场上出现了这些机械化农业机器。这些机器的应用大大提高了农业生产效率。

R 种植园别墅

图为路易斯安那的一座建于19世纪30年代的种植园奴隶主的别墅，别墅极尽奢华，富丽堂皇。在南方，贫富差距极大，这是很危险的信号，会导致社会的不安定。如果放任这种差距继续扩大，必会酿成大祸。

S 南方的祥和生活

图为18世纪50年代美丽的南方庄园。在清澈的河道旁有一群绅士在悠闲地散步。河对岸还有气派的房屋和在草地上踱来踱去的野雉。这些建筑的背后则是大片的种植园，那里有无数黑奴在劳动。

T 黑奴的反抗形式

温和的反抗形式	罢工，向奴隶主提出要求，如改善生活待遇、更换监工等，得到满足后就继续上工
	悄悄毁坏农作物、劳动工具等，比如说装作无意踩坏棉花苗等，但是被监工发现，会被体罚
	有些女奴隶担心自己的孩子会和自己一样，终生为奴，会选择堕胎等形式
暴力反抗形式	有些奴隶被逼无奈，生活环境极差，生不如死，只好自杀
	放火，放火是比较常见的一种反抗形式，据报道，新奥尔良两个月内曾经有7间仓库被黑奴烧毁
	逃跑，逃跑的奴隶多为青壮年男奴，且多为有组织的行为
	起义是最为激烈的反抗形式，19世纪上半期，南方有三次较大规模的奴隶起义： 1 1800年弗吉尼亚州加布里维尔·普洛瑟起义 2 1822年南卡罗莱纳州丹马克·维齐起义 3 1831年弗吉尼亚州奈特·特纳起义

U 地下铁路

奴隶逃亡在废奴组织的帮助下，形成了有组织的逃跑行为，这就是美国史上著名的“地下铁路”运动。

地下铁路主要分两条：一是经美国中西部直接到加拿大；二是在东部，沿东海岸往北。地下铁路的组织者称经理，车站是指废奴运动参与者的住处，乘务员为带路人，所谓乘客就是奴隶。地下铁路一般在晚上运行，据不完全统计，通过地下铁路逃亡的黑奴大约有三万五千人。

V 约翰·布朗

图为约翰·布朗，他出生于废奴主义者世家，从小受反奴隶制思想的熏陶，成年后投身于废奴运动。1856年，因为堪萨斯是归属于自由州还是蓄奴州的问题引发了堪萨斯内战，约翰·布朗参战，并处决了几位奴隶主，声威大震。1859年，他领导了一次反奴隶制的武装起义，失败后被处决。

W 包围军械库

1859年10月16日晚上，约翰·布朗带领21人占领了弗吉尼亚州哈波斯渡口的军械库。图为第二天，闻讯赶来的民兵将军械库团团包围。一天后，起义失败，布朗被俘，12月2日被处决，他的遗言是：“我……坚信只有用鲜血才能清洗这个有罪的国土的罪恶。”

X 奴隶制的重新扩展

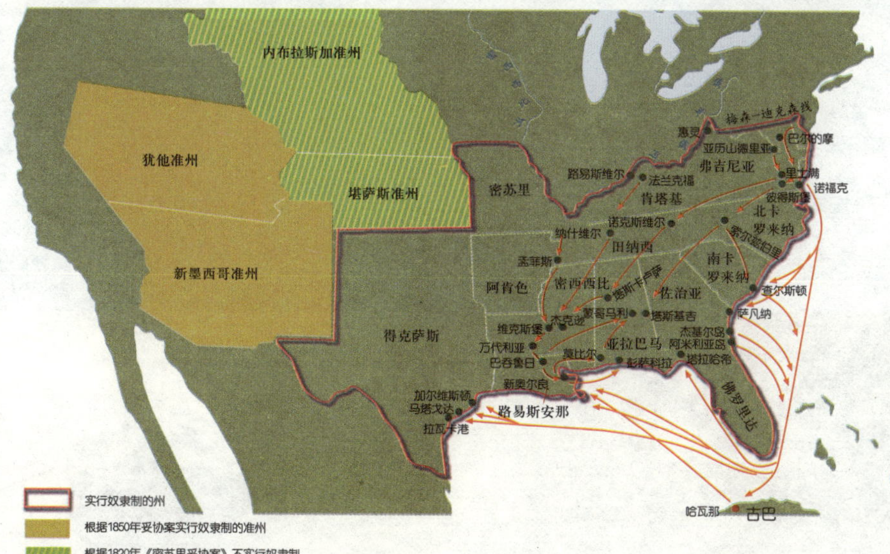

图为黑奴在南方的输送线路以及南方奴隶制在美国西部的扩展情况。截至1860年，南方400万奴隶为占南方白人人口5%的奴隶主服务。

1800年—1860年

美国的油画创作最早是学自于欧洲，这批最早的美国画家被称为“伦敦学院派”。19世纪中叶，美国绘画乃至整个文化领域上的巨大成就无疑挣脱了往常想象力凝固、完全沿袭欧洲的思想文化的枷锁。图为费兹·休·莱茵的名作《波士顿港》，创作于1850年。此画就是美国人想象力与融合多元文化特点的完美体现。不光在绘画上，在文学、思想和宗教等领域，美国也逐渐形成了其独特的文化，真正实现了文化的独立。

第七章

唱响“我们自己的歌”：美国的文化革命

1800年 1860年

01 新文化系统的建立

关键词:爱默生 文化独立

北美文化系统脱胎于不列颠文明，1837 年，美国作家爱默生在他的演讲《论美国学者》中宣布美国文化摆脱欧洲走向独立的时代即将到来。这次演讲标志着美国文化开始走向独立发展的道路。和其他文化类型相比，美利坚文化中包含了更多的冒险、独立、自由、个人主义的内容。相对于东方文化强调的集体精神，美利坚文化中更倾向于以表达自我奋斗来获取个人成就感。

1775年—1815年：启蒙主义思想盛行，作品多为反抗英国统治、赞美独立、鼓舞斗志的作品	代表人物：本杰明·富兰克林、托马斯·杰斐逊、托马斯·潘恩、帕特里克·亨利、詹姆斯·麦迪逊、约翰·亚当斯
	主导思想：人类平等、天赋人权、国家契约、三权分立、政教分离、信仰自由，此时崇尚理性、充满乐观
1815年—1850年：自由主义和个人主义泛滥，浪漫主义崭露头角，美国民族特色的文化在此时期形成	代表人物：爱默生、托马斯·科尔、华盛顿·欧文、布莱恩特 A B
	主导思想：浪漫主义文学兴起，极力追求思想深度，重视人的内心世界，注意人的内心的矛盾冲突
1850年—1860年：空想社会主义、人道主义、女权主义、废奴主义活跃，美国文化开始成熟	代表人物：亨利·戴维·梭罗、纳撒尼尔·霍索恩、亨利·华伦、沃斯·朗费罗
	主导思想：人对精神解放的强烈要求，注重个人内心自省的直觉，要求人吸收生活的精髓

A 爱默生

图为美国著名作家拉尔夫·沃尔多·爱默生。他引领美国文学乃至美国文化界走向独立发展的道路。他的《论美国学者》堪称文化上的独立宣言。他的文章语言朴实精练，却有相当的思想深度，其代表作有《代表性的历史人物》《美国人性格特征》等。

B 华盛顿·欧文

图为美国文学家华盛顿·欧文，他开创了短篇小说这一文学形式，为一个有国际知名度的美国作家。他的语言诙谐幽默，文笔优美，是美国浪漫主义文学的奠基人，作品至今仍然畅销不衰。

1780年 1880年

02 以爆发般速度成长的美国文学

关键词:爱默生 马克·吐温 《汤姆叔叔的小屋》

美国的文学创作在 18 世纪末期呈现出了爆发的态势。以作家爱默生为主要倡导者的文化独立运动带起了一大批期待文学革新的进步作家为美国社会奉献了全新的文化盛宴。与此同时，小说、戏剧、散文、诗歌百花齐放，使美国文学开始走独立发展的道路，并一直持续到今天。

种类	作家、作者	作品及发表时间
戏剧	罗亚尔·泰勒	1787年喜剧《对比》
	威廉·邓拉普	1798年正剧《安德烈》
诗歌	沃尔特·惠特曼	1855年出版《草叶集》第一版
	艾米丽·迪金森 A	1901年面世的诗歌集《放弃》B C
小说	马克·吐温 D E	1876年发表《汤姆·索亚历险记》
	斯托夫人 F	1852年《汤姆叔叔的小屋》G
	霍桑 H	1850年发表《红字》
	库柏 I	1826年的《最后的莫希干人》、《猎鹿者》J
	华盛顿·欧文	1809年发表《纽约外史》
	爱伦·坡	1841年发表《莫格街谋杀案》
	爱默生	1836发表《论自然》
	赫尔曼·梅尔维尔	1851年出版《白鲸》
语言文法	韦伯斯特	1828年编纂出版《美国英语大词典》

A 艾米丽·迪金森

图为美国著名女诗人艾米丽·迪金森的肖像。1830年12月10日，迪金森出生在马萨诸塞州的阿默斯特，她的诗歌都是她个人内心的独白。因为她的作品在生前并无出版想法，所以一直没有得到重视，她死后方广为传诵。她的作品数量惊人，目前已知的诗歌存世就有1800多首。

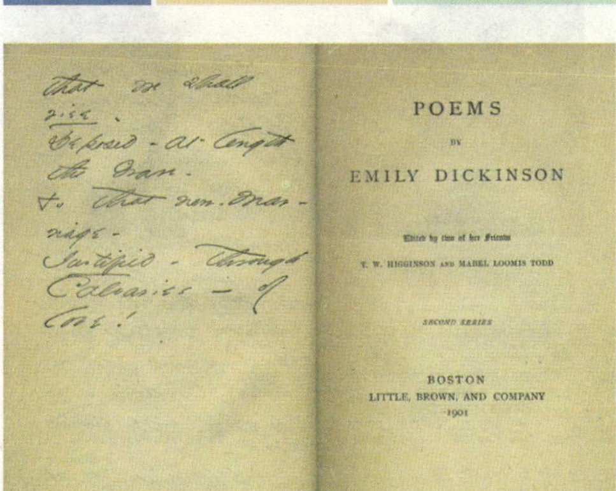

POEMS

BY

EMILY DICKINSON

Edited by two of her Friends

T. W. HIGGINSON AND MABEL LOOMIS TODD

SECOND SERIES

BOSTON

LITTLE, BROWN, AND COMPANY

1901

B《放弃》

图为1901年出版的《艾米丽·迪金森诗集》的版权页。版权页左面的留白处是她生前朋友亲笔抄写她的诗歌《放弃》的一部分文字。这本书出版时，她已逝世十余年了。她的诗短小而充满哲理，读后让人荡气回肠。

C 迪金森的故居

图为艾米丽·迪金森的居所，她一生中的大部分时间都在这里度过，她的大量诗篇都是在这里创作出来的。她的后半生几乎闭门不出，离群索居，但她却充满了对生命和生活的热爱之情，她把这些感情都写于诗中。

D 马可·吐温寓所

图为著名作家马可·吐温的寓所，就是在这里，马可·吐温创作出了《汤姆·索亚历险记》，并于1876年出版。该书主人公以作者的童年为原型，讲述的是在密西西比河边一小镇上的孩子汤姆童年时的有趣经历。

E 马可·吐温肖像

图为马可·吐温（1835—1910），美国近代著名的讽刺小说家。曾用塞缪尔·朗赫思·克莱门斯作为笔名。马可·吐温的文笔别具特色，作品对社会进行了深刻的剖析和解读，尖刻反映社会弊端，充满了悲天悯人的情怀。

F 斯托夫人

斯托夫人生于美国北方，牧师家庭出身，自幼受到废奴主义思想的熏陶。青年时代，她居住在南部辛辛那提市，亲眼目睹了南方黑人的悲惨境遇以及他们艰辛逃亡的实景，于是决定写一部小说来揭发和抨击奴隶制。1851年起，她的小说《汤姆叔叔的小屋》开始连载，次年结集出版，在社会上引起了巨大的反响，推动了废奴运动的发展。这部作品同时也是美国历史上最优秀的反映黑奴生存状态的作品。

G《汤姆叔叔的小屋》

《汤姆叔叔的小屋》讲述了一名黑人奴隶曲折的一生，他善良，善于忍耐，有爱心，有能力，但是最后的结局却是不得不逃亡。图为书中的插图，图中白人女孩伊娃正与黑人奴隶的孩子托普希玩耍，孩童之间天真的友谊更加能反衬出奴隶制度的残忍和无道。

H 霍桑

纳撒尼尔·霍桑（1804—1864）于1850年出版了他的成名小说《红字》，该书批判了17世纪新英格兰的清教主义思想。图为该书作者霍桑的肖像。

I 库柏

库柏自幼熟悉印第安人，对他们的文化了解颇深，后来他写的许多小说都描写的是印第安人的生活，例如1823年的《开拓者》、1826年的《最后的莫希干人》、1827年的《草原》、1840年的《探路者》和1841年的《杀鹿者》。他的小说是典型的美国式小说，情节曲折，过程惊心，内容新奇。他在美国文学史上开创了3种不同类型的小说，即革命历史小说《间谍》、边疆冒险小说《拓荒者》和海上冒险小说《舵手》。

J《最后的莫希干人》

1827年，著名画家科尔以库柏的小说《最后的莫希干人》为灵感，创作了这幅同名画作。小说讲述了法印战争期间，北美白人与印第安莫克议长的莫希干部落之间的复杂斗争和曲折的情感故事。画面上，高耸的山峰、深邃的峡谷、茂密的森林和陡峭的悬崖，烘托了故事中莫希干人的神秘生活。

1800年 1860年

03 从传统到恣放的绘画艺术

关键词:落基山画派 哈得孙画派

美国的绘画艺术从传承于欧洲，到本土独立发展进而自成一体，前前后后经历了18世纪末期和几乎整个19世纪。美国在建国前后，绘画更多地是用于表现人物肖像、历史事件以及场景描绘。随着文化革命浪潮的袭来，一些以美国民间生活、祖国秀美山川为主题的绘画更多地涌现出来。此外，浪漫主义生活观也逐渐融入到绘画艺术中。

画派	类别	内容
伦敦学院派 A	肖像画	代表人物：吉尔伯特·斯图亚特、查尔斯·威尔逊·皮尔、约翰·尼格尔、托马斯·萨利
		代表作品：《丹尼尔·丹尼森·罗杰斯太太》《乔治·沃特森太太》《拿松鼠的男孩》《乔治安纳·巴克姆和她的母亲》《托马斯·苏利》《理查德·耶茨太太》《艺术家在他的博物馆》《竖琴旁的女士：伊莉莎·里德格利》《冶炼场的帕特里昂》B C D E F G
	历史场景绘画	代表人物：约翰·特朗布尔、威廉·邓拉普
		代表作品：《邦克山战役》《彭与印第安人条约》《沃森与鲨鱼》H
美国新式画派	人文风俗画 I	代表人物：约翰·米克斯·斯丹利、乔治·C.宾厄姆
		代表作品：《砍价买马》《在色特科特捉鳗鱼》《密苏里河上的毛皮商人》《基奥卡克》《西点风景》《乡村选举》J K L M
	大自然绘画 N	代表人物：托马斯·科尔、艾伯特·比尔施塔特 O
		代表作品：《尼亚加拉瀑布》《安第斯之心》《志同道合》《落基山脉》《黄石大峡谷》《帝国兴衰之路：帝国的繁盛》P Q R S
	浪漫主义绘画	代表人物：托马斯·科尔
		代表作品：《帝国历程》《建筑师的梦想》《漫游的历程》T

A 伦敦学院画派

美国在立国后的很长一段时间里，油画风格是承袭了英国的传统绘画。伦敦学院画派主要以肖像画和历史题材见长，他们中的大部分都曾有过欧洲留学经历，画风沉稳且浪漫，肖像画既注重人物本身形象的描绘，同时也重视人物内在的精神状态和心理活动的刻画。伦敦学院画派创造了美国肖像画最灿烂的时期，这个时候，美国绘画开始慢慢出现自己的风格。

B《乔治·沃特森太太》

图为美国早期画家约翰·辛格尔顿·科普利创作的肖像画《乔治·沃特森太太》。从画中人物的穿着可以看出，此时的肖像画还带有欧洲绘画的尊贵与庄严的气息。

C《托马斯·苏利》

图为美国油画家罗伯特·吉尔默的一幅作于1823年的人物肖像画。画像中的苏利英气十足，干练有型，充分体现出英国绘画中的浪漫元素和写实风格，为巴尔的摩艺术中的瑰宝。

D《查德·耶茨太太》

图为吉尔伯特·斯图亚特的代表作品之一《理查德·耶茨太太》，斯图亚特在伦敦学习了5年绘画，并在伦敦成名。1793年，斯图亚特回到美国，成立画室。他曾为多位美国早期领导人画像，我们目前所见的诸多美国早期名人像皆由他所绘。

E《艺术家在他的博物馆》

图为查尔斯·威尔逊·皮尔的代表作之一的《艺术家在他的博物馆》，此画绘制于1822年。皮尔早年留学于伦敦，独立战争时期曾入伍。1802年，他开办了费城博物馆，1805年他又创立了宾夕法尼亚美术学院，为美国艺术的传播做出了贡献。

F《竖琴旁的女士》

图为托马斯·萨利的《竖琴旁的女士：伊莉莎·里德格利》，绘制于1818年。托马斯·萨利出生于英国，幼年时来到美国，学习绘画后又去英国留学一年，他的画风模仿吉尔伯特·斯图亚特的风格，但和后者相比显得粗糙，技术处理不够。

G《冶炼场的帕特里昂》

H《沃森与鲨鱼》

图为科普利在1778年为他的朋友、伦敦市长布鲁克·沃森创作的《沃森与鲨鱼》。它描绘了14岁的沃森在古巴的哈瓦那被人从鲨鱼口中解救出来时的惊险瞬间。画中的情景惊险刺激，很有视觉冲击感，是美国早期场景绘画的典型。

这幅作品是约翰·尼格尔最经典的作品，画中人是一个工人出身的爱尔兰青年，被误抓入狱。他功成名就后请画家为其作画，画中他扮作一个铁匠，袖子高高卷起，手中挥动锤子。窗外隐约可见核桃街监狱的灯塔,那里记载着他所遭受的不公，对此他既不会忘却，也不会原谅。

I 人文风俗画

19世纪40年代，有许多画家关注于美国本土的人文风俗，如约翰·米克斯·斯丹利、阿瑟·雅各布·米勒和卡尔·博德默都属于这一领域的代表。他们对美国人生活的城市、庄园和附近郊区的山水风景情有独钟。还有一些人更关注于印第安土著部落的文化生活，赛斯·伊斯特曼就是其中的典型。他曾在明尼苏达州观察和学习了当地苏人的生活习俗，并且学会了苏人的语言，还与他们成为朋友。

J《密苏里河上的毛皮商人》

这是乔治·C.宾厄姆于1845年创作的一幅以北美殖民时期社会生活为题材的画作。画面上一个法国毛皮商和他的法印混血儿子在平静的河面上悠闲地划着独木舟，船头还拴着一只刚被捕来的野生动物。整幅画显得淡雅、清新。同时也捕捉到了美国本土文化中的独特一面。

K《基奥卡克》

图为乔治·卡特林在1832年绘制的人物肖像油画《基奥卡克》，又名《警惕的福克斯人》。这是幅真实描画大平原上的福克斯部落酋长的全身像，他的面容、服饰、手中的斧头和节杖，以及身上的盾都被清晰地呈现在观赏者眼前。卡特林曾画了600余幅与印第安部落相关的肖像画以及村庄、部落仪式和捕猎野牛的情景画。

N 大自然绘画

经过30年的独立发展，美国的绘画界，越来越多地着眼于北美自然风光的写实描画。1820年，哈得孙画派开始兴起。到50—60年代，画派的理论基础基本固定：以哈得孙河全景、山川、湖泊、森林和海岸风光等朴素风景成为主要的绘画题材。该派同时也关注美洲大陆的壮丽美景，画面效果十分令人震撼。

美国的土地广袤富饶，远比欧洲的风景奇伟壮丽。美国的艺术家植根于本土，运用欧洲宏大的绘画风格表现美洲的独特风景。其中艾伯特·比尔施塔特的《落基山脉》是这种艺术形式的代表作，故将其流派定名为落基山画派。该派特点就是突出自然的雄伟与壮丽。

L《西点风景》

图为19世纪40年代的西点的风景画。西点位于纽约州东南部、哈得孙河西岸。这里是美国独立战争时期的抗英要塞，1802年国会批准为军事保留地，建有陆军军官学校，即著名的西点军校。画面上主要描绘的是哈得孙河及河上遍布的点点白帆。

M《乡村选举》

图为乔治·C.宾厄姆的政治题材的绘画名作《乡村选举》，一批乡里人在法院前排队等待顺次投票，尽管在一定程度上对选举政治的欺骗性做了嬉笑怒骂般的嘲讽，但宾厄姆的这幅画最终对选举政治表示了肯定：这种制度虽有其不足，但是这似乎可以通过修正而改进。

O 科尔

图为美国哈得孙河画派的代表画家托马斯·科尔。1825年，他定居纽约，并成功展出了他的第一批风景画。1829—1832年，科尔拜访欧洲并进一步学习油画创作，回到美国，开始创作讽喻画和关于历史题材的画作。其代表作有：《最后的莫希干人》《帝国兴衰之路》《生命旅行》等。

P《志同道合》

图为阿舍·B.杜兰德的油画《志同道合》。该幅作品创作于1849年，表现的是画家科尔与他的同伴——自然崇拜者和诗人威廉·C.布雷恩特站在一个悬崖边畅谈美丽的卡茨基尔山。杜兰德将卡茨基尔山的岩石、蕨类植物和苔藓等都真实清晰地描画出来，以烘托他们二人对大自然的热爱之情。

Q《安第斯之心》

图为哈得孙河画派著名的代表丘奇的成名之作《安第斯之心》，作品创作于1859年，它奠定了丘奇最初的山水画风格。作品同时展现了近处山峰郁郁葱葱的秀丽与柔美和远处山顶白雪皑皑的壮丽与刚猛，画家通过对颜色的巧妙搭配，烘托出光线对于景物的美感表达，是哈得孙画派不可多得的自然风景画。

R《黄石大峡谷》

落基山画派代表托马斯·莫兰在游历美国西部壮丽的山川后，在1872年创作了这幅气势磅礴的油画《黄石大峡谷》。画家用大场面的写实手法，体现了落基山画派对自然界的描绘与透视感。

S《帝国的繁盛》

图为科尔在1835年—1836年创作的讽喻油画《帝国兴衰之路之三：帝国的繁盛》。画面描绘了古罗马、古希腊式的各种豪华建筑以及雕塑，河上船只穿梭往来，两岸站在阶梯上的人朝拜一座巨大的石像。该画表达的是罗马帝国在极盛之后必然走向惨痛的衰败。

T《漫游的历程》

这幅美丽的画作是科尔1842年《漫游的历程》组画中的一幅。组画分为四个阶段——婴儿期、青少年、青壮年和老年，该幅画是青少年阶段。画面上描绘了一个女子乘着象征命运的驳船在时间的河流上开始她的旅程，河岸旁站着一个护卫她的天使，图画暗示当时的美国正急于发展。

1845年·1861年

1853年，佩里将军带领舰队来到日本，新式战船、近代化的武器震惊了全日本，使他们真正感受到西方国家的强大。图为日本人和佩里舰队接洽的场面。美国为了实现国家的迅速强大并能与欧洲强国相抗衡，开始把发展的方向转向遥远的西部以及更远处的太平洋彼岸。而在通过美墨战争所获得的土地上是否仍施行奴隶制这个问题，南北方产生重大矛盾，进而引起了一系列的冲突与事件。

扩张引发的悲剧：急速膨胀与国家分裂

第章

1834年　　1845年

01 得克萨斯的归属

关键词:圣·安纳 得克萨斯

墨西哥在1821年独立后，美国人奥斯丁与墨西哥政府达成协议，可以在得克萨斯这一大片谷地上自由经营。于是，美国移民纷纷涌入新的殖民点，得克萨斯成了美国移民的天下。墨西哥政府感到如果对美国移民采取放任自流的态度，势必会造成得克萨斯的独立，于是于1830年禁止美国人入境，但为时已晚，1836年，得克萨斯人投票决定独立。1845年，得克萨斯并入美国。

1821年	墨西哥独立，得克萨斯为其中的一个省
1823年	斯蒂芬·奥斯丁从墨西哥得到了65,000英亩土地，他开始出售土地，吸引了大批美国人前来购买
1826年	美国人黑登·爱德华与墨西哥政府发生冲突，自建政府，后被镇压
1827年	在得克萨斯的美国人达到1万人
1830年	墨西哥政府开始限制美国人入境，禁止同新奥尔良交易
1832年	得克萨斯人和当地的墨西哥军队发生冲突，后被镇压 美国提出500万美金购买得克萨斯，被墨西哥政府拒绝
1835年	得克萨斯人因关税问题和墨西哥政府发生冲突，战争开始 A B C D
1836年	得克萨斯人举行代表大会，宣布独立，建立孤星共和国
1837年	美国宣布承认孤星共和国
1844年	美国大选年，候选人波尔克鼓吹美国应合并得克萨斯 E
1845年	国会通过合并案，12月29日，得克萨斯并入美国 F

A 独立战争爆发的背景

墨西哥和美国的习惯和法律都有所不同，例如墨西哥要求居民统一信奉罗马天主教，法律规定必须上缴天主教的十一税。此外，墨西哥要求移民种植谷物和养牛，指命每个移民必须种和收什么作物，这些都让移民很不满。再者，墨西哥在1829年废除了奴隶制。这令得克萨斯的很多奴隶主担心如果墨西哥政府在这里推行废除奴隶制，会对他们带来巨大的经济利益的损害。

1834年，墨西哥总统圣·安纳下令解散州立法机关，撤销州民兵，逮捕一些不肯种粮食的棉花庄园主，得克萨斯人开始密谋独立。

B 阿拉莫要塞之战

1835年11月，得克萨斯各地的代表召集会议，决定组建临时省政府，组建军队。次年2月，圣·安纳带兵讨伐。墨西哥军队和得克萨斯的守军在阿拉莫要塞展开激战，由于得方援军未能及时赶到，守军全部阵亡。图为阿拉莫要塞双方对峙图。

C 圣哈托河之战

阿拉莫要塞战败后，得克萨斯军队在首领萨姆·休斯顿的带领下后撤，圣·安纳领兵乘胜追击。在圣哈辛托河口，萨姆·休斯顿忽然向墨西哥军队发动攻击，后者猝不及防，一败涂地。18分钟后战争结束，圣·安纳的部队一半伤亡，另外一半被俘。

D 圣·安纳

圣·安纳在圣哈辛托之战中投降被俘，图为圣·安纳画像。他被俘后签订了《韦拉斯科协定》，承认得克萨斯的独立，此后被放回。之后历届的墨西哥政府均不承认这一协定，得克萨斯与墨西哥边境小规模冲突不断，为10年之后的美墨战争埋下了隐患。

E 波尔克总统

图为1844年11月当选的总统詹姆斯·波尔克。他是美国历史上少有的扩张主义者，最大的成就就是从英国那里获得了俄勒冈完全的主权，并发动墨西哥战争夺取得克萨斯、加利福尼亚以及墨西哥北部的大片领土。

F 扩张主义者的野心

由于商业的利益与得克萨斯有可能的威胁，波尔克把竞选总统的焦点放在了兼并俄勒冈与得克萨斯上。图为1844年波尔克在调查扩张主义者的态度，他发现所有人都倾向于兼并俄勒冈。但出于国家利益的综合考虑，波尔克总统最后决定先兼并得克萨斯。于是在1845年，美国接受了得克萨斯合并的要求。次年，俄勒冈也被并入美国领土。

1846年 1848年

02 墨西哥战争

关键词:泰勒 斯科特 加利福尼亚

在获得得克萨斯后，美国又尝试通过谈判获取墨西哥在加州的土地，这一系列举措激怒了墨西哥政府。1846 年，美国派观察军到纽埃西斯河—格兰德河的争议区，遭墨军伏击，于是美国向墨西哥宣战。1847 年，战败的墨西哥投降，次年便签订条约割让了墨西哥北部广袤领土与美国。此战过后，墨西哥丧失了 55% 的领土，而美国成为美洲领土面积最大的国家。

1846年1月	波尔克命令美军前往纽埃西斯河—格兰德河地区
1846年4月	23日，墨西哥政府派军前往格兰德河地区 25日，美墨两国军队在墨西哥境内发生小规模战斗
1846年5月	8日，美墨两军在帕洛阿尔托交战，在泰勒将军的巧妙指挥下，美军获胜 A 9日，两军在雷萨卡·德·拉·帕尔玛交战，美军胜 13日，美国正式对墨西哥宣战 B 18日，美军占领墨西哥马塔莫罗斯城
1846年6月	墨西哥加利福尼亚的美国移民起事，宣布加利福尼亚独立
1846年8月	13日，美军占领洛杉矶 15日，美军卡尼部到拉斯维加斯，宣布新墨西哥并入美国 17日，斯科特准将宣布加利福尼亚并入美国
1846年9月	20日，美军进攻蒙特雷，墨西哥守军在激战三天后，陷入弹尽粮绝的境地，被美军重重包围 25日，蒙特雷沦陷，双方签署为期八周的停战协议
1846年12月	14日，美军在埃尔布拉奇托战役中大胜墨西哥军队 27日，美军占领埃尔帕萨
1847年1月	卡尼率部在台地平原打败墨西哥骑兵，10日再次攻占洛杉矶 C
1847年2月	28日，美军在加利福尼亚萨克拉门托战役中获胜 D
1847年3月	斯科特率领美军水路两栖作战，在墨西哥的维拉克鲁斯登陆 F E
1847年4月	斯科特将军在塞罗·格尔多山口击溃墨西哥军队
1847年8月	楚鲁巴斯克之役结束，保护墨西哥城的最后一道防线崩溃
1847年9月	13日，美军攻占查尔特佩克城堡 G 15日，墨西哥首都墨西哥城沦陷 H
1848年2月	《瓜达卢佩—伊达尔哥条约》签订，墨西哥丧失大片领土 I

A 泰勒将军

图为墨西哥战争总指挥泰勒的画像。泰勒在战争早期的帕洛阿尔托和雷萨卡·德·拉·帕尔玛战役中都取得胜利。之后，他又占领了蒙特雷要塞。在著名的布埃纳维斯塔的战役中他成功运用了合理战术，再次大胜。战后，泰勒被选为美国总统。

B 美军战略方针

美军在战争开始已经完善了自己的战略部署，兵分三路入侵墨西哥。一路由斯蒂芬·卡尼上校指挥，路线为征战新墨西哥和加利福尼亚；一路由约翰·斯洛特将军率领美军封锁墨西哥在太平洋沿岸的港口，并占领圣佛朗西斯科湾；最后一路由总司令温菲尔德·斯科特率领，目标为墨西哥的首都新墨西哥城。

C 台地平原战役

1847年1月9日，节节胜利的美军将领史蒂芬·卡尼在台地平原上依靠严密的枪阵大败墨西哥长枪骑兵。次日，卡尼便占领洛杉矶。图上墨西哥长枪骑兵从两个方向包围美军，但都被美军的枪阵击垮。此役之后，墨军再未组织大规模主动进攻。

D 占领加利福尼亚

图为1847年2月28日，美军炮轰河对岸的萨克拉门托城情形，这是进攻加利福尼亚的最后一战。萨克拉门托战役的胜利结束标志着美国在军事上彻底消灭了加利福尼亚和新墨西哥地区的墨西哥势力。从此以后，美国的领土扩展至太平洋沿岸。

E 维拉克鲁斯登陆

1847年3月，美军统帅温菲尔德·斯科特带领约1万名士兵在墨西哥维拉克鲁斯南部海滩登陆。图为当时登陆作战的情景。在这场登陆战中，美国动用72艘军舰，大量墨西哥军民被炸死。29日，维拉克鲁斯沦陷。

F 温菲尔德·斯科特

温菲尔德·斯科特成为美国19世纪仅次于华盛顿的名将。在美墨战争中，斯科特的维拉克鲁斯登陆是美国独立以来第一次大规模两栖登陆，最后美军以极少人员伤亡的代价攻占了港口。此后斯科特的军队所向披靡，最后在9月攻占了墨西哥城。

I 缔结条约

1848年1月，美墨双方恢复和谈，2月2日双方在墨西哥城北面的瓜达卢佩—伊达尔哥村签订条约，条约以地名命名。条约规定：墨西哥承认美国吞并得克萨斯，确立格兰德河为分界线，割让包括今加利福尼亚、新墨西哥、亚利桑那州的全部，以及怀俄明、科罗拉多、犹他、内华达州的部分给美国，总面积达230万平方公里，占据当时墨西哥领土的55%之多。

G 查普尔特佩克城堡之战

1847年9月8日，美军开始进攻通往新墨西哥城的最后一个据点——查普尔特佩克山高地，图中就是如潮水般的美军进攻的场面。面对人数众多的美军，由步兵和军事学校学员组成的墨西哥军队虽然殊死抵抗，但是这里还是在13日沦陷。

H 进入墨西哥城

1847年9月14日，墨西哥军队放弃墨西哥城，15日，这里被美军占领。图为美军进城仪式。美军进城后，在墨西哥国家宫升起了美国国旗。新墨西哥城沦陷后，墨西哥政府陷入苦苦挣扎的境地，被迫于次年年初和美国议和。

1848年　1864年

03 继续扩张

关键词:太平洋铁路 日本

墨西哥战争胜利结束后，美国获取了今新墨西哥州、加利福尼亚州等广大的土地。但在新土地上到底是实行奴隶制还是自由区，联邦各州发生激烈争论。1850 年，国会就地域分歧与奴隶制的推行达成了最终的妥协，解决了新占领土问题。1853 年起，为巩固新占领土，政府通过各项优惠措施鼓励国民和企业开发这些土地。此外，美国扩张的视野还放眼到太平洋彼岸的日本。

1848年	墨西哥战争名将泰勒当选为美国总统
1849年	开始规划贯通美国东西部的铁路
1850年	《1850年妥协案》通过 A
1854年	《堪萨斯—内布拉斯加法案》出台
1844年—1858年	美国将势力伸向太平洋彼岸的远东 B C D
1862年—1864年	国会通过《太平洋铁路法》，进一步巩固西部领土 E

B 马修·佩里

佩里率领着铁甲舰闯入日本，他被日本人视为欲统治亚洲神圣国家的西方野蛮人。但面对美国炮舰的强大威慑，日本只有妥协被迫开放通商口岸。图为佩里着军装拍摄的照片。

A 克莱的演讲

图为1850年1月，参议院议员克莱正在参议院发表《八项妥协决议》。这八项决议主要讨论的是关于新取得的墨西哥领土如何划分，如何开发，采用何种制度问题。新划分了加利福尼亚州、新墨西哥州和犹他州。

C 考察江户湾

1844年—1858年，美国把目光转向太平洋彼岸的中国和日本。图为1853年美国海军马修·佩里舰队到达日本江户湾的浦贺，他此行的目的是要打开日本的贸易市场。这就是日本史上著名的“黑船来航”，日本被迫结束锁国时代。

D 佩里会见日本高层

图为1854年，佩里一行到横滨会见日本帝国的专员，旁边站立着整齐的荷枪实弹的美军士兵。美日在横滨签订了《日美亲善条约》，这是日本与西方签署的第一个不平等条约。

E 公用土地和拨赠铁路公司的土地

1862年—1864年，国会通过《太平洋铁路法》，赋予五家铁路公司购买铁路沿线大片土地的权利。这些深入内地的铁路就成为开发周边土地的运输通道，而陆续出台的《土地法案》鼓励美国农户去未开发的公用地居住和耕种。这样，在短时间内，西部及沿海荒芜土地被迅速开发。

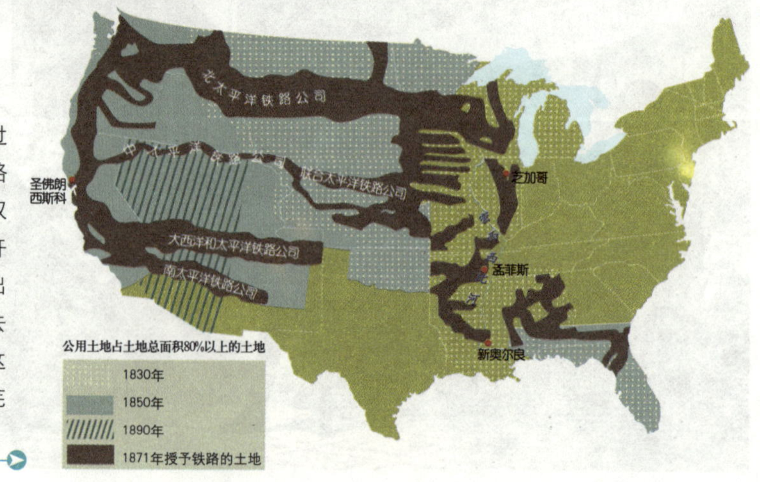

1854年 1859年

04 流血的堪萨斯与共和党成立

关键词:流血的堪萨斯 布朗

1854 年 1 月 23 日，斯蒂芬・A. 道格拉斯向参议院提交了这一法案，要求宣布密苏里妥协案和 1850 年妥协案作废；宣称新开发地区实行何种制度，应留给当地居民或其代表投票决定。这一法案虽然引发剧烈辩论但是终获通过，这就是《堪萨斯—内布拉斯加法案》。这一法案的通过直接造成了共和党成立和堪萨斯内战，最终引发了美国内战。

1854年1月	23日，参议院领地委员会主席、民主党党魁斯蒂芬・A.道格拉斯向参议院提交《堪萨斯—内布拉斯加法案》
1854年3月	3日，参议院在道格拉斯的敦促下以37票对14票通过了法案
1854年5月	22日，众议院以113 票对100 票通过了这个法案，但是南北方民主党分裂
1854年7月	共和党正式成立，党员成分复杂 A B C
1856年2月	共和党在匹茨堡召开第一次全国代表大会
1856年5月	奴隶主指示“边疆暴徒”袭击劳伦斯镇，堪萨斯内战开始 D
1856年6月	共和党在费城召开全国大会，提名约翰・弗利蒙德参加美国总统大选，这标志着共和党成熟 E F
1859年	堪萨斯被自由土地派控制

A 阿尔文・博维

围绕着废奴和蓄奴之争，美国之前的政党产生严重分歧，民主党、辉格党这两个大党和以自由党、美国党为代表的一些小党分裂，成立一个主张遏制奴隶制扩张的新党迫在眉睫，共和党应运而生。共和党党员成分复杂，但是目标统一。图为共和党元老阿尔文・博维。

B 共和党成立

1854年2月28日	辉格党员阿尔文・博维在威斯康星州里庞的一个公理会教堂召集会议，讨论反对奴隶制的各个政治派别如何联合
3月20日	博维建议联合后采用“共和党”这个名称，“共和”二字以反映1776年美国立国的共和主义价值，强调公民良心和反抗贵族政治及腐败
3月30日	华盛顿《民族时代报》发出号召，建议成立新党
5月23日	30名国会议员参加一次会议，一致认为有必要成立新党——共和党
7月6日	在密歇根州杰克逊市的一次集会上，共和党正式成立

D 枪杀自由之土党人

图为1858年5月，亲奴隶制者在皮尔斯总统的荫庇下，5名反对堪萨斯成为奴隶制州的自由之土党人被密苏里非正规军枪杀的场景。一时间，这里成为“流血的堪萨斯”，暴乱、械斗不止，这场动乱被称为“堪萨斯内战”。

E 约翰·弗利蒙德

图为约翰·弗利蒙德，共和党首位总统候选人。他本是一名探险家，美国的一条山脉就是以他的名字命名的。1846年美墨战争时，弗利蒙特恰好在加利福尼亚绘制地图，他指挥一批美国移民，占领了墨西哥索诺马司令的指挥部。正是他的经历使得共和党最后推选他为候选人。

F 约翰竞选

图为弗利蒙德1856年参加总统竞选时的宣传画。他当时的宣传口号“自由土地、自由劳动、自由人，弗里蒙德”，突出了“自由”二字。最后他虽然落选，但是得到了33%的选票，共计130多万张，这标志着共和党已经走向成熟。

C 成员和纲领

参加共和党的主要有北方派辉格党人、民主党内的反《堪萨斯—内布拉斯加法案》分子、自由党和自由土地党人，以及一部分一无所知党人（美国党）。

共和党的首个政纲声称，要建立一个自由的堪萨斯，确认国会有权“在各准州内禁止野蛮时期的孪生遗物——多妻制和奴隶制”。这份纲领有五分之四的篇幅涉及蓄奴制问题，同时也主张政府资助铺设一条横贯大陆的铁路和改善河流、港口。

1858年 1860年

05 林肯当政与美国的分裂

关键词:林肯 戴维斯 邦联

在1860年的总统大选中，坚持限制奴隶制的共和党领导人林肯在1860年成功当选为总统，并在北方受到绝对拥护。这时候的民主党南方派国会议员因不满政府否决对于西部地区实行奴隶制而愤然退出议席。南方实行奴隶制的州份为了它们的利益，开始陆续脱离联邦政府，并组成了一个新的联合政府，试图与联邦政府抗衡。美国南北对峙的格局就此形成。

1857年	拥护奴隶制的议员在莱康普顿通过新宪法，为《莱康普顿宪法》，新宪法明确标明支持奴隶制，引起很大争议 A
1858年	就有争议的《莱康普顿宪法》进行全民公决，新宪法被否决 林肯竞选连任参议员获得成功 B C
1858年—1861年	南北双方的冲突不断 D
1860年11月6日	美国进行总统大选，共和党候选人、被称为黑奴救星的林肯在北方18个自由州中获得17州的多数票，但是在南方10州中一票未得，但是最后仍以绝对优势当选 E
1861年2月8日	南部同盟在亚拉巴马州的蒙哥马利成立，南方各州陆续脱离联邦政府 F
1861年2月21日	杰弗逊·戴维斯被推举为南部联盟临时总统，临时首都设在蒙哥马利 G H
1861年3月	北方对于南方各州脱离联邦一事反应强烈，林肯在动荡不安的气氛里就职，战争的阴霾已经笼罩美国 I J

A 布坎南内阁

拥护奴隶制的《莱康普顿宪法》是在1856年新当选的总统布坎南及其阁员的一手推动下通过的，图为布坎南内阁合影。布坎南在任期内无大作为，只是一味地推行奴隶制，最终造成了民主党走向分裂。

B 亚伯拉罕·林肯

亚伯拉罕·林肯（1809—1865），美国历史上的第十六届总统，在总统任上，他成功取缔了奴隶制。照片为摄影师亚历山大·赫斯勒于1860年6月为林肯拍的肖像照，这年11月，林肯被选为总统。

C 道格拉斯与林肯大对决

这是描述1858年任共和党参议员的斯蒂芬·道格拉斯与亚伯拉罕·林肯竞选连任参议员的漫画。林肯的参选观点是，奴隶制在南方不可能被废除，但它绝不应当向西部扩张。最终，林肯得到大多数人的识可，最终当选。林肯和道格拉斯之对决正是南北矛盾的表现。

D 礼拜堂的暴力

18世纪50年代末期，亲奴隶制派与反奴隶制者之间的这冲突愈加频繁。图为1860年，波士顿的特里蒙特礼拜堂内，一些亲奴隶制派的激进分子正在驱赶黑人和反奴隶制者。在自由州的北方，亲奴隶制派分子尚且如此，南方各州情形更是不堪。

E 奴隶的救星

林肯一直致力于限制奴隶制扩张，图为黑人亲吻林肯手表示感谢的版画。林肯在参选总统时提出了言论自由、土地自由、劳动自由、人身自由的口号，产生了十分积极的影响，不仅获得了东北部工业区的支持，也获得了西部农业区的支持。

F 南方脱离联邦

林肯当选的消息传来，南方各州分裂分子纷纷鼓动本州脱离联邦。1860年12月20日，南卡罗莱纳首先宣布脱离联邦。1861年1月，密西西比、佛罗里达、亚拉巴马、佐治亚和路易斯安那也召开代表大会，通过了脱离联邦的法令。2月1日，得克萨斯宣布退出联邦。4日，在南卡罗莱纳州的提议之下，密西西比、佛罗里达、亚拉巴马、佐治亚、路易斯安那和南卡罗莱纳六州的代表在亚拉巴马州的蒙哥马利市举行会议。经过商讨后，8日，六州联合宣布成立美利坚诸州同盟，简称南部同盟。

G 杰弗逊·戴维斯

1861年1月9日，42名参加蒙哥马利市大会的南方代表推选杰弗逊·戴维斯为南方同盟临时总统，亚历山大·斯蒂芬斯为副总统。图为南方同盟“总统”杰弗逊·戴维斯的肖像。战后，戴维斯被起诉，罪名叛国罪。

H 邦联政府的成立

图为戴维斯在蒙哥马利就职典礼时的盛大情景。临时政府成立后还通过了一个临时宪法，宪法坚持奴隶制度，并且声明如果各州获得了新的领土，可以扩张奴隶制，同时宣布各州享有很大的自治权力，有独立行动的资格。

I 北方的反应

对于南方的行为，北方有截然不同的几种反应。一种是激进的废奴者和共和党人中的激进派，这种人认为对于南方奴隶主的叛乱行为应当采取严厉的手段镇压，否则联邦必将分裂。在东北部的工业城市，反分裂的游行示威层出不穷。而北部民主党人则对南方抱以同情的态度，要求政府安抚南方。有些废奴主义者则认为，南方脱离联邦就能解决奴隶制的问题。一些大资本家则担心自己在南方的产业受损，要求政府对南方妥协。

J 林肯就职

图为1861年3月4日，林肯就职现场。林肯在就职演说中阐述了自己的观点：维护联邦统一，要求南方分离分子不要发动内战，声称共和党不会干涉南方蓄奴州的奴隶制度。但是林肯的妥协并没有收到成效，内战很快开始。

1858年 1861年

06 萨姆特要塞之战

关键词:萨姆特堡 南北战争

1861 年 3 月，南方军队包围了联邦军队驻守的南卡罗莱纳州的萨姆特要塞。4 月，南方政府公然对南卡罗莱纳州萨姆特堡的联邦驻军实施炮击，打响了内战第一枪，南北战争爆发。很快，林肯总统就下令封锁海岸线，断绝邦联政府管辖各州的海外贸易，以此削弱南方战时经济；为争取更多的力量，联邦政府还破天荒地鼓励黑人参军，为北方增加了兵源。

1861年及以前	战前的联邦军队就接受枪法的训练
	联邦军队招募黑人参战
	南方与北方分别组织了自己的军队 A
1861年4月12日	战争在南卡罗莱纳州的萨姆特要塞爆发 B C D E
1861年4月19日	封锁海岸线，断绝南方贸易通道 F
1861年4月27日	南方联盟迁都至弗吉尼亚州的里士满

A 南北方军队

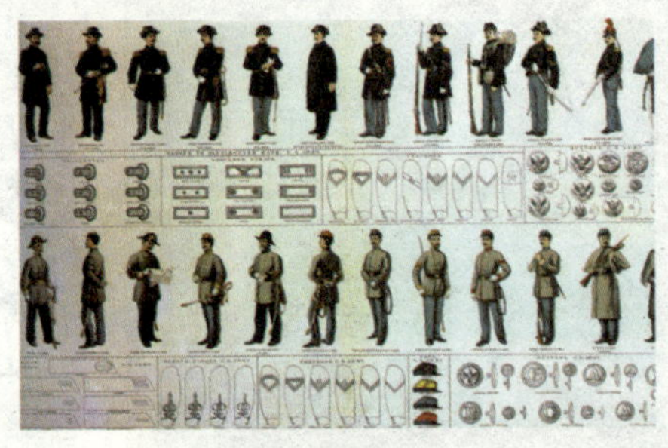

图为大战开始时，北方的联邦军和南方邦联军的军装一览表。图上面一层的是联邦军队各级官兵的制服和徽章，下一层则是邦联军队的制服和徽章。虽然南北双方数十年来一直在避免战争，但是双方也一直在为战争做准备，毕竟双方的矛盾越来越尖锐，战争无法避免。

B 萨姆特要塞

图为萨姆特要塞，这是截至1861年3月，南卡罗莱纳唯一一个未被南方分裂者占领的要塞。3月3日，南方当局任命皮埃尔·博雷加德为查尔顿驻军司令，包围了萨姆特要塞。这个要塞的战略意义并不重大，但是政治意义重大，代表北方不妥协的态度。

C 萨姆特要塞之战始末

1861年3月3日	南方军队包围萨姆特要塞
3月9日	林肯第一次召集内阁，商量对萨姆特要塞事宜的对策
3月末	林肯连续两天召集内阁商议对策，内阁成员意见相左，林肯决议不放弃要塞。他命令陆军部长组织军队，在4月6号之前准备完毕，远征南卡罗莱纳支援要塞守军
4月10日	杰弗逊·戴维斯给南方同盟的陆军部长雷鲁瓦·沃克下令，令他责命联邦军队撤出要塞
4月12日	南方同盟军队开始向要塞发起攻击
4月14日	联邦军队投降，开始撤出要塞

D 炮轰萨姆特要塞

4月10日，南方同盟的国防部要求仍处在联邦政府控制下的萨姆特要塞的北方驻军投降，遭到拒绝后，联盟军总指挥毕瑞嘉于12日早上4：30分悍然向驻萨姆特要塞的北方军开炮，美国内战开始。图为炮火下的萨姆特要塞。

F 联邦政府封锁南方海岸线

1861年4月19日，联邦军队开始封锁南方沿海的九个州的海岸线。由于工业较为落后，南方敌对各州的经济只能靠农产品海外贸易维系。图中，联邦政府将南方的东部和南部沿海港口地区围得水泄不通。

E 联邦军队撤离

南方同盟的查尔顿驻军司令皮埃尔·博雷加德下令炮击要塞33个小时后，等不到援兵的联邦军队终于支撑不住。14日下午，联邦驻萨姆特要塞的指挥官罗伯特·安德森少校率领守军撤出要塞。图为被炮火损坏的要塞残余建筑。

1861年·1877年

1861年4月，在持续的炮轰下，萨姆特堡的联邦军队终于被击溃，南方军夺取了这个楔在邦联疆域内的要塞。图为一个南方哨兵在残破的南方旗帜下孤独地守卫着，在不远处的海上，就是联邦派来进行海上封锁的舰队。萨姆特堡沦陷后，南北双方正式决裂，美国内战开始。

内战与重建：南北战争与国家的再统一

第章

1861年

01 1861年战事与战略转变

关键词:布尔溪之战 麦克莱伦

北方联邦政府从战争一开始就采取了封锁东面和南面的海岸线，以及从东部进攻邦联首府，再配合着从西部力量薄弱地区向南插入南方州的腹地，对南方形成战略包围的“蟒蛇计划”，期望一举击溃南方政府;南方则采取在东部集中优势兵力攻打联邦政府核心控制区、速战速决、迫其投降的策略。但在战争初期，邦联势头猛烈，联邦军队在东部战场处于战略防御态势。

1861年4月15日	林肯发布命令招募75000名志愿兵服役3个月 A
4月17日	戴维斯宣布允许南方军队抢劫联邦船只 B
5月3日	联邦政府再次招募志愿兵，本次为召集42000人，服役3年
6月29日	林肯召集内阁，讨论作战战略问题
7月	布尔溪战役打响，联邦军队惨败 C D E 林肯任命乔治·麦克莱伦为华盛顿军区司令 F
8月	联邦海陆军配合，攻占北卡罗莱纳的哈特莱斯堡垒 G 30日，约翰·弗利蒙德将军宣布在密苏里州，凡是和联邦为敌的奴隶主的奴隶全部释放为自由人 H I
10月21日	联邦军爱德华·贝克上校率小分队执行任务，遭到南方军队的伏击 J
11月	麦克莱伦升为联邦陆军总司令 7日，英国邮船“特伦特”号被联邦战舰拦截，船上的两名南方代表被捕 K L 联邦军占领南卡罗莱纳州罗耶尔港的希尔顿赫德 M
12月	麦克莱伦将军在波多马克河沿岸布防 N

A 招收新兵

战争刚开始时，北方对战局的估计过于乐观，因为北方领土面积和人口数远远大于南方，几乎所有的钢铁和军火企业也全在北方，仅纽约一个州的工业产值就是南方分裂各州产值之和的四倍，所以包括林肯在内的大部分北方人认为战争会在几个月内结束。1861年4月15日，林肯下令招收75000名志愿兵，服役时间为3个月。但是随着战局的发展，林肯第二次招收志愿兵的服役时间就变为3年。

B 南方军舰

战争刚开始，南北双方都参照了独立战争和1812年美英战争的经验，海上力量占据优势的北方开始封锁全国的的港口，而处于劣势的南方开始公然抢掠北方的船只。图为南方的军舰，南方更重视军舰的速度，以达到速战速决的目的。

C 麦克道尔

图为欧文·麦克道尔，他是布尔溪战役联邦军指挥官。1861年5月14日，麦克道尔被任命为东北弗吉尼亚军团指挥官，在此之前，他没有指挥战斗的经验，缺少经验是麦克道尔战败的重要原因。

D 布尔溪战役过程

6月29日	在作战会议上，麦克道尔提出，他将率领军队去袭击布尔河附近的马纳萨斯的同盟军
7月18日	麦克道尔率军渡过波多马克河，抵达森纳特维尔
7月中旬	麦克道尔派遣丹尼尔·泰勒带领人马前去敌营附近侦察，结果行踪被南军发现，联邦军暴露目标
7月21日上午	联邦军队开始向南军进攻。作战中，联邦军队一部沿沃伦顿大道佯攻布尔河上的石桥，联邦军主力则在萨德莱斯普林斯强渡布尔河，攻打南军左翼。但是作战时遇到阻力，南军将领托马斯·杰克逊抵抗住了联邦军的攻击
7月21日下午	南军援兵到达，猛攻联邦军右翼，迫使其撤退。联邦军后卫部队顽强抵抗，且战且退，但退至沃伦顿大道时乱了队形。此时，天色已晚，加之大雨滂沱，道路难行，南军遂停止追击，战斗结束

E 联邦军溃退

布尔溪战役是南北战争初期最大规模的战役。此场景为联邦军被击溃的惨败之象。由于缺乏战斗经验，联邦军的撤退变成了大溃退，溃退途中伤亡人数众多。此战联邦军伤亡2800余人，结局令整个北方为之震惊。北方开始做长期作战的准备。

F 麦克莱伦

图为北方联邦军在东部战场的总指挥麦克莱伦将军。他在战争初期指挥东部战场的作战中，一直毫无进展。布尔溪战役惨败后，联邦政府遂将他调任华盛顿及西弗吉尼亚军区司令，接管联邦东部战场上的波多马克军团，替下连遭败绩的麦克道尔将军。

G 攻占哈特莱斯堡

北方在海上拥有绝对优势，1861年夏天，联邦海军开始在南部沿海建立基地，为以后陆海军配合做准备。8月，海军成功地配合了陆军攻克了北卡罗莱纳的战略基地哈特莱斯堡垒，并把它建成联邦军基地。图为经历战争后的哈特莱斯堡垒的残垣断壁。

I 北方对奴隶制的分歧

内战爆发后，北方集团对奴隶制的存废依然存在争议。弗利蒙德宣布没收和联邦为敌的奴隶主的动产和不动产，释放他们的奴隶这一做法，引起了轩然大波。激进派认为这是一种极为有效的做法，但是保守派却认为这种做法会造成中立的州倒向南方。9月2日，备受压力的林肯要求弗利蒙德取消这一法令，但是遭到后者的拒绝。9月11日，林肯直接以总统的名义取消弗利蒙德的法令。10月24日，弗利蒙德被免除西部战区司令一职。这一做法对激进派来说是一强击，挫伤了广大奴隶和激进派的积极性。

J 李斯堡之役

麦克莱伦在10月份发动了李斯堡之役。10月21日，他命令林肯的密友爱德华·贝克上校带领小分队执行任务，由于上司叛变，一行人的行踪被南军掌握，贝克在途中受南军伏击身亡，图画就表现了这一场景。最终联邦军也输掉了李斯堡之役。

H 密苏里黑奴

1861年夏天，联邦军和同盟军在密苏里展开战斗，联邦军的约翰·弗利蒙德为了更加有效地打击南军，于8月30日发布通告，宣布凡持有武器反对联邦或是在战场上与南军合作者，其奴隶释放为自由人。这对于如图这样的广大密苏里黑奴来言，是一个好消息。

K “特伦特”号事件

1861年10月，戴维斯派遣詹姆斯·梅逊和约翰·斯莱德尔前往英法购买武器，他俩乘英国邮轮“特伦特”号（如图）赴英。这一消息被联邦战舰“圣亚辛托”号舰长查文斯·威尔克斯上校得悉，他率领舰队于11月8日在巴哈马海峡进行拦截并逮捕了两人，是为“特伦特”号事件。

L 事件的解决

“特伦特”号被扣押的消息传到英国，当时的英国舆论为之大哗。英国首相帕麦斯顿和外交大臣罗塞尔向林肯和国务卿亚华德发出照会，责问美国政府是否要开战。英国政府还下令派一个载有8000名士兵和军火的舰队开赴加拿大，为战争做好准备。

当时，美国北方舆论一致主战，国务卿亚华德甚至主张对英国宣战。但是当时的联邦政府无法支持两面作战，在林肯的授意下，驻英大使亚当斯发表声明，称威尔克斯上校的行动不是政府训令，政府对此不负责任，并声称愿意释放被关押的南方特使，事件得以平息。

M 进攻希尔顿赫德

11月，联邦军的杜邦将军率舰队来到南卡罗莱纳州耶尔港外，图为源源不断运送联邦军的军舰。在人员、军械等物资准备完毕后，杜邦下令攻击希尔顿赫德，处于劣势的南方军在经过短暂抵抗后投降，联邦军占领了这个战略基地。

N 严阵以待

1861年末，联邦政府仍处于守势，他们在波多马克河上修筑了炮台，图为康涅狄格炮兵为保护弗吉尼亚的理查森堡，在阵地上随时准备战斗。

02 1862年战事

关键词:进逼里士满 罗伯特·爱德华·李

在经历了一年的失利和消沉后，联邦政府调整策略，决定组织强有力的反攻。1862年初，西部泛密西西比战场是联邦军主动进攻地点，之后联邦军跨过北方的州界，向田纳西州北部的突出部展开攻势，吹响了讨伐邦联各州的集结号。西线战场上的攻势也十分顺利，东线的联邦军也曾一度逼近邦联首都里士满，南方军队的突击一再被挫败。

1862年上半年	1月，西部战场的联邦军逼近肯塔基州与田纳西州交界的坎伯兰河地区，组织有效反攻 A
	2月，联邦军突破田纳西州的多纳尔森要塞，打入邦联境内 B
	2月，联邦军攻陷罗阿诺克岛 C
	3月，汉普顿锚地海战，里士满国际贸易路线被切断 D E
	4月，在田纳西河畔的夏洛战役中，联邦军的攻势取得胜利 F
	联邦军在攻略田纳西主要地区后，将纳什维尔作为进攻基地 G
	6月，联邦军逼近南方首都里士满 H
1862年下半年	7月，南方军将领罗伯特·爱德华·李在七日战役中顽强抗击联邦军，终于使其统帅格兰特撤军 I J
	8月，第二次布尔溪之役 K
	9月，马纳萨斯之战
	9月，邦联军统帅李将军反攻联邦，欲攻入联邦首都华盛顿。在马里兰州的安蒂特姆，被联邦军打得大败而归 L
	11月，联邦将领伯恩赛德穿过罗帕哈诺克河，向弗雷德里克斯堡发起冲锋，但联邦军战败而归 M

A 登陆皇家港口

图为1862年1月，联邦军队在皇家港口附近登陆。这是一个威胁到南方军队在罗阿诺克岛上军力的军事行动，联邦军队登陆后随时会组织进攻。罗阿诺克岛是邦联军在北方的最后一个据点，联邦军势必要将这个眼中钉彻底拔除。

B 攻击多纳尔森要塞的炮舰

1862年2月16日，联邦军队总指挥格兰特领兵一举攻破田纳西河与坎伯兰河上的亨利和多纳尔森这两大要塞，进而攻克了田纳西州首府纳什维尔。这是内战爆发后联邦军的第一场大胜仗。这张照片便是联邦军总指挥格兰特将军攻打多纳尔森要塞时使用的炮舰。

C 攻陷罗阿诺克岛

这幅画表现的是1862年2月，联邦军在伯恩赛德将军的指挥下进攻了罗纳诺克岛的情形。在田纳西河上游，联邦军的炮火摧毁了南方部队两个河港运输据点。这一仗使得南方同盟军力严重受挫，联邦军将肯塔基州南部的南方势力全部铲除，而伯恩赛德将军则初战成名。

D 两舰交火

汉普顿锚地海战发生于弗吉尼亚附近的汉普顿锚地，这是美国南北战争最著名和最为重要的海战。在战斗中，双方第一次使用了钢质的军舰和铁甲舰。图为南方的“弗吉尼亚”号（左）和联邦“监察”号（右）于3月8日交火的情形。

E “弗吉尼亚”号着火

图为弗吉尼亚号重创联邦好几艘军舰后，因遭受联邦军基地的炮击而着火，不过它最后还是平安返航。但是南方军却没有这么好运，南方军大败后被北方联邦军封锁，弗吉尼亚州最大城市诺福克和里士满的国际贸易路线被切断。

F 战斗的一天

1862年4月6日，联邦的部队在田纳西的夏洛被南方军杀得大败而逃，但及时赶来的谢尔曼大军增援格兰特军，使得联邦军转败为胜。图为谢尔曼部的第九伊利诺伊志愿步兵师在出其不意地向联邦军的左侧翼发起的攻势。

G 伊利诺伊步兵团

图为联邦伊利诺伊志愿军第25步兵团在田纳西州首府纳什维尔外的艾奇菲尔德扎营。后来，这里成为联邦军的一个强大的后方基地，为向东攻击的联邦军提供粮食、军械等物资，同时也是一个伤员休息地。

H 进攻里士满

联邦军队于1862年6月逼近南方政府首府里士满，遭到邦联军的顽强阻击，经过激战，联邦军队被迫后撤，但南方军也因攻击行动而大损兵员。此后，南方军继续追击联邦军，又分别在怀特奥克河与莫尔文山大败联邦军。联邦军被迫全面撤退，取消攻击其首府里士满的行动。因此役共进行了7天，故史称“七日战役”。

I 罗伯特·爱德华·李

图为罗伯特·爱德华·李，南方政府在南北战争期间最得意的战将，曾在保卫里士满的“七日战役”中立下赫赫战功。李将军反对奴隶制，并且认为南方的独立是对联邦的反叛，但是因为他出生于弗吉尼亚，出于对家乡的热爱，他加入了南方军队。

J 格兰特

尤利西斯·S．格兰特，美国南北战争中北方政府主要将领。他在1862年夺取亨利要塞和道格拉斯要塞的战斗中崭露头角，后又在维克斯堡战役中大显身手，攻陷维克斯堡，并插入到密西西比河流域，这是北方军队在西部地区的重大胜利。然而他在进攻里士满的战役中屡遭李将军阻击，因兵员损失巨大而又无进展，无奈撤兵。

K 第二次布尔溪之役

第二次布尔溪之役爆发于1862年8月29日及30日，图为30日联邦阵地遭受攻击。第二次布尔溪之役依然是李将军率领的南方军获胜，而联邦军因为援军没有及时赶到而失败。战后，南方军渡过布尔溪，逼近联邦首府华盛顿。

L 安蒂特姆大会战

1862年9月，南方军的李将军在弗吉尼亚北部地区进行战斗，南方军队一开始屡屡获胜，但在安蒂特姆会战中，遭到联邦军队的反击，付出了2700人阵亡、9024人受伤以及2000人失踪的沉重代价。图为联邦军在安蒂特姆会战中的南线战斗情况，他们排成密集队形向前推进，偶尔有人会被敌人击倒，但他们的队形依然不乱。

M 渡河决战弗雷德里克斯堡

1862年11月，联邦军队新任总指挥伯恩赛德命令将木船并排用绳索连接，上面铺上木板，搭建成浮桥，供后续大部队通过。还有一些士兵干脆乘小船直接渡河。从画面上看这次军事行动十分紧张，他们的目的是穿越罗帕哈诺克河去攻打邦联要塞弗雷德里克斯堡。此次战役面对南方神将罗伯特·爱德华·李，伯恩赛德将军最后大败而归。

1863年

03 1863年战事

关键词:葛底斯堡会战 谢尔曼

进入1863年，战局明朗化，联邦海军从邦联控制的南部进入密西西比河流域，沿河攻入邦联的后方。同时，格兰特的西线军扫荡田纳西，进而占领了密西西比河流域地区。战争的天平已向战略上占绝对优势的联邦政府倾斜。而在东部战场的联邦军也取得了葛底斯堡战役的胜利。邦联军纵有战神罗伯特·爱德华·李，也是回天乏术。

1863年1月	1日，林肯发表《解放奴隶宣言》A B 南方军舰袭击了封锁在得克萨斯加尔维斯顿的联邦军舰 C
5月	弗吉尼亚州的钱斯勒斯维尔战役中，李将军带领的南方军获胜 D E 联邦海军攻袭了南部路易斯安那的哈德森港 F
7月	哈德森港守军投降 著名的葛底斯堡会战打响，联邦军队取得决定性胜利 G H I J K L 格兰特攻克维克斯堡，控制了整个密西西比河流域，邦联的后方直接暴露在联邦军面前
9月	佐治亚州的奇卡莫加之役，双方均损失惨重
11月	联邦军在查塔努加击溃南方联军，后者溃退，联邦军指挥托马斯和谢尔曼随即奋起追击敌军 M

A《解放宣言》出台过程

早在参加总统竞选时，林肯就曾提出绝不会让奴隶制再扩张。他出任总统后，内战马上打响，关于奴隶制存废的问题暂时押后。1862年，面对战局对北方不利的情况，林肯开始考虑有偿解放奴隶，以改变局面。6月，林肯明确表示，必须要马上解决奴隶制问题。7月，他宣布将要发表《解放宣言》。9月22日，林肯在内阁会议上宣读《解放宣言》的草稿。24日，初步《解放宣言》发布。1863年1月1日，《解放宣言》正式颁布。

B《解放宣言》

PROCLAMATION OF EMANCIPATION

1861 1863

By the President of the United States of America.

图为《解放宣言》的重制本，现存于俄亥俄州辛辛那堤的国家地下铁路自由中心。《解放宣言》是联邦成立后最重要的历史文献，它造成的效果是轰动性的，广大黑人开始组织武装投入战斗。截至1863年10月，加入联邦方面的黑人士兵达到37482人。

C 封锁加尔维斯顿

1863年1月1日，得克萨斯的南方战舰发动了一次针对封锁其南部沿海的联邦海军的猛烈袭击。此战中，联邦在加尔维斯顿的封锁线遭到攻击。图为南方海军击沉了联邦军舰，幸存者只得迅速划小船逃生。

D 钱斯勒斯维尔战役

日期	1863年4月30日—5月6日
地点	弗吉尼亚的斯波特瑟尔韦尼亚县
指挥官	北方：约瑟夫·胡克 南方：罗布特·爱德华·李　汤玛士·杰克森
投入兵力	北方：133,868人 南方：60,892人
伤亡情况	北方减员16,839人，其中1574阵亡，9554受伤，5711失踪 南方减员13,156人，其中1683阵亡，9277受伤，2196失踪

E 托马斯·杰克逊

图为托马斯·杰克逊，南北战争时期南方著名将领。他在1861年7月的布尔溪之战中一战成名，赢得“石墙”的称号，意为他的防线坚不可摧。他生平仅打了一次败仗，当时对方的兵力是他的将近三倍。1863年5月初，在钱斯勒斯维尔战役中，他被同伴误伤致死。

F 哈德森港之战

图为1863年5月23日，联邦海军上将法拉格特率领战舰在密西西比河上炮轰南方同盟在路易斯安那州的哈德森港。7月，防守港口的南方军终于提出投降。联邦舰队得以由此溯密西西比河而上，攻掠南方沿河的各个城市。

G 葛底斯堡战役情况

日期	1863年7月1日至7月3日
地点	宾夕法尼亚州亚当斯县
指挥官	南方：罗布特·爱德华·李 北方：乔治·米德
兵力	南方：75,054人 北方：83,289人
减员情况	南方：28,000人（其中3500人阵亡，18,000人受伤，6500人被俘／失踪） 北方：23,049人（其中3155人阵亡，14,529人受伤，5365人被俘／失踪）
结局	联邦军获得了决定性胜利，终结了李将军第二次，也是最后一次入侵美国北方各州

H 首次交锋

本次战役打响前，双方还有一次短暂的交锋，这场战事发生于6月9日，地点在近弗吉尼亚库尔佩珀的布兰迪站。当时由詹姆斯·尤厄尔·布朗·斯图尔特率领的南方军队几乎败北，但是在最后时刻扭转局面。南方军队继续向北方挺进。

I 首日之战

从6月中旬开始，李将军带领他麾下的兵团开始过波多马克河，进入马里兰，向华盛顿方向挺进。此时，联邦军队中怯懦怕战的胡克将军离职，乔治·米德少将取代之。双方都意识到，一场决定性的大战迫在眉睫。7月1日早上7点半，战斗打响。图为葛底斯堡战役首日战况图。

J 葛底斯堡大捷全景

此图描绘的是在7月3日，南方军将领皮克特组织的15,000人的拼死冲锋。这次冲锋双方苦战了7个小时，史称“皮克特冲锋”，结果双方有50,000人战死，如此高的伤亡率为美国内战中绝无仅有的。此役过后，南方军兵力被消耗殆尽，结果惨败而归。南方军元气大伤，再加上人员与经济的双重匮乏，已不能与强大的联邦军抗衡。

K 战斗中夺取大旗

图为联邦威斯康星志愿步兵师下士弗朗西斯·沃勒在7月3日上午的战斗中杀死一名南方同盟部队的举旗者，并夺取了南方军的大旗。后来，这位士兵被授予了英雄勋章。3日上午的寇普岭之战打得极为惨烈，从凌晨战斗至中午，李将军被迫改变了作战计划。

L 小朗德托普的侦察

图为联邦军队的信号手在葛底斯堡战役中1月2日下午之战的侦察时发现了南方的一支部队在小朗德托普悄悄从左向右移动，信号兵将这个重要消息告知联邦部队，从而保住了联邦军的左翼免遭袭击。

M 查塔努加战役

多纳尔森堡
纳什维尔
田纳西
夏洛
查塔努加
田纳西河
亚特兰大
佐治亚
亚拉巴马

在邦联境内的田纳西，所向披靡的联邦军继续向东南挺进。1863年11月25日，深入邦联内地的联邦军在田纳西南部的查塔努加又一次击溃了邦联军队。图为联邦将领托马斯的军队在田纳西河上击败邦联军队的场景。此役后，托马斯和谢尔曼将军乘胜追击，使得邦联军队大部分溃退到佐治亚州。

1864年

04 1864年战事

关键词:谢尔曼 火烧亚特兰大 萨凡纳

1864年初，格兰特被任命为联邦的陆军总司令，他率领西线军扫荡了整个田纳西，进而占领了邦联的密西西比河流域地区。而谢尔曼的部队从5月开始，向佐治亚推进，9月底攻占亚特兰大，进而进攻萨凡纳，已经来到了邦联控制的大后方。谢尔曼一路上摧毁了南方的工厂、铁路、车辆等物资，在奴隶主中间引起了很大恐慌。12月，萨凡纳被攻克。此后，南方军一蹶不振，再也没有能力组织大的反击。

1864年上半年	3月，在佛罗里达的奥拉斯蒂战役中，联邦军遭到南方军的狙击 A
	4月1日，联邦军队占领新奥尔良
	5月，被调到东部战场上的格兰特在弗吉尼亚连续发动两次战役，李将军率领的南方军获胜 B C D
	5月，谢尔曼部从查塔努加出发，在佐治亚地区迂回作战，南方军首领约翰斯顿束手无策，被撤换。但是接替他的胡德同样战败
	6月，皮特斯堡遭到联邦军队攻击，其防御工事被毁 E
	6月，共和党提名林肯为总统候选人
1864年下半年	8月底，谢尔曼切断了亚特兰大的铁路线，南方军失去物资支援 F
	9月2日，谢尔曼攻克南部最大的城市亚特兰大，随后将城市破坏 G H
	11月8日，林肯再次当选美国总统
	11月16日，谢尔曼带领62000名士兵，轻装上阵，赶赴萨凡纳
	12月，谢尔曼大军直逼萨凡纳，南方守军被迫撤退并焚毁萨凡纳港，12日，联邦军占领萨凡纳 I J

A 奥拉斯蒂战役

图为1864年3月，联邦军在佛罗里达的奥拉斯蒂对南方军阵地发动的一次猛烈攻击，但南方军成功地击退了联邦军的进攻。之后，联邦军队开始改变策略，采用以摧毁南方的物资力量为主的作战计划。

B 两次战役

名称	莽原之役	史波特斯凡尼亚郡府之役
地点	北弗吉尼亚州的瓦尔德内斯平原	北弗吉尼亚州中部的一个小城镇史波特斯凡尼亚
时间	1864年5月5日—7日	1864年5月8日—19日
将领	北方：尤里西斯·格兰特 南方：罗伯特·李	北方：尤里西斯·格兰特 南方：罗伯特·李
兵力	北方：101,895 南方：61,025	北方：83,000 南方：50,000
减员	北方：17,666 南方：7,750	北方：18,399 南方：9,000

C 瓦尔德内斯的惨败

图为1864年5月5日，刚刚被调任为联邦军波多马克军团总指挥的格兰特领兵在北弗吉尼亚的瓦尔德内斯平原上与南方军交战的情形。这次战役史称“莽原之战”，战役以南军获胜结束，但南军人数过少，无法追击北军，北军得以继续南下。

D 郡府之役

格兰特命令他的部队继续南下，李将军发现了这一企图，开始调兵围堵。5月8日，双方在史波特斯凡尼亚郡府相遇，大战开始。南方部队采用了挖战壕、阵地战的策略，图为双方苦战的场景。联邦军苦战10天未果。格兰特被迫改变策略，命令军队绕行。

E 皮特斯堡之战

图为1864年6月18日，联邦军突袭南方重镇皮特斯堡的外围的场景。南方军队虽然凭借他们修筑的木蒺藜和炮台顽强抵抗，但他们的防御工事还是很快就被联邦军队攻破。联邦军突破外围后改变了作战方针，皮特斯堡最终于1865年4月3日被攻克。

F 破坏设施

格兰特收到的命令是，到达南方内部，消灭南军的有生力量并破坏其作战资源。所以，格兰特在攻打亚特兰大之前先破坏了其铁路线。图为联邦军拆毁设备的情形。南军在亚特兰大地区的总指挥胡德因此失去了物资支援而困守此城，很快，这个城市被攻克。

G 联邦军迎接谢尔曼

1864年9月2日，亚特兰大被攻克。谢尔曼在城中张贴告示，让所有人出城，然后焚毁了城市。谢尔曼此举虽然野蛮且饱受争议，但是起到了震慑南方奴隶主阶级的作用。图为谢尔曼焚烧城市后受到联邦军士兵的夹道欢迎。

H 威廉·谢尔曼

威廉·谢尔曼是美国内战时期北军重要将领。1864年格兰特东征时，谢尔曼亲率三个军攻占佐治亚首府亚特兰大，给南军以毁灭性打击。11月，谢尔曼开始了著名的“向海洋进军”行动，行动的目的在于毁坏南方的后方经济。

I 邦联军遗弃萨凡纳

1864年11月，谢尔曼挥师向东南挺进，一路烧粮、毁厂、拆桥，所到之处一片狼藉，直逼佐治亚首府萨凡纳。图为1864年12月21日，已经丧失抵抗意志的南方部队在谢尔曼的强攻下匆忙撤出萨凡纳的情景。次日，谢尔曼占领了萨凡纳。

J 被焚毁的萨凡纳军港码头

为了不让谢尔曼得到萨凡纳的海军港口，南方军在撤退前一把火将其焚毁。图为被大火烧得满目疮痍的萨凡纳军港。谢尔曼占领萨凡纳后，南方同盟的南方土地就与北方完全隔离，南方当局面临着联邦军北、西、南三面合围的窘境，而东面的海岸线也长期为联邦军舰所封锁，联邦政府的“蟒蛇计划”十分完满地达到了预期的目的。

1865年

05 北方的最终胜利

关键词:里士满沦陷

南方被北方封锁几年后，经济、军事等方面陷入油尽灯枯的地步。南方政府的部队在面临南北方包围的情势下，只得向北方联邦政府举起白旗投降。自此，从1861年4月至1865年5月，历时四年的美国南北战争终于以北方联邦政府的彻底胜利而结束了。南方邦联政府就此垮台，这次战争的结束也直接导致了南方奴隶制度走向完结。

1865年1月	1日，国会通过宪法第十三条修正案，废除奴隶制 联邦海军攻克费舍尔要塞，邦联首府里士满被孤立 A
1865年2月	南卡罗莱纳的首府哥伦比亚市被联邦军攻陷 B
1865年4月2日	格兰特发动最后总攻，攻占皮特斯堡，南方总统戴维斯逃离里士满 C D
1865年4月3日	南方首都里士满沦陷 E
1865年4月9日	罗伯特·爱德华·李决定率军向联邦政府投降 F
1865年4月13日	联邦军南线指挥谢尔曼占领了北卡罗莱纳首府罗利
1865年5月底	南方军最后一支队伍在新奥尔良投降，历时4年的美国内战结束 G H I

A 攻陷费舍尔要塞

1865年1月，联邦海军将领大卫·迪克森·波特率领近60艘战舰来到费舍尔要塞，图为联邦军轰击要塞的情形。经过两轮攻击，费舍尔要塞陷落，连接南方首府里士满的最后出海口也被联邦军队占领了。此战过后，里士满呈被联邦军包围之势，沦陷只是时间问题。

B 经济破坏战

1865年2月，谢尔曼大军从萨凡纳北上，横扫了南北卡罗莱纳，在后方打了一场经济破坏战，南方军颓局已定，无力阻止谢尔曼大军前进。图为大军过后的南方城镇。17日，谢尔曼率军攻克南卡罗莱纳的首府哥伦比亚，第二天又占领了南方重镇查尔斯顿。

C 皮特斯堡之役

1865年3月，李将军的54,000人军队被格兰特的11万大军包围于皮特斯堡。南方军做了最后的挣扎后，不得不撤出。此时的联邦军呈势如破竹之态，而南方军已日暮西山。4月2日，皮特斯堡被攻克；次日，南方首都里士满被联邦军攻下。

D 撤退前的摧毁

在联邦统帅格兰特的军队即将包围其首府里士满之前，南方总统戴维斯仓皇跳上火车逃逸。在逃跑前，南方军队烧毁了所有的军事和工业设施，图中的大火正是南方军所为。南方政府不愿为联邦政府留下任何有价值的物资。

E 里士满废墟

南方政府撤离之后，留给联邦军的是一片废墟的里士满，图为里士满核心区的断壁残垣。几年内战彻底拖垮了南方，南方重建之路将会是漫长而艰难的，而承担这项任务的则又是在战争中颠沛流离的普通民众。

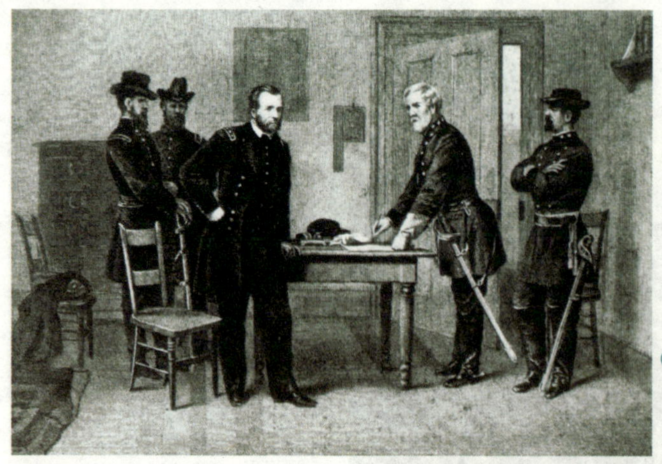

F 李与格兰特的谈判

4月8日，李率领的3万残军被7万联邦大军围于阿波马托克斯小镇。弹尽粮绝、突围无望、大势已去的李被迫与格兰特举行谈判，提出有条件投降，图为双方交谈的场景。9日，李正式率部投降，南北战争中的军事对抗基本结束。

G 南北战争示意图

图中显示南北战争主要分东西两大战场，东部战场大部分在弗吉尼亚及东部沿海地区，西部战场则在泛密西西比河流域地区展开。东部战场刚开始由于麦克莱伦的指挥不善，联邦在战争初期显得十分被动。但联邦政府调整策略，在临阵换将后，军队接连得胜，在东西两线都处于主动进攻态势。而南方军则后方支援不够，孤军深入，最终失败。

H 新式武器应用

南北战争是19世纪首次现代化型态的战争，而铁甲舰、左轮手枪、机关枪也在南北战争中大放异彩；同时南北战争中实现了世界上首次的战地报道这种新闻形式，带动了报业发达，开启了现场报道这种新闻形式之先河；而战争中也首次使用摩斯密码与电报通信，在战争中情报传输和保密工作越来越受重视；另外南北战争中也使用火车运输士兵与火炮开赴前线。

I 双方作战情况

参战方	美利坚合众国（联邦）	南方同盟（美利坚联盟国）
指挥官	亚伯拉罕·林肯 尤里西斯·格兰特	杰佛逊·戴维斯 罗布特·爱德华·李
投入兵力	2,200,000人	1,064,000人
伤亡人数	总死亡人数360,000人，110,000人阵亡（作战死亡），275,200人受伤	总死亡人数258,000人，93,000人阵亡（作战死亡），137,000人受伤

1861年 1865年

06 战争下的人民生活

关键词:邦联经济

美国南北战争是19世纪美国影响最深远、持续时间最长也是人员物资消耗最大的战争。为了能支撑起这场规模空前的战争，双方都投入了大量的人力和物力。南北双方为了支付巨额的战争开支，增加税收，将货币贬值，工人家庭陷入贫困。1863年，征兵法实施，壮年男子均有服兵役的义务，留在后方的女性负担起了更多的工作。

相关领域	主要表现
士兵家属	双方士兵在出征前，都会有与家人临别时的感人一幕 A
农业	南方适龄男子入伍，妇女担任起之前由男子干的农场管理工作
武器	联邦军在战争期间积极利用自身工业优势，制造出大量军火，投入战争 B C
军需品	联邦的妇女们为支持战争作出了贡献，她们在兵工厂工作，填充弹药，还为士兵们缝制军装 D
经济	战争期间，北方联邦地区的物价保持较为稳定，南方由于受到联邦的沿海封锁，物价飞涨，尤其是盐和食品，经济面临崩溃 E F

A 战前离别

在战争期间，南北方两个政府征召军队时，都会出现此图中的情景：丈夫身着军装，即将入伍参战，正在与自己的妻儿依依惜别，他们的背后就是已经整装待发军旗招展的部队。但作为一名参战的军人，他必须要忍受离别之苦，转身去投入这场旷日持久的残酷战争中。

B 战争中的兵工厂

为支持这场内战，北方联邦政府利用自身优越的重工业基础，大量制造军火物资。图中描绘的就是在纽约州的西特洛伊的一个兵工厂内，工人们正在锻造炮架。内战时期，工业资本家获得了空前利润，摩根、洛克菲勒、卡内基等巨富就是内战时期发家的。

C 塞缪尔·柯尔特

图中的塞缪尔·柯尔特是美国著名的发明家和实业家。1835年，他发明了左轮手枪并申请了专利。美墨战争时期，美军开始普遍装备转轮手枪。1855年，他在哈特福德建立了当时世界上最大的兵工厂——柯尔特制造公司。内战期间，他成为北方最大的武器供应商。

D 缝制军服的妇女

在南北战争打响后，北方联邦政府充分调动包括妇女在内的社会各阶层人投入到这场战争中。本幅画作是著名艺术家温斯洛·荷马创作的在南北战争期间北方妇女为士兵们缝制衣服纽扣的场景，她们的劳动保证了这些战备物资的充足供应。这也体现了北方联邦政府充分发动群众，团结了所有社会力量。

E 里士满残破的集市

图为战后邦联政府所在地里士满的一处集市废墟。河对岸墙垣崩塌，杳无生气；河这头则是炮筒纵横满地，炮弹散落一地。几乎每个南方城市都是这种萧条景象，经济破产，原本的富裕之家陷入困顿之境。

F 南方邦联战时经济

南部是个巨大的农业区，主要依靠盛产棉花、烟草等大宗农作物，出口给北方和欧洲，工业制成品和粮食等都依靠进口或者依靠北方的供应。开战后，北方实行了对南方封锁的计划，切断了棉花和烟草的外销渠道。南方既不能出口作物，又不能进口生活必需品和粮食，南方经济衰落。到1864年年底，南方的货币较之战前贬值60倍，同时粮食不足，兵源枯竭（南方人口不足北方的二分之一），奴隶起义不断，陷入严重危机。

1861年 1865年

07 残酷的战场

关键词:安蒂特姆血色巷 皮娄要塞大屠杀

随着战争时间的延长与残酷程度的与日俱增，战死杀场的军人人数越来越多，经济与财产损失更是难以估量。战争给交战双方带来了极其惨痛的代价，经济停滞、生灵涂炭，无辜民众在战争中颠沛流离，朝不保夕。在这场历时 5 年的战争中，双方政府共投入 300 多万人，阵亡及死于疾病的人数就有将近 60 万。

1862年9月	安蒂特姆会战是内战中最残酷的一天 A
1862年11月	弗雷德里克斯堡战场上死亡的邦联士兵 B
1864年4月	邦联军在孟菲斯的皮娄要塞展开对联邦黑人军队的大屠杀 C
1864年6月	清理弗吉尼亚州科尔德哈伯战场上联邦军阵亡者的遗骸 D
1868年	萨姆特堡的废墟 E

A 魂归安蒂特姆

第二次布尔溪战役之后，李将军继续挥师南下，挺进马里兰州。北军于1862年9月17日在安蒂特姆截击南军，双方激战，在这场鏖战中，南军伤亡9千至1万人，北军伤亡约1.2万人，是内战最血腥的一天。图片为战地记者所拍，战场尸横遍野。

B 战死沙场

1862年的弗雷德里克斯堡之战中，双方动用了18万兵力，伤亡将近两万人。为争夺玛丽高地，北军就发起了76次冲锋，死亡超过8000人，南军将领李将军用“骇人”一词来形容伤亡的惨重程度。图为随军记者拍摄的在玛丽高地战壕里的军人尸体。

C 皮娄要塞大屠杀

1864年4月，南方军在密西西比河上的孟菲斯击败了联邦统帅布拉德福德的军队。联邦军投降后，南方军将领福利蒙特在皮娄要塞屠杀了数百名手无寸铁的投降的联邦黑人士兵，史称皮娄要塞大屠杀。图为南方军射杀黑人军团的惨烈场景。

D 死亡军人的尸骸

1864年6月，在弗吉尼亚的科尔德哈伯，7000名联邦军队在20分钟的屠杀中战死或受伤。照片为战后人们在战场旧址上挖掘和清理出来的还穿着残破军装的死亡官兵的白骨。

E 战后萨姆特堡的废墟

这是摄于南北战争结束三年后的萨姆特堡废墟。自从1861年4月，联邦军数次企图夺回此处。这里经历了无数的炮击，堡垒的墙壁已经被轰得粉碎。战后初期，忙于重建的政府无暇也无意重建此地，剩下的瓦砾在诉说当时的战况。

1865年　1877年

08 漫长的重建道路

关键词:《重建法案》 三K党

战争结束后，南方极端分子谋杀了林肯，在国内外引起了巨大的震动。新上任的约翰逊总统对南方势力采取绥靖安抚政策，重新整合国家，国会通过了重新拟订的修正案，使得南方诸州重新回归联邦政府。奴隶制被取消，黑人有权参加选举，但黑人依然没有得到和白人同样的权利，歧视依然在继续。

1865年	林肯被刺杀 A
1866年	1 约翰逊总统上任 B 2 国会通过《重建法案》C
1867年	黑人第一次被允许参加投票 D
1869年—1876年	格兰特当选为总统，在其任期内，腐败风气盛行 E F G H
1874年	黑人议员艾略特提出黑人民权问题
1866年—1877年	共和党渗入南方各州，联邦军队入驻南方 I J

A 刺杀林肯

1865年4月14日，林肯携妻子去福德剧院观看演出。南方激进分子约翰·维尔克斯·布斯混进包厢，在背后向林肯开枪。次日凌晨，林肯去世。图为约翰跑到剧院从后面对准林肯后脑勺开枪的情景。林肯去世后，全美有700万人自发举行哀悼仪式。

B 约翰逊总统

图为继林肯之后的美国总统安德鲁·约翰逊。他上任后，赦免了绝大多数的南部叛乱者，限制黑人权利，对三K党屠杀黑人的行径无动于衷，令国会极为不满，也令南方一度陷入混乱境地。

C 国会通过《重建法案》

1866年，约翰逊总统与代表共和党激进派的萨迪厄斯·史蒂文斯陷入对峙的局面。激进派于3月14日在议会上通过了他们制订的新《重建法案》，这是对约翰逊提议法案的全盘否定。《重建法案》强调公民拥有平等的权利，政府有权在必要时使用武装力量来保证法案的实施。

D 黑人步入政坛

1877年，国会通过决议后，美国黑人第一次参加了投票选举。在国家重建过程中，共有2位黑人参议员和14位黑人众议员诞生，南卡罗莱纳州的黑人议员罗伯特·艾略特还曾在1874年向国会提出黑人民权问题。事实上，他在1870年和1872年曾两次击败白人候选者，当选议员。这使得该州占绝大多数人口的黑人扬眉吐气。

E 格兰特总统

1869年，南北战争的联邦军名将格兰特被选为第18任美国总统。在他八年的任期中，其政绩平庸，而他的政府官员的贪污腐败倒是美国历史上前所未有的。

F 格兰特政府的腐败丑闻

图为讥讽当政时期无能的格兰特政府的漫画。画中的格兰特正被经济危机、税收管理工作、官员腐败、投机者和国家债务的重重大牌所困扰，脚下的一群野狗和蛇纠缠着他。他在军事上是个天才，但在复杂的政务处理上就显得无能为力了。

G 格兰特的努力

凭借军威当上总统的格兰特连任两届，却仍渴望连任第三届总统。他在1876年落选后，仍迟迟不搬出白宫，直到新总统海斯就职。图为1880年出版的漫画，格兰特走在白宫前历届总统的墓地上，拼命探究如何用过去的辉煌连任第三届总统。

H 投机者

图为格兰特当政时期，讽刺奸诈的南方投机者的漫画。战后，北方政客来到南方建立新的州政府，向各州征收高额州税，投机商也在债券的黄金偿付中收益不菲，这让本已衰退的南方经济又雪上加霜。格兰特总统时期，政府采取措施挫败了投机者的行为。

I 联邦军队管制南方

图为美国军队在密西西比河两岸的军事据点。根据1867年的《重建法案》，各州建立了各自的军事区边界，南方邦联被分为5个军事区。根据法案，它们被陆续接纳进入联邦。由于联邦军队派驻南方，共和党渗入南方并在大选中获胜。而民主党也在1877年之前在绝大多数州恢复了政治权力。

J 撤出南方

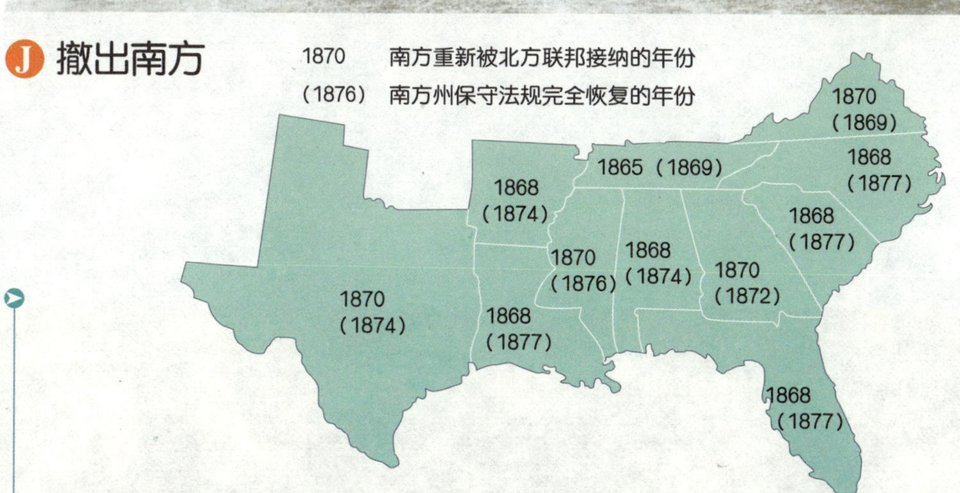

图为联邦政府在南方各州建立军事区的形势图。1868年，联邦军陆续入驻南方。但随后，南部保守派力量再次上台，激进派处于艰难之境。1870年，佐治亚和北卡罗莱纳的民主党首先控制了州会议，到1875年，南部仅有3个州在共和党手中。1876年，共和党候选人海斯和民主党妥协，联邦军队全部撤出南方。

1877年·1917年

图为画家约翰·斯洛兰于1912年创作的油画《6点钟》，图中高架列车和车轨矗立在城市上空，拥挤的上班族正匆忙赶往车站。19世纪末，美国工商业飞速发展，其现代化程度远超过了其他任何国家。现代化的工商业带动了经济、科技、文化等诸多领域同步发展，美国在世界上的政治地位和影响力不断提高，到20世纪初已经俨然成了世界巨人。

第十章

脱胎换骨：社会的飞速发展与巨大变革

1877年 1917年

01 两党制的权力平衡

关键词:两党制

1877年—1896年，民主党在南部和西部的14个州占据优势，共和党在北部的16个州占据优势。这一时期的共和党忙于内讧争权，民主党忙于争取大财阀的支持。两党在政治、社会方面几乎没有任何改革措施出台，社会不满情绪加重，要求改革，“第三党运动”开始。1901年，罗斯福总统上台后，致力于打击托拉斯，争取工人福利，政治环境开始净化。

1877年	海斯总统就职，南北方妥协，内战后共和党一党独大的局面改变 A
1881年	7月，加菲尔德总统受到袭击，身受重伤，9个月后去世
1884年	在本年的大选中，民主党候选人克利夫兰获胜，结束了共和党连续24年的执政史 B
1890年	哈里森总统通过了关于托拉斯、货币和关税的三项立法
1896年	麦金利依靠大财团的丰厚竞选捐助，在全国各地举办竞选活动，在总统大选中获胜，他的当选标志着美国政党政治从近代过渡到现代 C
1901年	麦金利总统遇刺身亡，罗斯福继任总统一职 D
1913年	威尔逊就任总统，开始了一系列“新自由”方面的改革 E F

A 教练未来的麻烦

图为发表于20世纪初的漫画，表现的是美国两党互相牵制、互不相让的状况。图中的象代表共和党，驴象征民主党，秃头人代表加勒比地区国家，棕色皮肤的人代表菲律宾，河马代表垄断资本托拉斯。这幅漫画是对那个时代政坛的最好表达。

B 克利夫兰

克利夫兰的上台和执政全过程就是民主、共和两党在19世纪末政治斗争的缩影。克利夫兰依靠和共和党自由派媾和而上台，竞选过程中其私生活被大肆攻击。其上台后解雇了大量的共和党政府雇员，还故意克扣内战中联邦军人退休金和遗孀抚恤金。

C 麦金利的竞选画

图为麦金利的竞选总统演讲海报，标题为“共和党的两步走和一出征”。麦金利在总统竞选中获得了1000万的竞选资金，雇用了几千名演讲员，印发2亿万册宣传材料，设立了两个竞选总部。麦金利的总统竞选表明了19世纪末僵化的两党政治结束，美国政治新纪元开始。

D 西奥多·罗斯福

图为共和党人西奥多·罗斯福总统。在19世纪末期，他是美国总统中的佼佼者，他在任期内，唆使巴拿马从哥伦比亚分离出去，并租借巴拿马运河区开凿联通大西洋与太平洋的运河。他的这项贡献让美国的势力延伸到了中美地峡。

E 伍德罗·威尔逊

图为伍德罗·威尔逊，他是首位获得博士学位的白宫主人，1902年—1910年任普林斯顿大学校长。威尔逊认为，国家经济应该保持开放、活力和公平。他任职期间，实现了关税和金融体制的改革，通过了遏制托拉斯的法律，推行种族隔离，黑人的生存环境进一步恶化。

F 1877年—1917年的美国总统及其所属政党

总统	拉瑟福德·海斯	詹姆斯·加菲尔德	切斯特·阿瑟	格罗夫·克利夫兰	本杰明·哈利森	格罗夫·克利夫兰	威廉·麦金利	西奥多·罗斯福	威廉·塔夫脱	伍德罗·威尔逊
任期时间	1877—1880	1881	1881—1884	1885—1888	1889—1892	1893—1896	1897—1901	1901—1908	1909至1912	1913—1920
党派	共和党	共和党	共和党	民主党	共和党	民主党	共和党	共和党	共和党	民主党

1867年 1917年

02 “第三党运动”及政府改革

关键词:货币政策 麦金利总统

19世纪晚期的美国，民主党与共和党在一个“分治政府”中共同瓜分权力，政府权力受到制约，几乎毫无作为。直到罗斯福上台，这种情况才有所改善。面对着已经实施改革的地方，中央政府开始一系列的“社会进步”改革：政治方面开始在各州施行直接选举，同时承认妇女的选举权；经济方面抑制贫富差距过大，防止投机活动；社会方面创办福利馆、缓和劳资关系和解决童工问题。

农民运动	19世纪60年代开展格兰奇运动，农民互济地方工会开始组织统一购买和销售 A B
	19世纪70年代开展绿背纸币运动，要求联邦废除金本位的条例 C D E
	19世纪80年代发展人民党运动，动摇了两党制的统治基础，最后人民党和民主党合并 F G
政府行动	19世纪60年代，面对党魁政治和政党腐败，改革派提出进行文官改革 H I J K
	1890年，谢尔曼反托拉斯法出台
	1903年，司法部设立反托拉斯局
	1913年，经过数次补充和修改，较完整的反托拉斯法体系形成

A 美国农民

A 19世纪下半叶，美国特别是南部农村依然落后，农村生活困苦。图为贫困的美国农民家庭。为了改善这种状况，奥利弗·凯利于1867年11月在华盛顿成立了农业保护者协进会（即格兰其），旨在倡导农村合作，交流技术，发展教育，改善农村和农民的生存环境。

B 格兰其法

到1874年，格兰其在全国32个州中建立起一级协进会组织，分会21,697个，会员超过80万人。格兰其组织大规模合作运动，组织农产品的运输、销售活动，统一购买大型机械，还对立法产生了影响，一些协进会组织演变成政党，如反垄断党、改革党和独立党等。在这些政党的推动下，一些州通过了一些法律，这些立法统称为“格兰其法”。格兰其法一般针对铁路公司，控制最高限价、收费率等。

C 铁路修到了怀俄明州

图为怀俄明州的岩城堡垒下的铁路上，正开来的一辆火车头。铁路的通车刺激了西部尤其是加州的采矿业的开展。1873年，政府通过《硬币法案》，禁止发行银币，但西部银矿场的开发让银价猛跌。人们纷纷要求恢复银币铸造，增加货币供应量，由此引发了绿背纸币运动。

D 麦金利总统

E 麦金利的货币政策

由于银价偏高，因而在1873年，政府颁布了《硬币法案》，禁止发行银币。但西部银矿的开采又马上使银价暴跌，这导致因银币被取消而造成的通货紧缩。1890年7月，政府通过《谢尔曼白银采购法》，阻止通货紧缩。但白银的购买又使黄金大量外流，国家财政陷于危机。当时，全国的失业工人纷纷举行大罢工，国家经济一片混乱。麦金利上台后通过一系列措施，有效地控制了经济紧缩，稳定了国家经济。绿背纸币运动逐渐消失。

照片上的人为威廉·麦金利，这是他在1896年夏天拍摄于自家阳台的照片。次年，他就任美国总统。麦金利总统的两大贡献一是解决国内的经济问题，二为军事上击败了西班牙，夺取了它在加勒比海和太平洋上的殖民地，最终让美国成为了对外扩张的殖民帝国。

F 人民党参政成绩

政治纲领	将铁路和其他企业所占有的空余土地分给需要土地的农民
	将铁路、电报、电话和邮政行业收归国有
	建立累进所得税制，收入高者多缴税
	按照白银对黄金16:1的比较铸造银币
参政成绩	人民党参加了1892年大选，获得了5个参议员席位和4个众议院席位，并获得了4个州州长之位

G 人民党运动兴起

1881年和1882年，美国连续大旱，直接引发了19世纪80年代的人民党运动。这次运动的主力军依然是农民，根据地域划分，农民组成了“南方联盟”和“北方联盟”两大系统。“南方联盟”于1880年成立于芝加哥，发展至1890年已经拥有300万成员，而“北方联盟”则是格兰其运动的延续。1892年，联盟运动发展至高潮，2月，南北联盟在路易斯城召开合并大会，合并后称为“人民党”，人民党是美国历史上首个“第三党”。1896年，人民党和民主党合并。

H 汉密尔顿·菲什

汉密尔顿·菲什是19世纪末、20世纪初美国杰出的政治家，曾于1869年—1877年担任美国国务卿。以他为代表的行政部门改革派官员们在党魁政治腐败、政府效率低下的混乱时期推行了文官改革运动，实行了官员考试录用、定期考核、公开招聘等一系列措施，净化了政坛。

I 文官改革运动历程

时间	事件
1867年	众议院托马斯·詹克斯向国会提交报告，主张实行官员考试录用的选拔制度
1871年	《文官拨款法》通过，组成了由总统任命的制定文官管理规则的委员会
1872年	第一次文官考试举行
1875年	国会拒绝向文官委员会拨款，文官考试制度暂且停止
1880年	文官制改革重启，财政部等部门率先进行试验
1881年	全国文官考试联盟成立
1883年	参议院彭德尔顿提出文官法案，文官改革列入法律范畴之内

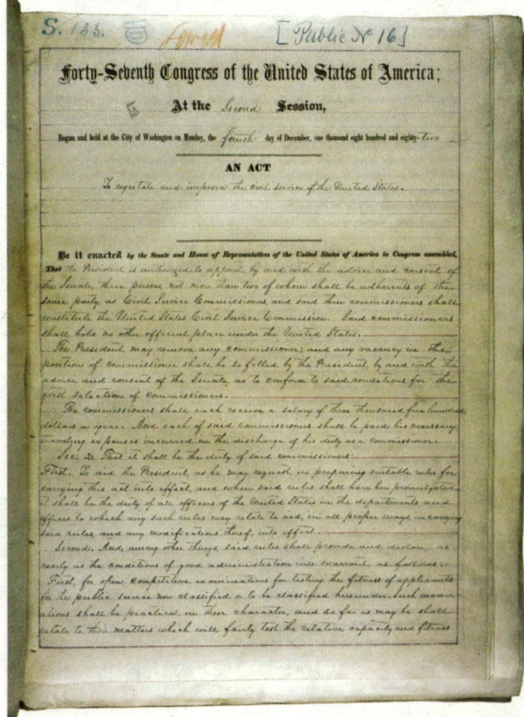

S. 133. [Public No 16]

Forty-Seventh Congress of the United States of America;

At the Second Session,

Begun and held at the City of Washington on Monday, the fourth day of December, one thousand eight hundred and eighty-two

AN ACT

To regulate and improve the civil service of the United States.

Be it enacted by the Senate and House of Representatives of the United States of America in Congress assembled, That the President is authorized to appoint, by and with the advice and consent of the Senate, three persons, not more than two of whom shall be adherents of the same party, as Civil Service Commissioners, and said three commissioners shall constitute the United States Civil Service Commission. Said commissioners shall hold no other official place under the United States.

The President may remove any commissioner; and any vacancy in the position of commissioner shall be so filled by the President, by and with the advice and consent of the Senate, as to conform to said conditions for the first selection of commissioners.

J 《彭德尔顿文官法》

《彭德尔顿文官法》于1883年1月获众议院通过，图为当时的文案。文官法主要内容有四项：一是建立总统直辖的文官委员会，负责制定文官规则，组织文官考试；二是规定文官须经过公开竞争考试，择优录用；三是要求实行文官政治中立，不参加政党活动；四是按各州人口比例，分配各部文官名额。

K 文官改革的影响

文官改革首先净化了政治环境，突出了公平原则，遏制了党魁政治的发展；再者，改革保证了文官直接受总统的领导，使得总统的权力增加而国会的权力受到削弱；再者，文官法要求文官政治立场中立，避免了文官卷入党争，保证了政府的正常运作。文官法实施之后，由考试而进入政府系统的文官比例越来越大，1900年，这一数据为20%，1950年，已经达到了90%。

19世纪末

03 蓬勃发展的大企业"托拉斯"

关键词:托拉斯 洛克菲勒

工业的发展在南北战争结束之后有了长足的进步。美国制造业到了19世纪末已经使欧洲的英国和德国的工业成就黯然失色。1860年，美国的工业产值在资本主义国家中居第四位；1890年，它已跃居首位，将近占了工业总产值的1/3。工业的进步也带动了美国商业企业的成熟，在这种形势下，美国诞生了托拉斯商业组织模式，洛克菲勒成为大型企业成功商人的代表。

年份	事件
1859年	宾夕法尼亚发现油田，石油工业以难以想象的速度发展 A
1865年	领取执照的国民银行已有1294家
1869年	第一条横贯北美大陆的铁路正式建成 B
19世纪80年代	大型垄断组织托拉斯开始形成 C D E F G
1899年	煤产量达到2.3亿吨，居世界第一
1900年	原油产量将近1亿桶
19世纪末20世纪初	4大控制全国铁路的财团初步形成，掌握了全国铁路收入的85% H I

A 宾夕法尼亚的油井

照片摄于1859年宾夕法尼亚的油田区，那时的宾州已经油井林立，公路上的汽车也开始多起来了。由于石油的需求量大和不可替代性，生产石油的企业聚敛大量财富，成为垄断资本的超级工厂。俄亥俄州的石油大亨约翰·洛克菲勒就是当时世界上最富有的人之一。

B 铁路完工

1869年5月10日，美国中央太平洋铁路公司和联合太平洋铁路公司所修筑的铁路在犹他州普罗蒙特里成功实现对接。图为在桥上行驶的火车。此后不久，大北铁路、北太平洋铁路和圣菲铁路等相继建成，构成了全国铁路网。

C 洛克菲勒

托拉斯直译为“商业信托”，1879年开始出现在美国。它指在一个行业中，通过种种形式，由一家公司控制整个行业。托拉斯企业可以对该行业市场实现垄断，并且使企业在市场中居于主导地位，实现利润的最大化。图为托拉斯巨头、美国石油大亨约翰·洛克菲勒。

D 托拉斯出现的原因

19世纪末托拉斯之所以出现在美国，是由诸多原因造成的。首先，工业化城市群和制造业相对集中，有利于在市场上占据优势的大企业形成垄断，在某一产业的工业区竞争获胜的企业即可在行业中获得垄断地位；再者，便利的交通更有利于实力雄厚的公司控制整个市场，大公司可以在全国各地开设分厂、分店，运输产品；第三，新技术的开发速度加快，大公司可以凭借雄厚的资金购买新技术专利，然后开发产品，控制市场。

E 大型垄断企业的资本家们

垄断行业	垄断企业家			
钢铁	安德鲁·卡内基	约翰·摩根	施瓦布	格罗夫·克利夫兰
石油	洛克菲勒	安德鲁·卡内基		
木材	杰伊·古尔德			
金融	约翰·摩根	杰伊·古尔德	安德鲁·麦伦	施瓦布
铁路	范德比尔特	杰伊·古尔德	约翰·摩根	
蒸汽机船	范德比尔特			

F 曼哈顿岛的金融中心

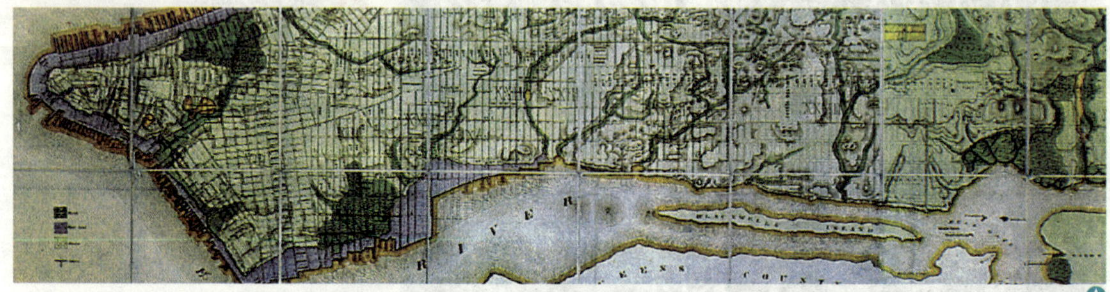

图为19世纪中叶纽约曼哈顿岛地图，这里是垄断企业家的乐园，许多垄断企业都在这里设立分公司。到19世纪末，美国的垄断阶级已经控制了美国经济的命脉，贫富分化严重，中产阶级破产加速，美国社会结构发生变化，社会不满情绪滋生。

G 托拉斯垄断企业

这幅创作于1889年的漫画揭露了托拉斯大亨们干预政治，在参议院参政的弊病。由于托拉斯大企业老板控制了全美绝大部分的重要资源，垄断国家资本，在美国的势力和地位越来越大，开始干预政治。就像画上描绘的，诸多托拉斯胖子齐聚美国参议院，议员们对他们唯唯诺诺，托拉斯干政的局面亟待解决。

H 铁路托拉斯形成

19世纪后半期，美国铁路业发展过于迅速，重复铺设过多，造成营运不足、成本上升等问题，一些经营铁路的企业陷入困境。1893年，全美四分之一以上的铁路企业宣告破产，大企业趁机兼并。19世纪末20世纪初，四大集团初步形成：J.P.摩根、詹姆斯·希尔和范德比尔特组成的财团是其中最大的，库恩—罗比公司和爱德华·H·哈里曼组成的集团次之，占据第三位的是古尔德家族，最后一位是罗德艾兰集团。

I 《现代铁路巨人》

图为约瑟夫·开普勒创作的漫画《现代铁路巨人》。画面中间站立的巨人是威廉·范德比尔特的财团，控制了8万英里里程。而在他两腿上，左侧的塞勒斯·菲尔德，铺设了一条贯通大西洋的海底电缆；右侧的杰伊·古尔德，控制了17,000英里的铁路。

1860年 1910年

04 城市的扩张

关键词:贫民窟 新兴城市

美国的城市建设在南北战争结束后日新月异，首先体现在城市人口迅速飙升上。截至1910年，有将近一半的人口居住在城市。但由于城市缺乏规划和管理，且市政府权力受限，导致城市住房质量差，穷人难以维持生计，犯罪率居高不下。但这一现象很快被政客们捕捉到，在得到民主党和共和党的共同支持下，城市机器的运转得以改善。

南北战争结束后的城市变迁	
城市数量	50年来由400座增加到2200座，西部出现许多新型城市，城市已经趋近于现代化 A B C D
城市人口	人口规模比原先增加了7倍
城市住房	多数房屋拥挤狭小，住宅质量差 E
城市环境	城市犯罪率很高，移民生活普遍清苦 F G H
城市管理	由于城市管理不善，社会出现了污水满地，寄生虫流行等问题
城市经济	百老汇逐渐成为繁华的街区 I J

A 克朗代克

图为因淘金而新兴的西部城市克朗代克，标示地名的木牌下面，几个孩子似乎在期待着他们即将要拥有的美好家园。那时，这座城市刚刚从一片荒芜走向城镇化。

B 探矿者的营地

图为美国西部兴起的探矿者们的棚户营地。从此处有长长的一队人走向金矿之地——他们都是怀揣发财梦想从欧洲和美国东部来到此地的淘金者。淘金在美国19世纪已经成为了一股热潮，每年淘金的产量相当于220万美元，这也给美国经济的增长起到了加速作用。淘金热也使加利福尼亚迅速发展成为西部的经济中心，并诞生了众多新兴大城市，如旧金山。

C 圣佛朗西斯科湾

图为加利福尼亚州的圣佛朗西斯科湾上的城市布局。这张照片是亨利·古特曼于1890年拍摄，这时候的圣佛朗西斯科作为西部城市，其经济建设水平已经堪比东部发达的纽约。

D 摩天大楼的建造

在1871年大火的废墟上重新建立起来的崭新城市——芝加哥真正实现了工业现代化。图为芝加哥的摩天大楼，它由建筑师路易斯·H·沙利文设计并督建，而当时城市的面貌已经十分接近现代的美国城市了。

E 城市贫民窟

在贫富差距日趋拉大的城市中，出现了很多贫民区。纽约的哈勒姆就是城市贫民窟的典型代表。20世纪初，美国种族主义甚嚣尘上，迫使许多南方的黑人涌向位于纽约哈勒姆的富庶郊区。一时间，这里成了黑人大都会，通常，在这里的一座肮脏楼房内住着多达3500多名穷苦黑人。

F 纽约五道口

图为1859年纽约五道口的一个常见景象，即纽约黑帮在此结党活动。这些黑帮成员多是外来移民，他们生活窘困，处在社会最底层，所以这里成为犯罪率最高的地区，几乎每天都会有抢劫、谋杀案件发生。

H 俄国移民一家

图为刚迁往美国的俄国移民一家，19世纪末20世纪初，俄国陷入农业歉收、政治腐败、对外战争失利的困境之中。许多人为了生存被迫移民到美国，这些新移民住在贫民窟里，在污水和垃圾的包围之中，在低矮的平房里开始了新生活。

I 百老汇街市

图为威廉·英格兰拍摄的百老汇街市的照片。可以清晰地看出，街上的马车、汽车穿梭不息，街道两旁挤满了个体商贩和店铺。这里不是忙碌就是闲适，这样的景象是城市扩张后所带来的新潮都市生活模式。

G 移民在城市的生活

19世纪末到20世纪初，大批欧洲移民踏上美国的国土，在此谋求他们新的生活。为了能在这个相对和平的社会里过上幸福生活，他们在城市里租住廉价的公寓，不少人在破旧的出租房里经营着本家族的小生意。他们生活虽然艰苦，但他们也在悄悄地一点一滴地为美国积攒着大量财富。

J 百老汇一景

图为世界经济极盛的大都会城市纽约的最著名街道大怀特路一景。大怀特路也就是著名的纽约百老汇的所在地，它在19世纪90年代已经是非常繁华的街道。百老汇大道保留了一些古典建筑风貌，是唯一没有被克林顿规划成栅栏格子的街区，它南北纵贯曼哈顿岛，两旁都是剧院和各种娱乐场所。娱乐产业在美国也逐渐成为带动经济高速发展的重要行业。

1870年 1920年

05 继续高涨的移民浪潮

关键词:埃利斯岛

由于美国的国内外关系良好，政局稳固，国内经济繁荣，再加上此时，世界正处于急速变革、动荡不安的环境中，所以自19世纪中期至20世纪初，涌入美国的海外移民活动又掀起新的波澜。而在美国悄然出现的新本土主义对移民大规模迁徙美国现象持绝对阻挠的态度，本土的美国人对外来移民的排斥和非难之事屡见不鲜。

移民来源	中国、日本、墨西哥、加勒比地区、犹太人、意大利、匈牙利、捷克、波兰、俄国
移民目的地	纽约、加利福尼亚、五大湖沿岸、得克萨斯、亚利桑那一带 A B
移民数量	250多万人
本土人对移民的态度	1 新本土主义排斥欧洲新移民 C D 2 反华浪潮袭来 E F

B 桑树街街景

图为1895年的纽约桑树街。街上各色人等俱有，有商人、小贩、搬运工和富人乘坐的马车。大量的外国移民为美国大都市提供了许多廉价劳动力，也为美国西部的农场注入了新的血液。他们虽然受到美国本土人歧视，但他们为美国高速行驶的经济列车推波助澜之力却是显见的。

A 埃利斯岛的繁华

图为美国东海岸的埃利斯岛上的胜景。如果时光回溯到17世纪，这里只不过是荷兰的殖民地并被作为郊游的空置地。但经过了美国250年的经营，这里建立了城市并被不断扩大，到20世纪初，它已经成为美国主要移民定居地。

C《哥伦比亚不欢迎客人》

图为漫画家弗兰克·贝尔德在1885年创作的漫画《哥伦比亚不欢迎客人》。画面上，形形色色的人翻过美国的高墙，遭到守门人哥伦比亚和她“法律”“秩序”这两条狗的阻拦。这反映了美国本土民众对外来移民极大的反感情绪，因为他们认为，新移民携带了许多固有的传统文化，与美国本土人格格不入；甚至认为，来自东欧和南欧的移民种族更加劣等，会带来更多的社会问题，所以美国本土人十分排斥这些地方的新移民。

D 欧洲新移民的来源和特点

主要国家	奥匈帝国、意大利和俄国
新移民特点	大多数信仰东正教和罗马天主教
	受教育程度和文化程度较低，更加穷困
	多数不会讲英语，只会讲本国语言
	大多在城市的本民族聚集区生活
移民原因	受到宗教迫害
	受到政治迫害
	农业歉收或者失去土地

E 反华情绪

1849年西部淘金热引来数以千计的中国雇工来到美国修筑铁路，他们成为最早的中国移民。由于中国雇工十分聪明与勤劳，所以他们抢了白人雇工的工作。到19世纪80年代，华人成为美国人怀疑、歧视和施暴的目标。1882年，国会被迫通过排华法案，终止华工移民美国。图为美国的蒸汽洗衣机将拿着钱袋和工具的中国人逐出了圣佛朗西斯科的漫画。

F “排华”事件

美国“排华”情绪是从加利福尼亚州开始蔓延的，19世纪70年代，大量华人来到旧金山，他们比白人的工资更低，因此引起了白人失业工人的怨恨。1877年，加州甚至成立了以消灭华人劳工为目的的党派组织。1879年，加州修改州宪法，禁止中国移民入境，要求华侨从一些城市中迁出。随后，反华情绪蔓延至全国。

1882年，美国国会通过排华法案，规定10年内禁止华工来美国，华侨不得加入美国国籍等条款，1892年，美国国会将排华法案有效期延长10年，1902年，国会宣布法案被无限期延长。

1890年 1912年

06 初步的社会觉醒

关键词:农民联盟 罢工 人民党

在社会繁荣的背后，美国依然有许多不平等。诸如，绝大多数财富集中在少数人手里。政府的无能也导致社会道德败坏，社会秩序紊乱，这些都加剧了经济上的灾难。农民和工人纷纷觉醒，开始自发组织起各种社团以应对灾难。政客们为改革和重振美国精神，组建了人民党和美国社会主义党。

农民	农民联盟兴起，农会组织成立。这些都保证了农民阶层的利益，并增强了应对自然灾难的能力
工人	不断掀起罢工高潮 A B C
政治	人民党和社会主义党成立

A 荷摩斯特钢铁厂

坐在地上的人正静静地观察着宾夕法尼亚州的荷摩斯特钢铁厂的厂区。由于这个工厂让员工每天工作12小时，一周工作7天，使工人们不堪重负，他们于1892年爆发了长达5个月的罢工活动。罢工给垄断美国钢铁市场的荷摩斯特厂造成极大损失，震撼了美国钢铁行业。

B 劳动节的诞生

1866年，第一国际日内瓦会议提出八小时工作制的口号。同年5月1日，以美国芝加哥为中心，在美国举行了约35万人参加的大规模罢工和示威游行，示威者要求改善劳动条件，实行八小时工作制。图为声势浩大的游行现场。为纪念此次运动，1889年，第二国际把5月1日定为国际劳动节。

C 罢工运动

随着工业的快速发展，不少企业出现了罢工运动，理由是工作量太大而薪金较低。图为1892年在钢铁工业城镇号姆斯蒂德爆发的一起工人罢工事件，他们汇集在工厂门口表示抗议，当地的平克顿侦探社收到消息马上派兵镇压了工人。

1865年 1940年

07 旗帜鲜明的进步主义

关键词:进步主义 政府管制

在社会大发展大变革期间，1930 年，“黑幕揭发运动”兴起，几乎美国的方方面面都被这一运动涉及，“社会正义”和“社会进步”成了最响亮的口号，越来越多的人加入到社会大觉醒的浪潮中。通过进步主义者的改革，政治、经济和社会各层面都得到了重新整组。威尔逊总统还将进步主义运用到了外交领域。

进步主义的兴起		1879年，亨利·乔治出版《进步与贫困》，对仅仅是物质进步的美国社会提出批判
		1903年，《麦克卢尔》杂志发表了艾达·塔贝尔等人的三篇文章，拉开了“黑幕揭发运动”的序幕 A B C D
进步主义涉及问题	社会改革	关注贫民窟问题，改善居住和生活条件，1900年，劳伦斯·维勒举办一次关于贫民窟现状的展览，引发强烈的社会反应，国家开始着手解决此问题 E
		1904年，成立全国童工委员会，展开积极的活动，给从事工作的儿童提供法律保护 F G
		保护女工权益，限制每日最高劳动时间和最低工资标准等 H
		女权运动兴起，女性要求同男性享受平等的选举权等权利 I
		建立工伤事故的公共保险制度，截至1916年，大多数州已经建立了此制度 J
	经济改革	本阶段总的趋势是加强立法，建立对大企业、公共事业公司和银行的管理和控制，防止经济权力过度集中
		1912年，通过了《联邦储备法》，重建国家银行和货币系统，按地区划分银行体制，有效防止投机活动的蔓延
		1913年，制定了第十六条宪法修正案，征收累进所得税，改变联邦税收制度
	政治改革	建立新的市政管理制度 K L
		州政开始采用直接选举、创制权、复议权和罢免权 M

A《麦克卢尔》封面

图为1901年《麦克卢尔》杂志的封面，该杂志一直坚持关心社会，敢于揭露社会弊端的宗旨。1903年，杂志连载了艾达·塔贝尔关于美孚石油公司、林肯·斯蒂芬斯关于政治机器、雷·斯坦纳德·贝克关于铁路公司的三篇文章，“黑幕揭发运动”开始，诸多的文学家、社会学家、记者等进步人士投入此次运动中。

B 林肯·斯蒂芬斯

林肯·斯蒂芬斯是《麦克卢尔》的总编，20世纪美国最优秀的社会活动家之一。1902年—1903年间，他调查了费城、芝加哥、纽约和匹兹堡等地的政治现状，并将他的调查结果撰写成文发表在杂志上，他尖锐地指出"城市的腐败主要是由于人们弛废的道德引起的"，1904年，他将揭露城市腐败的文章集结成册，命名为《城市之羞》。

C 揭发黑幕时期的杰出作品

作者姓名	作品	发表年代
约翰·斯帕哥	《儿童的哭声》	1906年
罗伯特·亨利	《贫困》	1904年
古斯塔夫斯·迈尔斯	《美国富豪史》	1909年—1910年
西奥多·德莱赛	《嘉莉妹妹》	1901年
西奥多·德莱赛	《金融家》	1912年
戴维·格雷厄姆·菲里夫斯	《第二代》	1907年
罗布特·赫里克	《一个美国公民的回忆录》	1905年
厄普顿·辛克莱	《屠宰场》	1906年
杰克·伦敦	《铁蹄》	1907年
杰克·伦敦	《革命》	1910年
艾里奥特·福劳尔	《政党分赃制的赞助人》	1903年
布兰科惠·特洛克	《第十三选区》	1902年
布思塔·金顿	《竞争场里》	1905年
温斯顿·丘吉尔	《克鲁先生的经历》	1908年
亨利·刘易斯	《老板》	1903年
本·林赛	《野兽》	1910年
弗兰克·诺里斯	《深渊》	1903年
沃尔特·劳申布什	《基督教与社会危机》	1906年
佛罗伦斯·凯里	《失业》	1915年

D 黑幕揭发运动的影响

1903年—1910年间的黑幕揭发运动涉及了美国生活中的方方面面，揭发内容包括政府、劳工、工会、企业、金融制度、医疗、社会福利、食品安全、童工问题、女性权利、贫民窟环境、血汗工厂等，在一定程度上对美国社会空气的净化起到了非常巨大而正面的影响。与此同时产生的连续性报道和深入报道在美国媒体上得到传承，其报道方式和关注点对美国新闻界影响巨大。

E 贫民窟的鞋匠

图为纽约勃罗姆街贫民区里的一个鞋匠，他住在陋室内，生活极其贫困。进步主义人士通过各种媒体让美国社会了解了贫民窟凄惨的生活，在他们的感召下，《住房改进法》和《劳动保障法》相继出台。于是，这种现象就渐渐消失了。

F 童工现象

企业雇佣童工现象一直是进步人士关注的问题之一，童工的工作环境差，染病率和死亡率相对较高，图为一名八岁女童在一家棉纺厂的轧棉机旁，她必须与伙伴一起全天轮班看守在轧棉机旁。为了改变这种情况，进步人士经过了数十年的抗争，才使得各州都制定了保护童工的法律。

G 总统签署童工法

1916年夏，美国总统伍德罗·威尔逊敦促参议院通过了关于保护童工权益的《基廷—欧文法》，图为威尔逊正在签署该法。该法要求禁止在州贸易活动中运输由14岁以下童工生产的商品及16岁以下的童工在矿山和采石厂生产的商品。

H 关于保护女工权益的立法

1893年	伊利诺伊州通过法令，规定妇女工作时间为每日8小时
1896年	纽约州规定妇女工作时间最长为每周60小时
1900年	马萨诸塞州规定妇女工作时间最长为每周60小时
1908年	最高法院裁定关于妇女的工时立法有效
1909年—1917年	39个州先后规定妇女工作时间最多为每周6天，每天10小时
1912年	马萨诸塞州设立工资委员会
1913年	8个州设立了工资委员会

I 新女人

临近20世纪，美国妇女所表现出来的“新女人”面貌着实让人眼前一亮。她们争取权利，活跃在社会各阶层。在这张摄于1899年的照片上，有美国本土白人、印第安人、混血人，她们服饰迥然不同，但彼此却似乎相处十分融洽，她们展现出新女性包容、独立的一面。

J 匹兹堡钢铁厂

图为工业城市匹兹堡的巨型奥蒂斯钢铁厂，图中工厂高大的烟囱不断喷出黑烟。采矿、炼钢等重工业部门是出现安全事故的重灾区，每年都会出现工人致残甚至死亡但是工厂却不肯赔偿的事件，所以进步运动关注的一个重点就是建立工伤事故的公共保险制度。

K 三种新型市政管理制度

强市长—议会制	市长的权力较之以前有所加强，市议会由两院变成一院，市长有权任命和罢免部长，享有全部的行政管理权，有权制定市政预算，甚至有否决议会提案的权力 该制度的市长权力过度集中，容易造成独裁
委员会制	将城市的行政权和立法权交与一个小型委员会，委员会的委员分别负责某一个或者几个行政部门，委员会中的一人担任市长一职 委员会制使得职能更加集中，易于协调政府活动，同时职能明确，提高了工作效率。但是由于缺乏一个领导核心，使得在进行全市的规划时可能会造成混乱和重复的局面，而且委员会制下领导层人数较少，容易产生揽权和专权
城市经理制	委员会负责制定政策和法令、批准预算，并且监督市经理的工作；市经理则是行政首脑，负责全市的行政事务，领导市政府各部门编制预算，执行委员会所制定的政策 城市经理制既有宏观调控，同时也有分散管理，在较大程度上实现了市政管理的科学化

L 罗伯特·拉福莱特

图中是罗伯特·拉福莱特在演讲，他是州政治改革的先驱，他在任威斯康星州州长时期进行了改革，建立了完善的官僚管理系统；建立直接预选制、创制权和复决权；建立了童工法、女工法、食品法、铁路法等法律，取得了巨大的成功，引得其他州纷纷效仿。

M 直接预选制、创制权、复决权和罢免权

直接预选制指的是由人民直接提名候选人的制度，1900年以前，两院和州长、市长等要职的候选人由党代表大会提名，容易形成政党内的小集团。直接预选制首创于19世纪40年代，但是直到1903年才在威斯康星州实行了全州的直接预选制。此后，直接预选制迅速推广，截至1916年，全美仅剩下3个州尚未采用此制。

创制权指的是在达到一定百分比的选民的支持下，选民可以绕过立法机关直接立法。复决权指的是在达到一定百分比的选民的反对下，选民可以直接否决立法机关批准的法案。

罢免权指的是选民有权直接撤换不称职的官员，此做法首先出现在洛杉矶，此后迅速应用于各大州。

1850年·1920年

美国在实现国家重建，国土横贯大西洋和太平洋这样一种强大态势后，逐渐把海外扩张作为国策之一。1898年，美西战争爆发，图为美国海军少将威廉·T·桑普森制定了封锁古巴岛的圣地亚哥。西班牙战败后，它在加勒比海到太平洋地区的所有殖民地丧失殆尽，而美国的势力范围一下子就拓展到了这些地区，并在1900年随同世界其他七个列强侵入中国。

第十一章

影响世界：民族问题与海外扩张

01 从暴力走向同化的印第安政策

关键词:大平原战争

1851 年签订的《拉勒密堡条约》使得美国移民能够安全通过西部印第安人的控制区。南北战争结束后，为给迁徙西部的移民提供安全保障，也为能顺利修建贯通西部的铁路，以及实现淘金者到西部发财的愿望，美国政府遂腾出手来集中兵力对付印第安人，发动了大平原战争。战争的结果是，印第安人被拘束在更小范围内的保留地内，固有的生活方式完全被毁灭。

1851年	西部的印第安人同意停战
1862年	桑蒂人洗劫移民的村庄要塞
1864年	切恩涅人和阿拉霍族人听从美国政府安排，再次迁徙，在途中被美军屠杀
1865年	美军发动大平原战争 A B 同时，国人开始大规模屠杀印第安人的主要食物野牛，印第安人因缺少食物，被迫停战 C D
1866年	西部修筑第一段铁路，侵入印第安领地 E
1868年	1 西南部印第安人再次起事，冲出保留区，与美军开战 2 美军在沃希托河击败夏延人 F 3 美国与印第安人签订《拉勒密堡条约》，暂时休战 G
1874年	印第安保留地黑丘发现黄金，蜂拥而来的淘金者进入保留区，破坏苏族人的生活，双方再起冲突 H
1876年	比格霍恩谷地大战 I J K
1877年	豁鼻人在俄勒冈牵制美军
1886年	阿帕切人发动的最后的抵抗失败 L
1890年	美国人制造翁迪得尼河惨案 M N
19世纪90年代	印第安人丧失反抗能力，任美国政府摆布 O P Q

A 处在危险中的印第安人

画面上，一个印第安武士骑在一只蚱蜢身上，手拿长枪和短刀，正在向前进攻。毫无疑问，他们的敌人就是美军。1865年，南北战争结束后，为进一步拓殖西部和清剿印第安顽抗部落，联邦政府集中兵力发动对印第安人的大平原战争，围剿了几个印第安部落。

B 黑脚人首领

图为大平原上黑脚人部落酋长。1865年开始的大平原战争中，包括基奥瓦人、科曼彻人和黑脚人在内几个印第安部落彻底战败，族人或被杀或被俘，最后只能任凭美国军队处置。他们最后被赶往更小、更偏僻、更贫寒的地区，但是不甘受辱的印第安人在偷偷策划着下一场反抗。

C 运输野牛

在进军西部过程中，大平原上的众多野牛成为了猎杀对象。开拓者将数以千计的野牛屠杀以获取商业利益。图为大批得克萨斯长角野牛正被驱赶入堪萨斯太平洋铁路公司的仓库。它们将在那里被再次装载入货运车，运往芝加哥的牲畜市场。

D 屠杀野牛

图为位于芝加哥的世界上最大的牲畜市场，这里每天都有大量从得克萨斯一带捕来的野牛被宰杀。这些野牛原是印第安人的食物来源，野牛濒临灭绝，导致印第安人被断绝了食物来源，所以只能选择投降。

E 铁路侵入印第安领地

1866年，美国联合太平洋铁路公司在美国中部内布拉斯加州的奥马哈以西修建了第一段铁路。此后，铁路开始贯穿美国大陆。19世纪后半期，大量铁路被修建，惊扰到居住在中部大平原地区的印第安人的生活。如图所示，西部的山地被修整，架上了铁路桥。

F 沃希托河大屠杀

1868年，大约有两万印第安人重出保留区，他们不断被美国军队袭击、屠杀。在得克萨斯的沃希托河畔的一次战斗中，有100多印第安人被杀，虽然数量不多，但是如图所示，其过程极为残忍，现场尸横遍野，河水被染红。此役之后，剩下的印第安人被赶回保留区。

H 黑丘发现黄金

《拉勒密堡条约》签订后，美国人承认了苏人在黑丘与普拉特谷地的主权，同时保证再不侵占苏人土地。但到了1874年，有人在黑丘发现了金矿，加利福尼亚的淘金热又迅速传到了苏人居住的土地上。无数探险家和淘金者纷至沓来，黑丘的主权再次被淘金者所践踏，这行为又一次点燃了苏人对拓荒者的怒火，他们与这些淘金者发生冲突，卡斯特将军带领骑兵再次征剿苏人部落。

G 拉勒密堡

图为在西部要塞拉勒密堡。1868年，西部许多印第安部落在此与美军将领谢尔曼等人商议停战协议。刚结束内战，又马上与这些誓死抵抗的印第安部落持久作战，令美国人有些力不从心，所以国会提出和平解决印第安人问题的方案，双方暂时停战。

I 比格霍恩谷地之战

卡斯特的军队在1876年与苏人的作战中，遭到毁灭性失败。图为苏人与夏延人在比格霍恩谷地与前来镇压的美军的作战形势图。这场战斗中，卡斯特率领的256人的“讨伐军”全军覆没，其本人也战死。这场战斗是罕见的印第安人获胜的战斗。

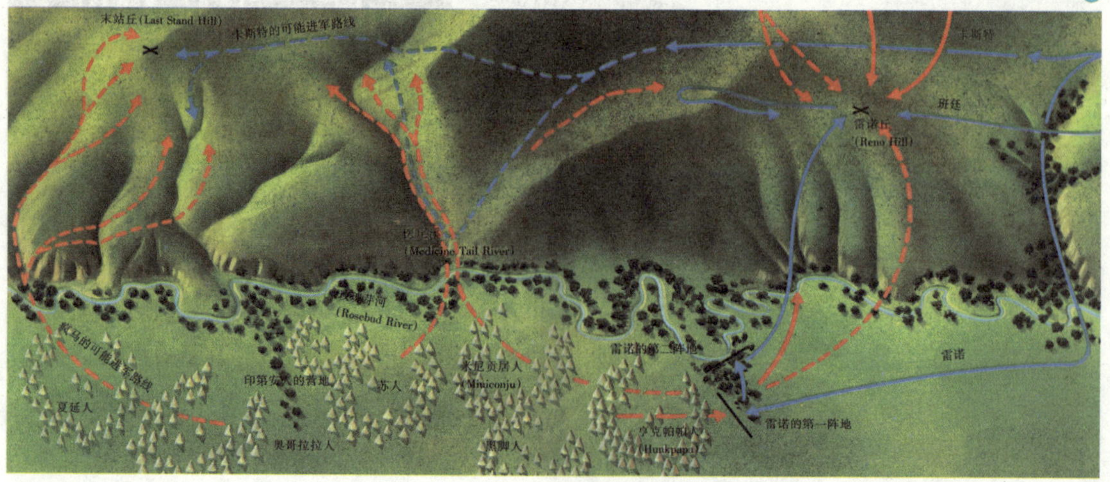

J 激战场景

比格霍恩谷地之战发生于11月25日，不听上级号令的卡斯特擅自发动进攻，落入由苏族首领坐牛和夏延族首领疯马率领的印第安联军1000多人的包围之中。图为战斗的激烈场景，卡斯特及其部下死亡，还有一部分美军也陷入了印第安人的包围圈，直到两天后援军赶到，他们才勉强突围。

K 比格霍恩谷地之战的影响

比格霍恩谷地之战结束后，因为印第安人相信，如果破坏尸体，死者的灵魂就无法抵达幽冥世界，所以死亡美军的尸体均被破坏。这一战役的结果震惊了全美上下，政府马上派大军前来围剿，同时由于印第安人的家园只剩下面积很小的一块，所以他们无处可去。在往后一年中，美军追赶在此役后四散的印第安人，逼迫一位位的酋长俯首称臣。夏延族首领疯马也在1877年被美军以和谈之名引诱而来，随后被杀。

L 拘捕杰罗尼莫

图为1886年印第安部落的阿帕切人领袖杰罗尼莫率领他的族人在西部与美国军队作战。他们全部骑马作战，骁勇顽强。但是面对武器先进的美军，他们的失败在所难免。此役之后，杰罗尼莫被捕，阿帕切人归降，余部被分散安置到新墨西哥地区的印第安居留地内。

M 坐牛之死

1890年，一位印第安宗教首领沃沃卡告诉苏族人，只要跳一种宗教舞蹈，举行一种宗教仪式，就能收回苏族被政府抢占的土地，印第安人也能得到足够的食物。于是苏族人开始举行仪式，但是却遭到了美国军队的阻拦，双方发生冲突，包括图中的坐牛在内的许多苏族战士被杀。

N 翁迪得尼河惨案

坐牛被杀数日之后，政府军将苏人的一个首领大脚和他的队伍共300多人全部杀死在翁迪得尼河边。图为屠杀惨案现场。这些人的尸体后来被扔到坑中草草掩埋。这场惨案标志着印第安人的抵抗最终完结，印第安民族彻底被征服。

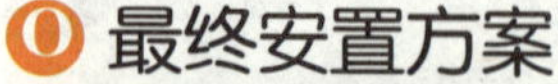

O 最终安置方案

时间	1887年
名称	《道斯法案》
内容	1 将印第安部落的土地按一定数量（每户家长160英亩，独身成年人80英亩）分给各个成员，解散部落 2 成员经营土地时间超过一定年限（一般为25年），政府即将土地所有权过渡给土地经营者 3 除了分给成员的土地之外，保留区的其余土地向非印第安人开放
意义	促使印第安人结束游牧生活，回归白人社会，同时承认了印第安人为美国公民的身份
结果	印第安人分得土地后，在短时间内因为各种原因再次丧失了土地，落入极端贫困中。同时，由于部落解散，原有的印第安社会体系崩塌

P 印第安部落的最终衰落

印第安人作为北美大陆原本的主人，自从白人迁入美洲后，他们连续被驱赶、屠杀，绝大部分土地被侵占，种族濒于灭绝边缘。1890年，全美国印第安人数量已减少至25万人。印第安种族数百年来的遭遇乃近代民族史绝无仅有的。他们之所以最后濒临灭绝，一是因为种族固步自封，发展极为缓慢，一直依靠自然资源的补给；二是因为种族内部矛盾过多，不能一致对外；三是对白人传播的例如天花等疾病没有抵抗力，造成部落成员大批死亡。

Q 印第安安置点

印第安人听凭政府安排，所有部落重又被安置在更小范围的保留地内，他们原先肥沃的土地被政府占领后，卖给了申购土地的白人定居者。图为19世纪80年代的印第安保留地的照片。栅栏里满是帐篷和马车，所有人似乎都很平静地生活着，默默地接受种族濒临灭绝的事实。

1866年　1898年

02 关注海外利益

关键词:阿拉斯加 夏威夷 中途岛

在初步平定了大平原上的印第安诸部落后，美国将目光投向浩瀚的太平洋。为了实现国土横贯大西洋和太平洋的梦想，夺取觊觎已久的太平洋上的丰富资源，也为了开辟新的国土，美国又开始了一贯的扩张之路。首当其冲的是美洲西北部的阿拉斯加，然后是夏威夷群岛。在19世纪最后的岁月里，美国的势力扩展至整个中太平洋地区。

1866年	7月，美国商人驾驶武装商船“谢尔曼”号进入朝鲜平壤，要求朝鲜通商，同时企图挖掘朝鲜王陵，并且炮轰朝鲜船只，朝鲜军方还击，“谢尔曼”号船毁，船上人全部死亡
1867年	3月，美国政府从沙俄手中购得阿拉斯加 8月，美国军队占领中途岛，宣布中途岛归属美国 A
1868年	琼金斯带领100余人乘坐“中国”号进入朝鲜，企图盗墓，被发现后失败而归
1871年	美国派兵闯入汉江，和朝鲜军队发生炮战，后屠杀朝鲜军民
1878年	美国迫使萨摩亚在华盛顿签订条约，同英国和德国争取对萨摩亚的统治权 B
1882年	5月，朝鲜被迫同美国签订《朝美修好通商条约》
19世纪80年代	新的“天定命运”说盛行，提出种族优越感，要求国家继续扩张，将“先进的制度”传播给全人类
1898年	7月，美国正式吞并夏威夷 C D E F

A 中途岛

1859年，美国人布鲁克斯抵达中途岛。1867年，由于此岛地理位置重要，位于太平洋航线中间，因此美国宣布对该岛拥有主权，并以它的位置而将其命名为中途岛。图为中途岛的卫星图。1903年，美国将其改造为海军基地，此处成为20世纪太平洋战争的军事重地。

B 萨摩亚问题

萨摩亚群岛位于南太平洋群岛，是重要的海上通道，19世纪下半叶，美英德三国一直在争取此群岛的控制权。1887年夏，时任美国国务卿的托马斯·弗朗西斯·贝亚德（如图）邀请英德两国代表在华盛顿商讨萨摩亚问题，未果。直到1889年6月，三方才达成协议，美德瓜分群岛，英国获得其他补偿。

C 美国吞并夏威夷步骤

19世纪20年代—80年代	美国势力不断渗入夏威夷。对传教士和甘蔗生产企业尤其影响巨大
1875年	美国与夏威夷王国签订贸易协定，双方减低关税，夏威夷在经济上进一步依赖美国
1890年	美国通过麦金莱关税法，免除夏威夷甘蔗贸易关税
1891年	夏威夷女王里留奥卡尼亚继位，提出“夏威夷是夏威夷人的”口号，反对夏威夷和美国合并
1893年	夏威夷女王颁布敕令，取消白种人特权，美国人密谋策划，推翻了女王的统治，扶植傀儡政府上台
1898年	美国吞并夏威夷

D 里留奥卡尼亚

1893年1月16日，美国在夏威夷岛的甘蔗园主和海军发动政变，将夏威夷女王废黜，图为女王里留奥卡尼亚1887年于伦敦所拍的照片，叛乱者要求美国政府吞并夏威夷王国，但由于考虑吞并的不正当性，此事暂时被搁置起来。

E 夏威夷风景

1898年，美国同西班牙爆发了战争。在赢得胜利后，美国趁机迅速占有夏威夷。图为风光旖旎的夏威夷。除了美景外，夏威夷的军事地位和地缘优势日渐明显，夏威夷日后成为美国太平洋战略的前进基地，为美国逐步称霸太平洋提供了极其优越的条件。

F 吞并夏威夷

1893年2月，关于夏威夷和美国合并的议案首次送交参议院批准，但是参议院内部就夏威夷的处理问题产生很大分歧，直到1894年2月之后，参众两院才先后通过了关于夏威夷问题的决议。决议声明美国不干涉夏威夷内政，也反对他国干涉，这实际上是承认了政变的结果。1898年4月，美西战争爆发，7月7日，参众两院通过决议，正式吞并夏威夷。

1898年 1901年

03 东、西半球的两场美西战争

关键词:美西战争 古巴 菲律宾

1898 年 2 月 15 日，美国“缅因”号战舰在哈瓦那被鱼雷炸沉，266 名美军死亡，美国国内掀起反西班牙狂潮，4 月 25 日，美国国会通过决议，对西班牙宣战。面对老牌殖民帝国西班牙，美军显示出惊人的战斗力，他们利用古巴和菲律宾起义军牵制西班牙大部分军队的机会轻易夺下了菲律宾。

19世纪90年代	古巴掀起推翻西班牙统治，建立独立国家的起义的狂潮 A B
1898年	美西战争爆发，美国成功扩张在加勒比和太平洋的势力 C D E F G H I J K
1899年—1901年	美军平定菲律宾叛乱 L M N O P Q R S
1901年	《普拉特修正案》允许古巴名义上独立

A 古巴情境剧

19世纪90年代的世界经济大萧条给古巴种植业以沉重打击，古巴发运了推翻西班牙统治的起义。美国以民主的姿态同情古巴。图为杰伊·泰勒于1896年所作的漫画，画中的潇洒英雄山姆大叔（代表美国）正袒护着可怜的古巴少女。远处的西班牙恶棍卑鄙地注视着他们。这是古巴的混乱局势和美国对古巴态度的真实描画。

C “缅因”号的沉没

美国“缅因”号战舰（如图）突然在哈瓦那爆炸后沉没，这给美国本来就对西班牙反感的情绪又火上浇油。于是美国一口咬定爆炸事件是西班牙人所为，并对西班牙宣战，美西战争拉开序幕。

B 古巴起义军

美国当时就有报纸媒体报道了古巴人民在西班牙统治下所受的磨难，这使美国人民十分同情古巴，憎恶西班牙。美国开始援助图中的古巴反抗西班牙暴政的起义军，他们在与西班牙作战时表现得极为英勇和不屈。

D 美军轰击马尼拉的西班牙舰队

当时西班牙的国力衰弱，根本不能与美国相抗衡。美军“奥林匹亚”号战舰率领美国亚细亚舰队从中国的香港出航南下，5月1日突然袭击了菲律宾马尼拉湾的西班牙舰队驻地甲地米。图为美舰摧毁了毫无戒备的西班牙舰队。

E 美军进兵古巴

图为1898年，在佛罗里达州坦帕湾集结的美国古巴远征军。他们正准备登舰开向古巴岛，以武力使古巴彻底脱离西班牙。这支远征军不负众望，在古巴岛东南的圣地亚哥湾成功摧毁了西班牙驻古巴舰队，并占领了古巴，进而占领了西班牙统治的波多黎各岛。

F 进入菲律宾

美军进占菲律宾后，同菲律宾的起义军合作共同打击西班牙势力。图为在菲律宾首府马尼拉附近的丛林水网地带的美军，在起义军的帮助下，美军很快占领马尼拉。此后，西班牙丧失了拥有300年殖民历史的菲律宾。

G 占领圣胡安山

图为7月3日，登陆古巴的美军将领罗斯福带着他的部队占领古巴圣地亚哥湾的圣胡安山后在山顶上的合影。圣胡安山是圣地亚哥市区的制高点，美军占领了它，就威胁到圣地亚哥港停泊的西班牙舰队。当西班牙塞维拉指挥舰队逃出海港时，又遭到美国的七艘军舰追击。四小时内，西班牙舰队就全部被歼，圣地亚哥西军投降。

H 凯旋的美军

8月12日，西班牙政府请求停战，战争结束。图为凯旋的美军在美国纽约第五大道上举行凯旋阅兵仪式的场面。整个美西战争，美军共死亡280名，轻易赢得了战争。美西战争是历史上首次帝国主义战争，世界格局也随之一变。

I 称霸加勒比海

图为美国的后花园——加勒比海地区。美国在美西战争后攫取了西班牙在加勒比海的殖民地古巴和波多黎各。此后美国又对尼加拉瓜、海地和多米尼克实行军事占领。1903年占领巴拿马运河区。1916年又购买了丹麦占领的维尔京群岛。此时的美国称霸加勒比地区。

1900年美国从菲律宾派出远征军与其他七国侵入北京，解除受各国驻北京的公使馆所的围困，但八国联军随后在北京公开抢掠。

阿拉斯加 1867

阿留申群岛1867

1904年10月，与英国就阿拉斯加边界问题展开委员会讨论，最终委员会采纳了美国的边界方案。

中国　北京　函馆　日本　上海　宁波　长崎　下田　福州　广州　厦门　美　国

中途岛1867　法属福利吉特群岛1895　夏威夷群岛1898　法属印度支那　菲律宾1898　关岛1898　威克岛1898　约翰斯顿群岛1858　巴尔米拉环礁1898　巴哈马群岛

荷属东印度群岛　贝克岛1857　豪兰岛1857　贾维斯岛1857　图图伊拉岛　帕果帕果港　萨摩亚1899　澳大利亚

美国领土
美国在太平洋的岛屿与获得时间
对美国开放的亚洲港口

J 美国占领太平洋的岛屿

图为美国在中太平洋广大海域上占领的诸岛，购买的邻近北冰洋的阿拉斯加以及战胜西班牙后，西班牙割让的菲律宾和军事重镇关岛。与此同时，美国还与中国和日本签订条约，后两者开放了东亚的8个通商口岸。这样，美国就初步建立了在太平洋上的霸权地位。

K 锁定菲律宾

图为纽约阿克尔出版公司在1898年7月9日发表在莱斯利的周报上的漫画：山姆大叔拿着放大镜正观察地球仪上的菲律宾。美国付给西班牙2000万美金作为补偿后，便继续武装占领菲律宾。菲律宾成为美国远东的重要军事基地。

L 平定菲律宾起义

1899年，原本和美国合作击败西班牙的菲律宾起义者要求菲律宾独立，美国断然拒绝。在领袖阿吉纳尔多的号召下，2月，菲律宾爆发了反美起义。图为镇压起义的在菲美军。

M 菲律宾起义者

图为菲律宾独立运动的革命领导人合影，其中也包括少数西班牙人追随者。菲律宾历经了300多年的殖民统治，非常渴望能够得到独立。正是因为如此，1899年1月23日任职的菲律宾首任总统阿吉纳尔多才会领兵起义。

N 刺刀冲锋

1899年春，美军登陆菲律宾吕宋岛，前来镇压起义军。但美军在登陆时受到了菲律宾游击队的抗击，图为美军展开冲锋时的惨烈景象，不少进攻者被菲律宾人打死在阵前。

O 阿吉纳尔多

菲律宾起义军领袖阿吉纳尔多其祖籍地在中国的福建。他在美国进攻菲律宾时曾联合美国人一道推翻了西班牙殖民政府，并成为菲律宾共和国首任总统，后来他又组织并领导了反美斗争，毅然决然顽强地与美国抗战了三年。但最终阿吉纳尔多于1901年3月23日被美军俘获，为避免广大的菲律宾革命者遭受更大的损失，他被迫选择了投降。

P 菲律宾革命军

照片拍于1898年，菲律宾革命军正列队迎接阿吉纳尔多。阿吉纳尔多成为了菲律宾人民的英雄，他的军队训练有素，作战勇猛。1901年，菲律宾起义者转入游击战，并重创美军，美军将领史密斯发动报复性战役，屠杀平民，引起国际社会一片哗然。

Q 民政政府成立

在与起义军作战的同时，美国总统麦金利授权法官塔夫脱在菲律宾的马洛洛斯建立一个菲律宾的民政政府。图为1901年7月庆祝民政政府成立的典礼。塔夫脱后来成为菲律宾第一任总督。

R 攫取菲律宾

图为美国纽约翁迪科特出版公司出版的讽刺漫画。其中站在海水中代表美国的自由女神像高举起了被美国国旗包裹着还在挣扎的菲律宾男孩，而将真正象征自由的火炬放了下去。远处的灯塔上那幅广告牌上书“在菲律宾损失的65,000名美军士兵是一个商业投资”。夺取菲律宾，让美国得不偿失。

S 美菲战争图

图为美军进攻西班牙殖民统治下的菲律宾、镇压菲律宾革命和菲律宾领袖阿吉纳尔多在吕宋岛组织抗击美军以及战败后被捕的形势图。美菲战争迫使美军先后投入兵力达127,000人，军事镇压菲律宾革命者所耗费用是付给西班牙菲律宾赔偿金的8倍。

1900年 1901年

04 八国联军侵北京

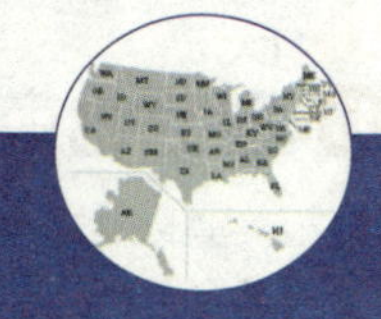

关键词:八国联军

甲午海战后，清政府给了日本巨额赔款，其他国家害怕日后日本成中国主宰之国，为确保各国在华利益，所以提出了"门户开放"政策，希望各国在华"利益均沾"，掀起了列强瓜分中国的狂潮。以1900年6月中国义和团杀死德国公使，威胁大使馆人员安全与他们在中国的利益为由，美、英、法、德、奥、意、日、俄八国组成联军攻入北京，给北京城带来了空前浩劫。

1899年	美国提出对中国实行"门户开放"政策 A
1900年	八国联军入侵北京 B C D E F G H I
1901年	美国等十一国联合和中国缔结《辛丑条约》J K

A 门户开放政策

1895年中日甲午战争后，西方列强掀起了一股瓜分中国的狂潮，他们在中国各大城市租借土地，扩大各自的势力范围。1899年 9月，美国照会英、德、俄、日、意、法各国，提出对中国实行"门户开放"政策，承认各国在中国的"势力范围"。由于美国不希望有任何一国独霸中国，所以在1900年7月3日，美国国务卿海约翰再次照会各国，主张保持中国领土和行政的完整，维护各国在中国各地平等公正贸易的原则。但列强的这种做法激怒了中国人民，也激怒了当权者慈禧太后，所以慈禧公然违反国际法，下令围困列国使馆，并在冲突中杀死德国公使，使得八个列强共同联合起来，进攻中国。

B 查菲将军和他的部队

图为八国联军的美军将领查菲。美国侵略军先是和其他列强在天津沿海集结，然后攻入天津，直逼北京。美国的这支军队是从刚刚被美国军事占领的菲律宾部队中临时调派的2500名士兵。

C 炮兵进攻北京外城

图为美军第五炮兵分队正在攻打北京外城城门。1900年8月14日，八国联军在统帅瓦德西的率领下开始进攻北京城。美国负责的是东便门，他们先是炮轰城门。

D 登上北京城

美军很快攻至城墙下，负责攻城的是美军第14步兵师的两支连队。图中在城墙的拐角处有多名士兵借助凹凸不平的城墙开始攀援，城头上有名士兵正牵引长绳将城下拴系好的武器拉上城。而最先登上城的美国士兵已经将星条旗插在了城头上，大清朝国都北京城危在旦夕。

E 攻入北京

图为美国中国远征军总指挥查菲攻入北京外城时的情景。8月15日，北京各城门已基本被攻占，联军开始陆续进城，和守城清军展开巷战。

F 阅兵紫禁城

8月16夜，紫禁城沦陷，慈禧太后带领光绪帝和亲贵大臣离京，仓皇出逃，并下罪己诏，派奕劻和李鸿章与联军和谈。图为联军占领紫禁城后，美军第14步兵分队举行的阅兵式。

G 入城

北京被占领以后，八国联军统帅、德军元帅瓦德西特许士兵公开抢劫三天，以后各国军队又抢劫多日。中国的珍贵文物遭到了空前的浩劫。皇宫和颐和园里珍藏多年的宝物被抢掠，西四北太平仓胡同的庄亲王府被放火烧光，当场烧死1800人。图为几位居民站在被洗劫后的大街上。

H 美军驻地

八国联军在北京城抢掠后，都各自将军队驻防北京以维持已经无政府控制的北京城的秩序。其中，美军司令部驻地在先农坛，图为军官们在美军司令部的集体合影。此后，联军一边兵分六路，进攻华北地区，一边派人向清政府提出可恶的《议和大纲》。

I 美军骑兵在长城

八国联军在北京期间，中国许多珍贵的文物遭到破坏：鼓楼的更鼓，被日军用刺刀刺破；古观象台的天文仪器被法国侵略军和德国侵略军争抢；《永乐大典》被大肆损毁丢弃；翰林院收藏的许多珍贵书籍被抢掠糟蹋一空等等，图为美国骑兵在中国的长城上。

J《辛丑条约》

1901年，占领北京城的八国联军和被义和团烧毁驻华使馆的荷兰、比利时与西班牙一起与中国政府签订了《辛丑条约》，这时候的清政府已经完全沦为列强统治中国的工具。图为美国中国远征军第6骑兵分队的军官在中国作战时的合影。包括美国在内的十一个国家都得到了巨额赔款。

K《辛丑条约》内容

签约时间	1901年9月7日
签约地点	北京
签约双方	清政府代表奕劻、李鸿章与德国、奥地利、比利时、日本、美国、法国、英国、意大利、俄国、西班牙和荷兰11国代表签订，条约共有12条正文和19个附件
主要内容	中国赔款4.5亿两白银，分39年还清，本息共9.8亿两
	在北京东交民巷设立使馆区，由各国驻军把守，中国人一概不准在内居住
	拆除大沽炮台和北京至海通道的各炮台
	在天津周围20里内不得驻扎中国军队，列强可以在北京驻扎防守使馆的卫队
	永远禁止中国人成立或参加反帝组织，违者处死
	中国将总理各国事务衙门改为外务部，为六部之首，并指定皇族亲贵担任外务大臣
	各省官吏必须保护外国人的安全，否则即行革职，永不叙用

1901年　1903年

05 巴拿马运河与巴拿马革命

关键词:巴拿马运河

在西奥多·罗斯福任总统时期，美国的国家利益焦点被集中在了位于中美地峡的巴拿马。1901年，美国获取了中美地峡运河的建设与运营权。为了能尽快租借巴拿马运河区，美国与巴拿马人和法国经销商共同勾结策划，致使巴拿马通过暴乱从哥伦比亚分离出去，而美国也很顺利地拿到租借合同，开始开凿巴拿马运河。

1901年	1 西奥多·罗斯福执政 2 美国与英国签约，决定开凿巴拿马运河
1903年	1 官方从法国公司购得运河控制权 2 策划巴拿马独立，并获取其租借权 A B
1914年	巴拿马运河通航

B 巴拿马运河交通优越对比表

出发地	纽约	通过南美南端的合恩角的距离	通过巴拿马运河的距离	节约里程
目的地	圣弗朗西斯科	13,135英里	5262英里	7873英里
	火奴鲁鲁	13,312英里	6500英里	6812英里
	新西兰	11,314英里	8522英里	2792英里

A 巴拿马运河区

A 图为位于巴拿马中部的巴拿马运河区景色。在美国人主持开凿下，这条耗时11年，花费了7.75亿美元的运河工程终于在1914年8月15日投入运营。巴拿马运河沟通了大西洋与太平洋，让北美及欧洲人从大西洋航行到太平洋的路程大大削减。但这条运河长期被美国租赁，直到1939年，巴拿马政府才仅收回巴拿马运河的商业权，而作为军事保护区，巴拿马运河仍处于美国的监管下。

1910年 1916年

06 新的墨西哥行动

关键词:胡尔塔 潘丘

美国在尝到海外扩张的甜头之后，希望采用经济渗透的策略干预远东和拉美地区的国家，从而扩张势力，得到更多的收益，这就是美国的“金元外交”。但威尔逊总统上台后首先干预墨西哥的事件却与金钱无关。由于美国害怕墨西哥勾结欧战中的德国威胁美国利益，所以威尔逊不得不将视线转向麻烦的欧洲大陆。

1910年	墨西哥爆发政变
1911年	墨西哥迪亚斯政府垮台 A
1914年	胡尔塔政府倒台，卡兰萨继任 B
1916年	美军准将潘丘出征墨西哥 C

A 墨西哥迪亚斯政府

图为墨西哥独裁政府总统波费里奥·迪亚斯在1910年出席纪念其前任总统贝尼托·华雷斯的活动。这一年，墨西哥爆发武装起义，次年就推翻了迪亚斯政府。而墨西哥新总统马德罗刚上任即被逮捕暗杀。于是威尔逊总统决定出兵干预墨西哥内政。

B 胡尔塔的军队

照片摄于1913年，为墨西哥夺取政权的胡尔塔的军队。总统马德罗被暗杀后，墨西哥政权落入胡尔塔和卡兰萨之手，美、英选择了支持卡兰萨。1914年，卡兰萨占领墨西哥城。

C 潘丘

图为墨西哥叛军领导潘丘·维亚领兵出征。在卡兰萨建立政府之后，其心腹之患为盘踞在北方的潘丘。美国派潘兴准将帮助卡兰萨消灭潘丘，然而美军却误伤了卡兰萨的部队，潘丘则躲藏了起来。为避免矛盾升级，美国取消了这次军事行动。

1914年　1917年

07 从中立走向战场

关键词:潜艇战 协约国 参战

1914 年一战刚爆发时，美国宣布中立。英法等协约国从美国进口了大量的物品，尤其是军火，美国从中获取大量利润，造成了战时经济繁荣。1915 年德国开始对英国实行潜艇封锁，不断有美国人因乘坐的轮船被击沉而身亡，美德之间的矛盾加深，美国倒向协约国一边。1917 年 4 月 6 日，参众两院通过投票，宣布美国正式参战。

1914年	欧洲爆发第一次世界大战 A
1915年	德国U型潜艇攻袭大西洋上的来往船只 B C
1916年	欧洲战争陷入胶着状态，美国人对欧战十分厌恶 D E F
1917年	美国最终同意参战 G H I J K

A 第一次世界大战

1914年7月，第一次世界大战在欧洲爆发。这是一场由欧洲发起却又波及世界的帝国主义之间争夺殖民地和发展空间的战争。1918年11月结束，战火席卷欧、亚、非三大洲，参战国家及地区有34个，共动用兵力7400万人，阵亡840万人。

B 德国潜艇击沉轮船

图为1915年5月7日，从纽约起航的丘纳德班轮“路易斯安那”号在航行到爱尔兰海时被两枚鱼雷击沉。它成为德国U型潜艇为达到围困英国而发动的大西洋无限制潜艇战的牺牲品。此两图为“路易斯安那”号在起航前和被击沉时的样子。

"All the News That's Fit to Print."

The New York Times.

LUSITANIA SUNK BY A SUBMARINE, PROBABLY 1,000 DEAD;
TWICE TORPEDOED OFF IRISH COAST; SINKS IN 15 MINUTES;
AMERICANS ABOARD INCLUDED VANDERBILT AND FROHMAN;
WASHINGTON BELIEVES THAT A GRAVE CRISIS IS AT HAND

SHOCKS THE PRESIDENT

Washington Deeply Stirred by Disaster and Fears a Crisis.

SOME DEAD TAKEN ASHORE

Several Hundred Survivors at Queenstown and Kinsale.

C 轮船被击沉的新闻

图为美国《纽约时报》在5月8日发表的“路易斯安那”号被击沉事件的新闻报道。这一事件造成约1000人死亡，其中包含124名美国人，震动了整个美国。伍德罗·威尔逊总统强烈谴责了这一事件，他希望此类事件不要再继续重演。但接下来的两年里，美国的商船在航行时仍不能得到安全保障，这也让美国开始逐步倒向协约国并最终参战。

D 挖堑壕

图为一战期间英国远征军正在法国练习挖堑壕。由于欧洲战场上的交战双方都采用阵地战术，为扼守阵地，躲避敌人强大的火力，在阵地上挖堑壕阻击敌人成为了一战欧洲战场上的常见现象。堑壕战让战争进展变得缓慢，胜负难料。

E 身背战友的英国士兵

该图拍摄于1916年索姆河会战时的英军阵地。索姆河战役是一战中规模最大的战役，照片中英军阵地上扛着自己受伤战友的士兵蓬头垢面，表情麻木，可以想见在欧洲的战争旷日持久，充满着死亡与绝望。英国与法国在这场战争中几近崩溃。

F 美国人眼中的欧洲战争

图为美国的一幅战争漫画，一个身穿军装的恶魔掐住一位柔弱少女的脖子并将手中的刺刀插在少女的心脏位置，旁边历史女神正在默默注视着这一幕。此画表明了美国人对一战的看法：双方都在进行令人不齿的、泯灭人性的屠杀。

Drawn by Boardman Robinson

"I . . . strove hard for peace, even though war was inevitable"—*Kaiser Wilhelm in interview*

G 逐步走向参战

1914年	民族复杂的美国对开战的双方各抱有不同态度，联邦政府保持中立
1915年5月	“路易斯安那”号被击沉，其中有美国人丧生
1916年3月	再次有美国人在被攻击的船上受伤
1917年1月	“齐默恩”电报昭示德国将勾结墨西哥进攻美国
1917年4月	总统期望与同盟国宣战

H 美国海军参加欧战

图片上是英国人驾驶帆船欢迎美国驱逐舰的到来。1917年初，德国驻美国大使声称，德国将击沉靠近英国海域的一切船只，当然也包括美国船只。这将让美国对英国的商贸利益受到严重损害，所以美国4月6日向德国宣战。同时英国困于德国潜艇的威胁，海军上将威廉请求美国海上援助。几天后，六艘远洋驱逐舰来到爱尔兰昆斯顿，并立即投入战斗。

I 美国投票决定参战

1917年4月6日，美国众议院通过投票以373票赞成，50票反对通过了总统威尔逊出兵欧洲参加一战的决定。仅仅六周后，《选择性草案》成为法律，规定所有年龄在21～30岁之间的男子必须登记并准备好随时应召入伍。图为抽号征募士兵仪式的现场。第一名准备应征的人头戴眼罩，正在抽取号码，他的后面将会有超过100万人紧跟着抽取号码。

J 战争部署

军事	从战前的20万人扩军至500万人
资源	为协约国运输船提供军舰护航；扩大粮食供应
经济	战争经费耗用330亿美元
政府权力	扩大生产控制、扩大舆论控制

K 美国参战原因

美国之所以加入协约国一方，主要有三方面的原因：一是由于在政治上，美国和英法的制度更接近一些，有种天然的认同感；二是由于美国的经济合作对象主要是英法等国，大量的订单促使美国加入协约国一方；三是德国的潜艇战对美国人的生命安全和财产安全构成威胁，而经过一系列的外交活动，也无法阻止德国继续袭击有美国人的邮轮。

1917年 1918年

08 美军在一战中的表现

关键词："马恩河的石头"

由于德国坚持采取无限制潜艇战并对美国的对外贸易构成威胁，且欲挑动联邦近邻墨西哥进攻美国。美国最终决定对德宣战，加入到协约国的阵营来。美军在欧洲战场上的表现十分出色，有效地加速了战争的进程。在战争中，美国军队开始接触和学习了如何打现代化战争，这为美军今后的发展提供了难得的良机。

1917年4月	美国准备参战 A
1917年10月	在法国受训的美军开始陆续投入战场 B
1917年11月	美军参与反潜作战 C
1918年4月	德军的猛攻挫败了协约国的堑壕战 D E
1918年7月—8月	潘兴指挥的美军在马恩河战役中的作战十分突出 F G
1918年9月	美军收复圣米耶勒和色当 H I J K
1918年10月	美英军队发动索姆河战役
1918年11月	德国投降 L M N
1918年11月	国内欢庆战争的胜利 O P Q R S

A 吻别

1914年4月，美国向同盟国宣战。图为即将出征欧洲的美国士兵正在与各自的妻子做最后的吻别。这种形式的告别成了纽约公开场合中的奇特景观。

B 在欧洲作战的美军

图为1917年10月7日，美国第18步兵师在法国东北战场上快速跑步穿越一条子弹纷飞的马路。美国军队的参战无疑增强了协约国的实力，而且在法国作战的美军也在战争中学到了很多诸如堑壕战、坦克战等以前从未涉足过的战术，提高了美军作战经验和战斗力。

C 摆脱潜艇追击的海报

图为美国鼓舞士气的宣传海报。1917年11月17日，美国海军"范宁"号遭遇到浮出水面的德国U-58型潜艇，"范宁"号迅速做出反应，摆脱了德国潜艇的追击。这是美国海军第一次获得反潜战行动的胜利。

D 美军炮兵

1918年春天，堑壕战让位于运动战。德国元帅鲁登道夫发起的攻击将英法美的盟军全部赶回到了巴黎，美军的大炮需要尽力去赶上快速移动的部队。图为美军用马拉的大炮和炮兵团士兵，他们正在给大炮装弹，后面都是打完炮留下的空弹壳。

E 戴防毒面具的美军

图为来到法国作战的美军在堑壕中训练应对毒气战的方法。这时的美军还没配备钢盔，戴着防毒面具的美军士兵只是头戴牛仔帽。刚加入欧洲战场的美军缺少训练，有些甚至还不会扛枪，但是他们很快融入战斗，在战争中起了重要作用。

F 潘兴将军

直到美国参战前，美军赴欧作战的总指挥才由在墨西哥征剿潘丘的"黑杰克"潘兴来担任。潘兴毕业于西点军校，曾指挥过美国和印第安人、菲律宾人和墨西哥人的战斗。他虽在墨西哥的战斗中没有太突出的表现，却在欧洲战场上发挥了重要作用。在1918年7月—8月，潘兴的军队在索姆河战役和马恩河战役中协助英法军队抵抗德军进攻，9月，潘兴攻占圣米耶勒，迫使德国不久后接受和平谈判。

G "马恩河的石头"

美军很快就投入到对德国的堑壕战中。图为1918年7月，美国第30和38步兵团在马恩河战役中用堑壕战术成功阻击了德军的冲击，这次战役也有效保卫了巴黎。由此，美军获得了"马恩河的石头"的绰号。

H 美军开坦克冲锋

图为1918年9月26日清晨，协约国军对默兹-阿贡山区发动第一阶段攻击，图为美军操纵142辆坦克实施冲锋。这是美军首次参与了坦克战。美国在这里赢得了决定性的胜利，这也是美国参战后进行的最大一场战斗。双方投入兵力为120万人，飞机840架，坦克324辆。此战之后，德国已无力再发动大规模进攻。

I 枪战

美军作战表现得极为突出，图为美军第23步兵师在德国的阿贡山区用37毫米口径的机枪向敌人阵地开火。1918年春，德国的攻击令协约国陷入困境，威尔逊表示，必须投入最大限度的武力让德国投降。1918年3月至10月，美国新投入了175万名士兵参战。

K 海军博物馆中的炮车

这是停放在美国华盛顿海军博物馆外的公园里的一战炮车。从外形看，舰炮被安装在了火车车轮上，车轮底下的铁轨还被保留着。美军的这种大胆创意，是一战乃至整个战争史上的奇迹。正是诸多这种新鲜的创意，加速了战争进程，令战争得以早日结束。

J 炮车

为应对德国新式武器克虏伯远程火炮的轰击，美军将军舰上大口径舰炮安装在一段列车上使用。图为1918年9月，美军将这个特制的炮车移动到前线，向德军阵地发起的炮击。这种舰炮射程24英里，有效地打击了德军。

L 美军阵地中表示投降的德国使者

战争到了1918年深秋，越来越多的德军不希望再进行无谓的战斗了。图为美军阵地上前来表示投降的德军使者，他们被蒙住眼睛，手拿白旗，表示希望结束战斗。这样的景象在战争后期越来越频繁地出现了，这预示着战争即将结束。

M 德国投降

1917年俄国十月革命让俄国退出战争。虽然德国东线的战争结束，但德国因持续两线作战，导致经济崩溃，国内矛盾加剧，无力再战，最后，德国在1918年爆发十一月革命，德皇威廉二世宣布退位。德国社会党组成临时政府，魏玛共和国成立。11月11日，德国新政府签订停战协定，第一次世界大战结束。

N 1918年美国远征军作战形势图

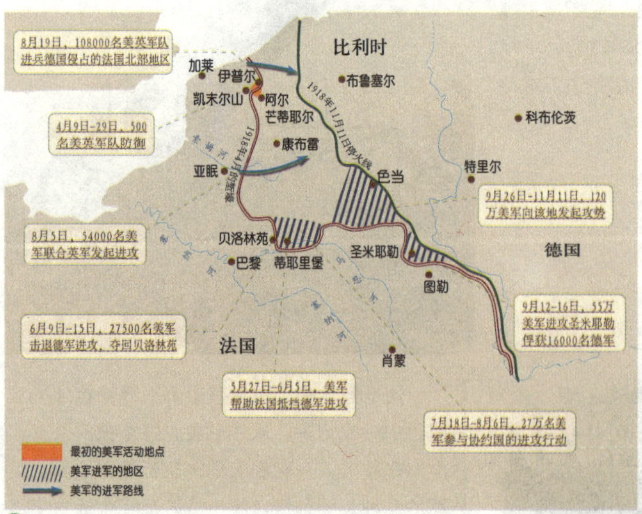

图为1918年美国远征军在欧洲战场上的一系列军事行动示意图。他们帮助协约国遏制并反击德军进攻，收复了法国的失地，解放比利时。德军战死或被俘者甚众，而美军也付出了数十万人伤亡的惨重代价。

O 德国潜艇投降

图为德国围困英国的潜艇正在集结，它们在英国的哈维奇向协约国投降。大战期间，正是这些潜艇像死亡杆菌一样围困英国，阻碍英国的海上贸易，使得英国及其盟友、贸易伙伴的商船损失惨重。

P 美国的援助与损失

美国的援助	军队赴欧	200多万名士兵
	救援货物	超过400万吨货物
美军的损失	因战死亡	48909人
	因流感去世	62000人

Q 美国庆祝胜利

当欧洲战场上传来胜利的喜讯后，美国的大街小巷上无不在庆祝胜利。图为纽约街头人头攒动的热闹景象。不过，战争的硝烟尚未散尽，各国已经为重新瓜分世界的事情开始勾心斗角。

R 威尔逊参加自由日庆典

这是1918年美国庆祝欧洲的大战胜利结束期间，总统伍德罗·威尔逊乘坐专车通过纽约的街道，群众纷纷脱帽表示庆祝和对总统的致敬的情景。

S 人类自由之钟

目睹欧洲惨烈战争的美军士兵期望人类的和平。图为1918年，由25000名美军士兵组成的“人类自由之钟”的阵型，他们的目的是呼吁全世界珍视和平，远离战争。一战让欧洲乃至全世界各国损失惨重，所以战后要求维护和平的呼声很高，这也造成二战前绥靖主义的盛行。

1917年　1918年

09 战时的美国妇女

关键词:妇女 劳动

由于美国快速动员了大量青年男子参军并开赴欧洲战场，所以国内的劳动力变得十分短缺，女人们只能代替男人做一些重体力的工作。她们在这些岗位上的表现丝毫也不逊色于男人。她们的劳动有力地维持了美国在开战期间的国内生产，与此同时，她们的政治地位也得到了提高。

政治	女权主义者进一步为妇女争取到了选举权 A
农业	妇女们下地干农活 B C
工业	妇女们承担了制造军工 D

A 争取选举权的妇女

图为美国西部地区的城市妇女进行游行活动，抗议西部边疆州剥夺她们的选举权。她们认为，东部各州的妇女都被给予了选举权，那么西部州份的妇女也应享有同等的权利。

B 女大学生下地劳动

图为美国女大学生们在田间地头干完农活之后的休闲。她们手拿耙子和锄头，坐在长凳上彼此正愉悦地交谈着什么。

C 修补军装

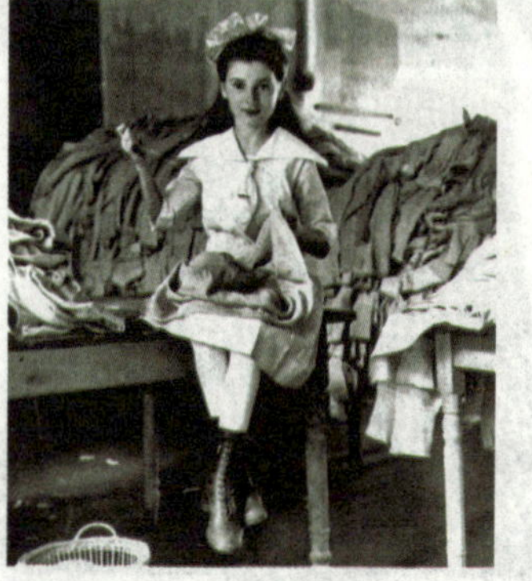

照片上的年轻女子正为前线士兵修补军装。

D 妇女制造军工

图为美国妇女们正在编织一架波音战斗机外框上的帆布。她们齐心合力，有效地支持了战争。

1919年

10 巴黎和会与《凡尔赛和约》

关键词:巴黎和会 《凡尔赛和约》

1919 年，美国、英国、法国和意大利的四国首脑齐聚巴黎，他们主导了战后的世界新秩序。会后诞生的《凡尔赛和约》严惩了德国和奥匈帝国，然而这个条约十分不健全，使得战后的世界依然充满危机。威尔逊总统在会上提出了包括建立国际联盟的“十四点决议”，但美国参议院却给予否决，所以美国没有加入国联，国联一直被英法等大国操纵。

时间	事件
1918年1月	威尔逊总统提出“十四点计划”的和平方案
1919年1月	威尔逊参加巴黎和会 A
1919年1月—4月	威尔逊提出的门户开放政策通过，其他协约国都得到了战败国的殖民地或领土 B
1919年4月	《国际联盟盟约》通过，国联建立 C
1919年5月—6月	1 战胜国商议如何对付新生的苏俄政府 2 由于英、法、美三国支持将德国在中国山东的特权转移给日本，中国代表拒绝在和约上签字

A 巴黎和会三巨头

图为英国首相大卫·劳埃德·乔治、法国总理乔治斯·克里蒙梭和美国总统伍德罗·威尔逊，他们号称是巴黎和会三巨头。他们是一战结束后巴黎和会的操纵者，并主导了战后世界新秩序。

B 观看巴黎和会

图为盟军官员在巴黎和会凡尔赛宫的镜厅踩着桌子、椅子和沙发，透过玻璃窗观看会议厅里的情况，他们希望知道会议到底会给世界带来什么样的命运。事实上，巴黎和会以及会上制定的《凡尔赛和约》只是严惩了战败国，而包括中国、越南等在内的饱受帝国主义欺凌的国家却并未得到公正的待遇。

C 美国退出国联

图为暗示美国加入国联之后的麻烦的宣传漫画。美国国会在得知《国际联盟盟约》获得通过后，决议拒绝加入国联，因为它违背了美国一贯奉行的孤立主义，而且国联还会像漫画中那样，播撒下更多战争的种子和麻烦。

1920年·1941年

美国在第一次世界大战结束后，俨然成为世界性大国。但是在1929年，一场空前规模的经济危机从美国华尔街爆发，迅速蔓延至全球。在困境之中，罗斯福上台，采用了一系列强硬的措施，使得美国经济状况好转。图为1936年华盛顿一家公司忙碌的场景。欧战爆发后，英、法等协约国向美国订购了大量战争物资，进一步刺激了美国经济的发展。

第十二章

大挫折：经济繁荣与大萧条

1921年 1933年

01 回归保守政治

关键词:哈丁 柯立芝 胡佛

1921 年—1933 年这段时间，共和党的三任总统控制了国会，他们是哈丁、柯立芝和胡佛。这三位共和党人都对进步主义运动中的集体主义表示怀疑。此外，共和党人还怀疑政府干预的观点，反对进步主义运动的要求联邦捍卫公共利益而反对私人利益。这三位总统促进了个人主义、最小政府主义和地方分权。

外交	哈丁总统召开华盛顿会议 A
政治	1 哈丁让政府不过多干预社会问题 2 哈丁与柯立芝总统都习惯将权力分配给下属 B 3 重视国内外情报与间谍活动 C D E F G 4 政府强调禁酒，打击非法酒饮品 5 胡佛出版其著作《美国的个人主义》H
经济	一跃成为世界经济实力最强的国家 I J K
商业	胡佛促进“联合主义”，让政府协助企业拓展商机
军事	维护在太平洋的利益和限制海军军备

A 哈丁总统

图为哈丁总统照片。他在任的三年，策划并组织召开了华盛顿会议以缓解列强间的矛盾。会议上，各国签署了一系列条约旨在限制海军规模和划分在太平洋上的势力范围。在国内，哈丁将政府权力下放，体现了最小政府主义的理念。

B 柯立芝总统

图为柯立芝总统。他继承了哈丁的最小政府主义，积极拓展美国的商业利益，鼓励公民多为国家作贡献，让国家保持了经济和社会的繁荣。

C 约翰·埃德加·胡佛

图为约翰·埃德加·胡佛，他在1924年被任命为美国联邦调查局局长。胡佛担任了48年的局长，他在位期间，联邦调查局收集政治领袖的秘密档案，威胁他们，以至于无一任总统敢撤换他。

G 逮捕纳粹党人

图为被联邦调查局逮捕的纳粹嫌疑犯。纳粹是20世纪30年代德国狂热的带有侵略和反人类性质的政党，其领袖是后来发动第二次世界大战臭名昭著的德国元首希特勒。

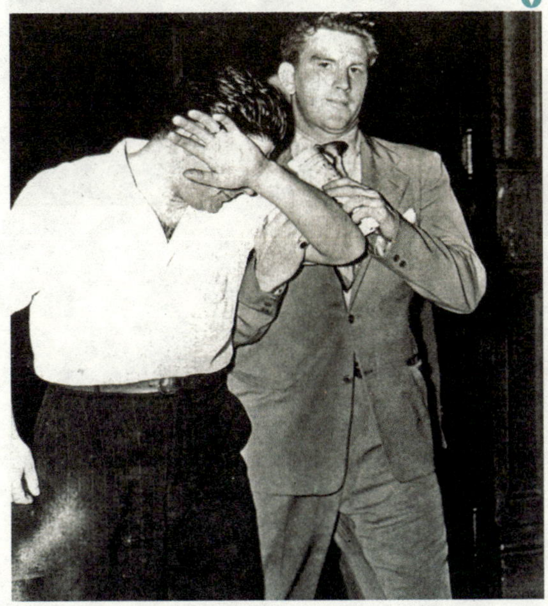

D 鉴定师

图为1935年拍摄的图片，这些人都是联邦调查局的专业分析师。他们会迅速及时地甄别调查结果，得出结论，然后通知相关部门迅速处理。

E 联邦调查局

美国联邦调查局，简称FBI，早在1908年即宣告成立。开始时，其职责主要是维护国家安全，打击违反法律的犯罪行为而已。但在一战结束后，联邦调查局开始着力调查国外情报和从事间谍活动，确保国内稳定。在一般美国公民心目中，联邦调查局的形象是正面的，是打击危害国家安全的最有力的保障机构。但联邦调查局同时也是法律破坏者，它总是借口为保障国家安全而肆意侵犯公民隐私，一旦有风吹草动，调查局的探员就搅得国民人心惶惶，丝毫无安全感可言。

F 毒品调查

图为一个毒品侦探正在纽约警察署的毒品调查局为收集来的毒品和毒品吸食器撰写调查报告。和联邦调查局一样，这种管理危害人类健康的毒品的机构已拥有足够的权限，为总统和行政机构减少了不少的压力。

H 胡佛

图为赫伯特·胡佛，他在一战期间曾领导食品管理局，在哈丁与柯立芝当政期间任商务部长。在出任总统期间，他促进联合主义，公司和企业增加了更多的商机。同时他注重个人主义，认为个人的才华才是国家强盛的根本。

I 《从格林威治村看城市》

图为约翰·斯洛安在1922年的作品《从格林威治村看城市》，它描绘的是20世纪20年代的纽约曼哈顿的魅力夜景。画家用冷暖不同的色彩勾勒出城市的大厦、列车以及流光溢彩的霓虹灯，它们凸显了这一时期社会的繁荣。

J 一战期间美国的债务国

1928年，美国签订《凯洛格-白里安条约》，要求协约国偿还战争债务。图为1920年欠下美国战争债务的欧洲各国及所欠款数目。一战期间，先后有19个欧洲国家得到了美国的经济援助，而除芬兰以外，其他所有国家都未还清债务，美国成了世界上最大的债权国。

K 向欧洲提供食物救济

胡佛总统当政期间，他主持策划向欧洲提供大量粮食以缓解欧洲战后的食物短缺的局面，这一做法取得了良好的效果。图为美国提供的救济物资正在验收入仓。

20世纪20年代

02 异彩纷呈的20年代社会生活

关键词:棒球 火箭 好莱坞

一战结束后的美国迎来了经济繁荣、文化兴旺的又一个高峰。许多种娱乐方式迅速推广，丰富了人们的业余生活，许多家庭开始有了私家汽车。科技和教育的进步让美国国力迅速增强，此外，民权运动仍在持续，人们的思想观念更加开放。

城市建设	城市出现了摩天大楼 A
娱乐活动	1 高空走钢索表演轰动全美 B 2 电影成为国民文化生活的一部分，出现了许多观众喜爱的表演艺术家和作品 C D E F G H I J K L M N O P Q
禁酒运动	禁酒法案被迅速推广 R
体育	体坛赛事受到国民的广泛关注 S T U
科技	开始研制火箭 V
其他文艺	歌曲、音乐舞蹈剧一派生机 W X
民权	女性争取和男性平权，反对歧视，要求平等 Y

A 摩天大楼

在纽约曼哈顿的第三大街有许多超高层的摩天大楼。它们都是建筑工程师心血的结晶。主要作品有洛克菲勒中心、每日电讯报社大厦、希尔大厦等。

C 20世纪30年代前美国电影的发展历程

1834年	美国人霍尔纳的“活动视盘”试验成功
1889年	爱迪生发明了电影留影机
1922年	洛杉矶好莱坞剧场建成
20世纪20—30年代	涌现出大量电影明星；电影成为娱乐业的先锋

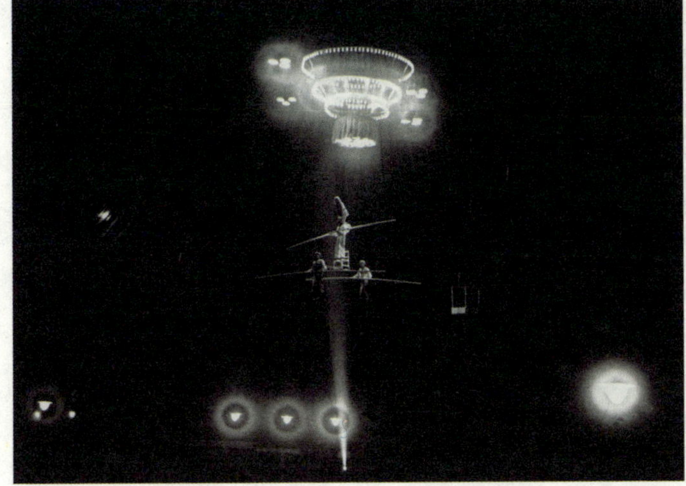

B 瓦伦达高空走钢丝表演

图为1931年瓦伦达高空走钢索表演现场。瓦伦达是美国一位著名的高空走钢索的表演者，他的卓越表演曾赢得全美民众的喝彩，但在最后一次表演过程中，不幸出现事故，他摔死在表演现场。虽然这项杂技表演极具危险性，但它在20年代却是美国人业余文化生活中的精彩一幕。

D 好莱坞剧场

图为建于1922年的洛杉矶好莱坞圆形剧场，它是一个建在山腰上的大型综合娱乐场所，可以用做音乐会、歌剧、电影和童话剧的表演场所，同时还提供宗教服务，适合于所有的教派和信仰。图为拍摄于1938年的好莱坞复活节的日出服务演出活动。

F 亨利·华纳

图为好莱坞电影业最杰出的华纳兄弟之一亨利·华纳。在20—30年代，华纳兄弟一起生产了一系列叫座的古装片和有关社会议题的影片。1918年，他们联合成立了华纳兄弟电影制片厂，并一直发展至今，成为全美最著名的电影公司之一。

E 从空中鸟瞰好莱坞

图为好莱坞全景照，从整体上看，它就像一个巨大的倒扣着的陶罐。好莱坞发展到今天成为了全球时尚的中心，拥有着世界顶级的娱乐产业和奢侈品牌。梦工厂、迪斯尼、20世纪福克斯、哥伦比亚公司、索尼公司、环球公司、华纳兄弟等世界知名电影巨头，以及顶级唱片公司都云集于此。

G 奥斯卡电影金像奖

奥斯卡金像奖是世界上最早，影响力也最大的电影奖。1927年5月，美国电影艺术与科学院为推动电影艺术的发展，决定对其有成就者颁发奖励。这个奖项由米高梅公司美工师塞德里克·吉本斯设计，青年艺术家乔治·斯坦利按设计图样塑成铜像。这尊铜像造型为一健壮男子手握长剑，站在一盘电影胶片上。由于其表面镀金，所以叫金像奖。当时这个奖为电影艺术与科学院的年度奖，简称“学院奖”。

H 好莱坞电影首映

时间定格在20世纪30年代末，席卷全美的经济大萧条慢慢减弱，国家经济开始复苏。图为好莱坞华纳兄弟出产的电影在威尔希尔大道上举行首演的场面。这天晚上，人头攒动，好莱坞电影迎来了一段崭新的黄金时代。此时的好莱坞电影价格便宜，技术正在迅速提升，而且众星云集，可谓独占美国娱乐业的鳌头。

I 弗朗西斯·泽维尔·布什曼

图为好莱坞20年代著名男影星弗朗西斯·泽维尔·布什曼。他是男影星当中最为强健的肌肉美男，照片为西蒙的电影剧照，他在饰演一个英雄角色，好莱坞最盛产这种带有观众梦想的电影英雄。20世纪20—30年代的电影产业是带动美国整个娱乐业的龙头产业。

J 玛丽·皮克福德

图为女影星玛丽·皮克福德。皮克福德是当时人们心目中最出色的女电影明星之一，堪称女影星的楷模。她长相甜美可人，气质温柔可亲，演技自然流畅，深受观众特别是男性观众的喜爱，号称“全美情人”，随着好莱坞电影输出的加速，她也被全世界影迷所喜爱。

K 特殊的影星

好莱坞中还有一群特殊的影星，图为影星名犬芮茜茜正在让工作人员为它梳理毛发。它在电影中是第一个拯救儿童、抓捕盗贼和追踪亡命徒的英雄犬，共拍摄了七部电影，后来在电视节目中又频频上镜。

L 喜剧大师卓别林

在20年代和30年代的美国电影界，出现了一位个性十足、诙谐幽默的喜剧演员卓别林。1918年，他成立了自己的制片厂。他曾成功塑造了夏尔洛等舞台形象，一举成名。他的影片不仅会让人捧腹大笑，更有针砭时弊的讽刺，在令观众啼笑之余发人深省。卓别林享誉全世界，他几乎影响了整个20世纪的电影界，成为世界顶级喜剧艺术大师。

M 查理·卓别林

已经是世界超级滑稽电影明星的卓别林在20世纪20年代迎来了他的黄金时期，这是他在1925年拍摄的电影《淘金热潮》里面表演吃的片段，他的动作惟妙惟肖，而他的这个形象也成为了人们印象中最经典的瞬间。

N 大场面的镜头拍摄

除了电影演员优秀表演之外，电影硬件设施也至关重要。服装、设备、灯光和摄影技术在好莱坞都是一流的。在拍摄南北战争中的邦联军队受伤的士兵们几乎覆盖了整个亚特兰大市中心的镜头被制作得十分壮观，取得了令人满意的效果。

O 好莱坞电影《十诫》

20世纪初，美国电影呈现出突飞猛进的发展。塞西尔·布朗特·德米勒和同事山姆·高德温一起建立帕瑞蒙特工作室，在他们出产的电影里，充满了宗教与性，暴力与道德，图为1923年制作的电影《十诫》中的片段。这是圣经中的一个故事。

P《OZ国历险记》剧照

图为电影《OZ国历险记》的剧照，《OZ国历险记》又名《绿野仙踪》，是根据美国儿童文学作家弗兰克·鲍姆的同名小说改编的。该片讲述一个美妙的童话历险故事，主人公是剧照中的小姑娘多萝茜，站在她右边的是一个没有心脏的铁皮人。

Q 巴斯特·基顿

在无声电影时代，唯一能与查理·卓别林平分秋色的演员是巴斯特·基顿。图为基顿在1924年制作的电影《少年夏洛克》中饰演的一位十分业余的侦探的剧照。他平时不苟言笑的面庞使他成为另类幽默形式的喜剧大师。

S 贝比·鲁斯与总统握手

图为1930年美国棒球明星贝比·鲁斯与总统沃伦·哈丁握手。1921年1月，波士顿红袜队将他以125,000美元卖给了纽约扬基队，转会的薪水是20,000美元。这位超级巨星拿过七次世界大赛冠军，是美国史上最出名的棒球运动员，号称“棒球之神”。

R 禁酒令的推广

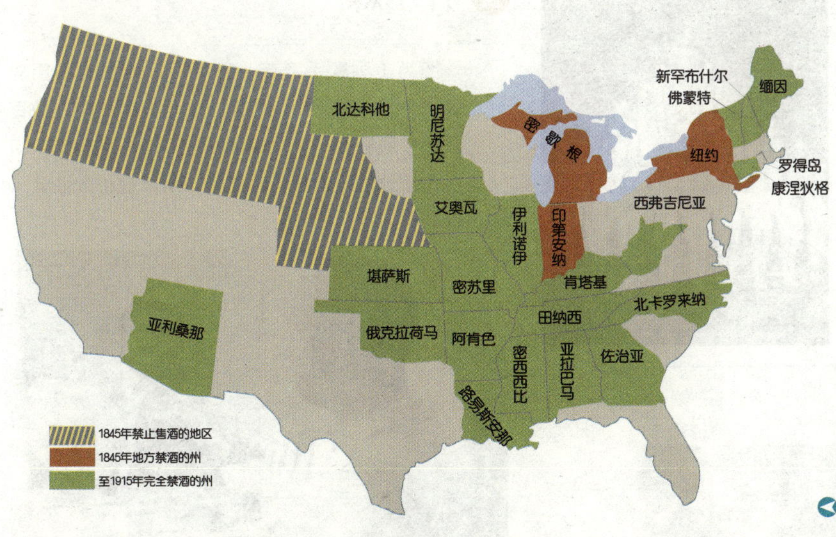

一战结束后，为了净化社会风气，1919年1月，更为严格的禁酒政策得以颁布，图为1920年美国实施禁酒令的州，从图上的分布来看，禁酒地区占了绝大部分。不过美国这次的禁酒政策并不成功，引发了黑社会控制地下酒馆等一系列社会问题。1933年，运动以失败结束。

T 棒球运动

棒球又称垒球，它诞生自19世纪的美国，是一种当时新潮时尚的体育球类运动项目，经过了数十年的发展，到20世纪20年代，它已经成为美国国民十分热爱的游戏项目。1871年美国成立了“全国职业棒球运动员组织”；1876年该组织改名为“全国棒球联合会”。1910年，总统威廉姆·霍华德·塔夫脱正式批准棒球为美国的“国球”。

U 高尔夫球星博比

图为全美高尔夫球星博比·琼斯。19世纪，高尔夫运动从欧洲传入美国。1922年，美国与英国首次举行国际高尔夫球对抗赛。琼斯在1923年、1926年和1930年三次赢得美国公开赛冠军。在英国，他也多次取得冠军，是20世纪20年代美国最优秀的高尔夫球员。

V 火箭发射架

美国的火箭先驱罗伯特·H·戈达德博士在1920年就着手于火箭升空的实验，图为工人们正在检查一个用来实验的火箭发射架。这一时期美国科技发展迅速，美国科学院从1920年开始对产业界的研究实验进行有组织、有计划的推广，引导美国科技发展的方向及其在产业上的运用。

W 大腿舞

在娱乐界，除了好莱坞电影外，20世纪30年代的美国纽约还出现了一个集音乐、电影、舞台剧于一身的娱乐场所——无线电城音乐厅。它也是演艺界人士的殿堂和观众的乐园。图为无线电音乐厅著名的火箭女郎正在表演华丽整齐的大腿舞。

X 乔尔森

图为美国歌手阿萨·乔尔森，他是美国历史上第一个黑人歌手。他在第一次世界大战前在数百名歌手中脱颖而出，之后活跃在百老汇和爵士乐坛中。由于他的嗓音极具穿透力，所以他的歌曲让人沉浸其中。

Y 妇女选举

妇女选举权运动在20世纪初取得了重大成果，众议院于1918年1月通过了宪法修正案第十九条，赋予女性完全选举权，参议院1919年6月通过修正案，1920年8月，修正案正式生效。图为修正案生效后，妇女首次排队参加选举。

1922年 1929年

03 从复兴到起飞的20年代经济

关键词:汽车 可口可乐 收音机

联邦政府为第一次世界大战支出了330亿美元，战后，美国产品的海外需求量大幅下降，直接导致1920年—1921年的经济萎靡，但是到了1922年，美国经济开始呈现复苏态势，之后开始了高速增长，由于这一时期出现在柯立芝任总统期，所以这一繁荣被称为“柯立芝繁荣”。美国的国民生产总值1920年为862亿美元，到1929年增至1044亿美元。

家庭生活变化	电气化产品普及，收音机、电冰箱、洗衣机等产品在家庭中被广泛使用，全美的发电量从1909年到1929年增长了19倍 A
	以可口可乐为代表的快速消费品出现，大受欢迎 B
	生活质量提高，卫生医疗水平提高，人的平均寿命增加，教育事业也有所发展，更多人能进入大学阶段的学习
	和之前相比，美国更加追求新的奢侈品，更热爱消费 C
汽车王国诞生	汽车工业的发展使得汽车从一开始身份的象征变成真正意义上的交通工具
	汽车工业的发展带动了钢铁、石油、公路等行业的全面发展
	福特、克莱斯勒、通用三大公司几乎垄断了全美汽车市场 D E F
居民生活方式变化	高层城市公寓越来越多，商业区摩天大楼出现，使得商业企业分布更加集中 G
	广告业飞速发展，形成一种新的商业文化
工业整体发展状况	工业企业职工平均上班时间从12小时减少至8小时
	制造业飞速发展 H
农业方面的发展	规模化、机械化趋势更加明显，农业产业带明朗化 I

A 20年代的美国人家

图为一个20世纪20年代的美国人家。这个时期的中产阶级家庭已经开始用上了电，家用电器开始越来越多地进入普通人家，成为被普及的日常消费品。图上一个手拿烟斗的男子靠在沙发上，他扭过头，似乎在悠闲地收听收音机广播。

B 可口可乐的普及

图为一些美国绅士和小姐们正在餐厅愉快地品饮可口可乐。这种新型软饮料在20年代的美国十分受欢迎。可口可乐公司始创于1892年，20年代，瓶装可乐上市并风靡全美。1928年，可口可乐进入中国市场，可口可乐至今仍是全球销量第一的碳酸饮料品牌。

C 手表

和美国刚独立时的情况不同，20世纪20年代的美国人认为，节俭有害于社会，消费才是美德。奢侈的生活和对金钱的追求成为了美国人的生活理想。图中是瑞士产的手工手表，这类奢侈品在美国广受欢迎，分期付款这种消费方式受到追捧。

D 福特公司仓库

1900年，美国汽车年产量为4000辆，1929年，这一数字达到了480万辆。汽车迅速在美国家庭中普及，图中福特公司的仓库中装满了t形车，这种车型就将消费对象定位于普通百姓。1908年，它推出市场时的价格为同类型其他车的三分之二，迅速占领了市场。

E 凯迪拉克汽车

图为底特律凯迪拉克汽车公司的销售广告贴画。这是一种豪华型的贵族轿车。1902年，凯迪拉克汽车公司在底特律成立，到20年代中期，曾经成为很多追求时尚生活的有钱一族所追捧的奢侈品之一。时至今日，凯迪拉克汽车不断翻新，始终是引领汽车行业的佼佼者。

F 流水线生产

图为福特汽车公司1928年在底特律建立的汽车流水线生产车间，流水线生产的管理模式让汽车产量猛增至每年数百万辆。汽车工业的发展影响了整个美国社会，1928年，汽车工业的生产工人数为375,000人，相关从业人员达3,700,000人。

G 纽约帝国大厦

图为20世纪20年代末纽约第五大道上的帝国大厦。这座足有410米高的摩天大楼周边已经布满建筑群，使纽约这座现代化城市更加宏伟和富有生机，也是美国东部城市经济高速发展的写照。

H 发展至1920年的美国工业

自第一条北美大陆铁路竣工以后，伴随着在美国发现了大量煤矿、铁矿、石油、木材、金矿和银矿，美国工业也在拥有充足原料的基础上发展起来。一系列的发明创造也陆续被批量地工业化生产：电灯、电话、汽车，甚至冲锋枪等都开始批量生产，一时间，美国成为了物质文化最发达的国家之一。图中显示美国几乎全境都有各种地下矿藏或制造企业。

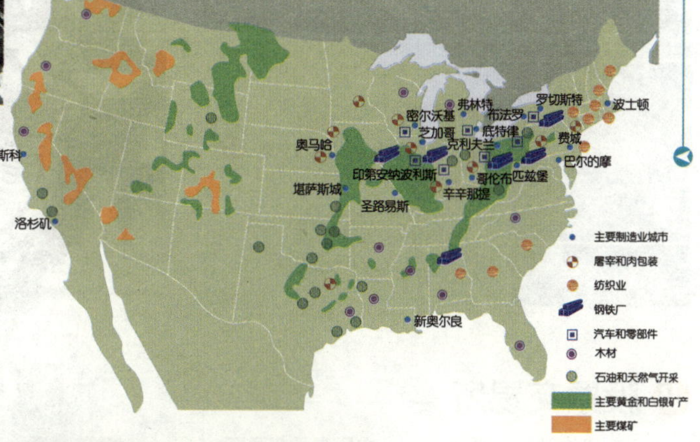

I 战后的美国农业

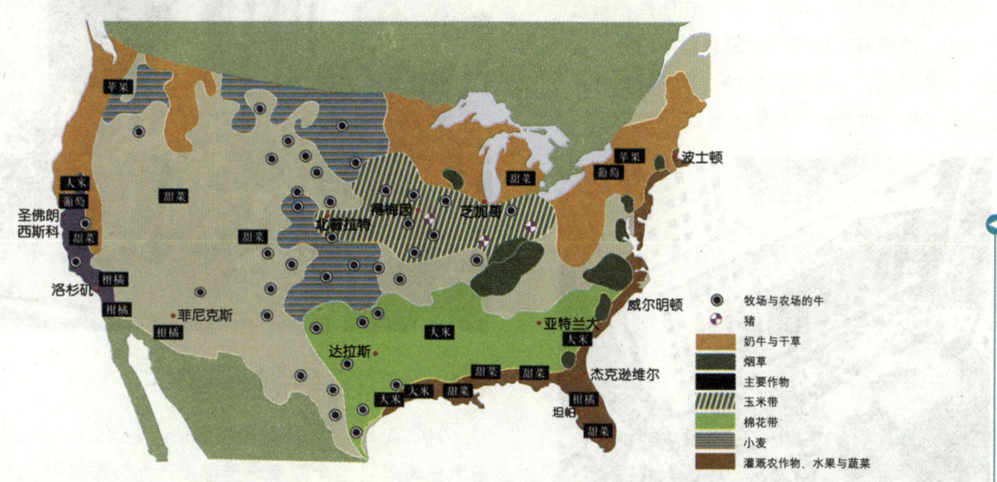

图为美国农副业经济带在1920年的分布情况。这个时候的美国农场数量是1860年的三倍，可灌溉的肥美之田也翻了四番。尤其是在加利福尼亚州，继淘金热之后，农业成了该州经济收入的主要来源。虽然农业完全机械化，但仍有一个问题，即城市需求的增加量要比农产品增加量还高，所以美国农业依然存在问题。

1929年　　1933年

04 史无前例的经济大萧条

关键词:经济大萧条

1928 年春天，纽约的股票证券交易所股价就开始高涨，临近美国总统大选，选举活动更使股票直线上升，到 1929 年上半年，居高不下的股价引得无数投资者将自己所有积蓄都投入到股市中。10 月，股价突然暴跌，几个星期之内，股市四成资金蒸发，无数人破产自杀，经济大萧条时期开始了。

1929年	胡佛当选为新一任美国总统 A
1929年下半年	美国及世界陷入经济大萧条的恐慌中 B C D E F G
1931年	爆发了国际金融危机
1932年	1 共和党再次提名胡佛 2 退伍军人到白宫请愿 H I J K
1933年	股市下跌到最低，胡佛下台

A 赫伯特·胡佛的总统就职演说

图为1929年3月4日，在华盛顿召开的总统就职演说现场，图上正在演讲的就是赫伯特·胡佛。当他成功当选后仅仅过了5个月，可怕的经济大萧条就到来了。

B 股票交易所

图为纽约股票交易所门前。在照片拍摄之后的一周，美国股市迎来了“黑色星期四”。当天股市一片混乱，人们不管价格，只要能抛售就马上抛。当天，收盘时，交易量接近1300万股。

C 华尔街金融暴动

1929年，连续8年的经济增长让美国人信心十足，他们把大量资产甚至全部家产全都投入到股市当中。下半年，华尔街的股票开始一路暴跌，导致股市全面崩盘。图为10月24日股票下跌后，恐慌的人群涌向华尔街的景象。股市暴跌后接踵而来的是大萧条。

D 熊市

图为洛林·科比在1919年的讽刺漫画。它形象地描绘了疯狂的投资者在华尔街紧紧追随着飞奔的“熊”将大把金钱投进去的丑态。股市的疯狂让两旁的商务大楼也七扭八歪。这幅画出版仅仅三周后，华尔街股市就崩盘了。

E 低价出售名牌汽车

图为在经济大萧条时期一个原本富裕的美国人不但家产瞬息蒸发，而且还欠下大笔债务，这是他在无奈之下卖掉自己一辆时髦的汽车，图上明码标价仅仅100美元。这个价格只是他在购买该车时的零头。

F 1929经济大萧条的原因及后果

购买力下降	越来越多的人买不起消费品
生产过剩	由于购买力的下降，导致产品积货量增大
失业率升高	因无需生产大量产品而导致工人失业
对外贸易减少	因欧洲国家偿还不起战争债务，所以减少了采购美国商品量
股民大肆投资股票交易	人们疯狂投资股票市场，导致股数剧烈膨胀，而政府没有任何监管措施

G 大萧条时期的暴动骚乱

由于股市的崩盘，美国社会生产力大幅度下降，大批工人失业，这就导致了社会极大的混乱。图为1930年美国纽约爆发的严重暴力事件，警察正在驱赶混乱的人群，失业者由于没有任何收入来源而只能铤而走险，这又使国内犯罪率明显升高。

H 退伍军人到白宫请愿

1932年夏，美国参加一战的退伍老兵携家人共约20,000人聚集在白宫前，他们恳求政府能兑现付给他们退役费的承诺。图为这些老兵及其家属夜晚在白宫门前的草坪上扎营，他们在这里打算长期驻扎，以引起政府的重视。这时候，美国参议院开始讨论这些军人的退役费要求。

I 退伍军人被捕

前来讨要退役费的大批退役兵聚集在华盛顿，令胡佛政府十分恼火。7月28日，胡佛命令陆军参谋长麦克阿瑟带领4连骑兵、4连步兵、1个机枪队、6辆坦克和5000枚瓦斯弹前去驱赶退伍兵。退伍兵营地被烧，100余人死伤，余者被迫流浪。图为警方逮捕退伍兵。

J 经济大萧条的受害者

连续4年的经济萧条，让美国各大城市的人民几乎都陷入难以为继的境地。城市中出现了越来越多的拾荒者。与此同时，犯罪率不断升高。大批失业者在长期找不到工作的情况下，被迫到处乞讨或者去犯罪。1932年6月，2万一战老兵聚集在白宫门前，要求政府偿付他们的退伍金，然而胡佛政府错误认为他们是罪犯和无赖组成的队伍干扰政府正常工作，竟然派出警察甚至坦克来驱散人群。

K 退伍军人暴动

当参议院依照法规拒绝付给退伍军人津贴时，2000余名退伍老兵冲到国会大厦门前表示严重抗议。图为当时人群在国会大厦前示威的混乱景象。面对这样的景象，对危机无能为力的政府开枪以驱散抗议者。

1933年 1935年

05 第一次罗斯福新政

关键词:百日新政

1933 年，胡佛总统下台后，新总统罗斯福上任，罗斯福在竞选时就表示，在他的任期内，一定要将美国经济从大萧条的阴影中拯救出来。他聘请了很多经济专家研究对策，1933 年，推出了第一个“新政”，在改善失业救济、实施一系列宏大的工程项目拉动内需、解决工农业问题以及“更平等地分配财富和产品”的同时，通过国家行为干预和监管银行的运转。

1932年	罗斯福赢得总统大选，次年上任 A B
1933年	上台后的罗斯福开始实施新政 C D E F I K
1934年	加州低收入工人举行大罢工 J
1935年	政府为拉动内需而设计的胡佛大坝完工 G H

A 富兰克林·罗斯福

图为富兰克林·罗斯福照片。1932年的总统大选中，罗斯福战胜胡佛。罗斯福上台后，为解决经济已经趋于崩溃的局面，先后实行了两次全新的改善经济措施，史称“罗斯福新政”。在他的正确调整下，国家经济终于又走向了正轨，大萧条逐渐过去。

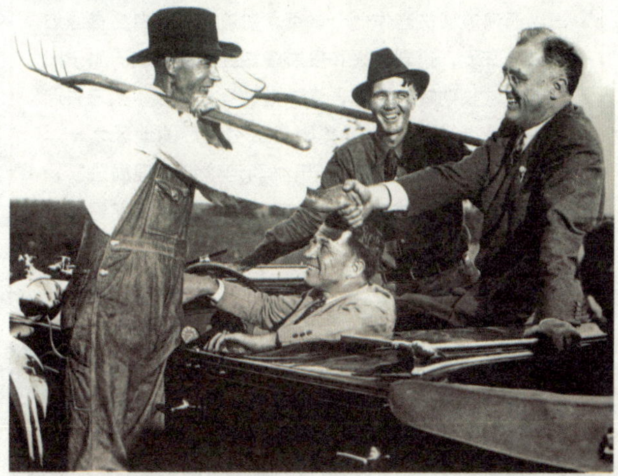

B 罗斯福会见佐治亚州农民

由于胡佛采取的政策不力，导致城市失业人口急剧增加，人们的温饱问题都无法得到保障。为改变这种不利局面，富兰克林·罗斯福在竞选总统的活动中再三申明要扭转经济颓势。图为罗斯福作大选宣传时与当地农民握手。

C 访问农场

1933年，上台以后的罗斯福总统开始实行他的新政，他向国民承诺，要降低失业率，提高人均收入，罗斯福上任后就开始着手调控经济。图为1936年8月，罗斯福访问北达科他州的曼丹农场。

D 赶往工作营地

在1933年的新政的推行下，国家建立了很多工作营地。如照片上所捕捉的画面，这些年轻人喜笑颜开地背着厚重的麻袋赶往工作营地。罗斯福实行国家干预经济的策略，由政府出资，增加工作岗位，安排就业。

E 30年代的农村

图为1935年亚拉巴马州一个普通的种植棉花的佃农家庭，很显然，这一家人虽然受到经济大萧条的冲击，十分贫困，但明显最困难的时刻已经过去，当时的经济形势已开始好转，建设公共设施，救济农业等措施的实施，不仅促进了经济复苏，也改善了社会环境。

F 田纳西河流域管理局

为扩大内需，罗斯福的“百日新政”积极开展公共基础设施建设，推动了美国历史上大规模的流域开发。田纳西河流域被当作一个试点，对流域内的自然资源进行综合开发，达到振兴和发展区域经济的目的。由于田纳西流域长期缺乏治理，森林遭破坏，造成水土流失严重，洪水为患，是当时美国最贫穷落后的地区之一。1933年美国国会通过了“田纳西河流域管理局法”，成立田纳西河流域管理局。其规划内容是解决航运和防洪问题，同时发展水电，为流域工农业的迅速发展奠定了基础。

G 胡佛大坝落成

1935年，胡佛大坝正式完工。它被重新取名为博尔德大坝，在1947年，它又恢复胡佛大坝的正式名称。这是个巨大的成就。峡谷的基岩上修建了通车的隧道，隧道与河流保持了距离。而泄洪道的上面是220米高，体积达165,000立方米的混凝土。这是美国经济大萧条时期的一大创举，更是人类工程史上的奇迹。

H 科罗拉多河

早在1931年就开始动工，在内华达州-亚利桑那州一线动工兴建胡佛大坝，其修建的目的是为了利用科罗拉多河的巨大流量来生产电能以及实施灌溉计划。诸如这些巨大工程既可以造福人类，也为失业者增加了更多工作机会。

I 百日新政

为了重振美国昔日雄风，富兰克林·罗斯福制订了一系列经济复兴的计划。1933年3月9日，罗斯福召开特别会议，商讨将总统的计划制定成法律的问题。"百日新政"的最突出的特点，就是政府干预经济，一切都不像自由资本主义时期那样毫不受约束。新的经济政策尽管"离经叛道"，但是却令美国经济走上正规。百日新政的理论基础为宏观经济学，此后，各主要资本主义国家改变了放任市场的做法，开始更加严格地控制市场。

J 警察与工人

政府虽然正在着力解决日益严重的失业问题，但由于员工工资被大幅度削减，工作时间被延长，工人们为表达自己的不满，采取罢工的形式表示抗议。1934年位于加州圣佛朗西斯科海滨出现了大约有20万工人组成的罢工大军，他们抗议高强度工作与微薄的薪酬。图为当地警察正在尝试控制这次罢工集会。

K 农村电气化管理局

图为1940年科罗拉多州拉什村的农村电气化管理局合作社，这是新政在农村尝试计划经济的产物。美国在1933年通过了《农业调整法》，该法强制限制耕地面积以及生产，它与政府对基本农作物种植者的补贴相结合，目的是提高农产品价格，被国家收回的部分耕地可以从农业调整署那里得到经济回报。

1935年　1938年

06 第二次罗斯福新政

关键词:社会保障法

在新政改革中不断上演党派争论和抨击的同时，1934 年，罗斯福又推出了第二次“新政”改革。1935 年，《社会保障法》出台，这一举动深得民心。获得连任的罗斯福在面对强大的改革阻力时，也显得力不从心了。此时，欧洲局势紧张，美国不得不将一部分注意力转到风起云涌的国际形势上。

第二次新政期间的美国社会	
经济复兴的努力	政府请来专家研究经济复兴措施 A D
工业状况	罢工运动高涨，同时更多人仍在寻求工作机会 B C E F G J
农业状况	农业经济仍在缓慢好转 H I
重大工程建设	国家正在建设田纳西河流域水利工程、旧金山大桥和总统雕塑 K L M
危机的转折	欧洲在此爆发大战，订单的增加更有力地促进美国的经济发展 N

A 罗斯福的智囊团

图为罗斯福带着智囊团的成员雷克斯·塔格威尔于1937年2月在马里兰州的格林柏尔特调研。罗斯福的新政机构下聚集了很多缺少政治经验的教授和律师。塔格威尔就是罗斯福聘来的经济学家，罗斯福借用了他所提倡的平民主义传统和新国家主义理论。

B 静坐罢工

直到30年代末，美国的罢工潮仍然没有得到控制。图为1937年美国通用汽车公司在密歇根州弗林特的车厂员工用静坐方式表示抗议，待加工的汽车就在他们旁边，而他们却坐在沙发上悠闲地读报。这是一系列“静坐罢工”的开端。

C 催泪瓦斯

罢工潮出现的一个重要原因是在于大财团坚持抵抗罗斯福的新政，造成劳资双方矛盾升级。图为1937年6月10日密歇根州的牛顿钢铁公司参加工人纠察队的女工们因为参加罢工活动，而被警察喷射催泪瓦斯。

E 芝加哥罢工暴动

1937年芝加哥共和国钢铁厂发生一次不寻常的罢工暴动，在这次暴动中，有6人死亡，将近100人受重伤。它成为大萧条时期美国最为严重的一起罢工事件。图为当时参加暴动的工人。类似这样的恶性事件一再发生，迫使罗斯福采用了更加强硬的手段来控制局势。

D 社会保障系统

由于罗斯福第一次“百日新政”仍没遏制住萧条的局面，所以罗斯福在1935年6月又实行了“第二次新政”。8月，政府开始执行《社会保障法》，该项法案要求工人和雇主拿出收入的一部分投入公共基金，而政府拿这笔基金作为退休金和其他补助金，这是罗斯福政府为国民的长期福利所做出的有益尝试。美国在罗斯福新政期间实行的这项政策保障了65岁以上退休老人的养老金发放。

F 军队保护工人

图为芝加哥共和国钢铁厂的工人在罢工期间得到了荷枪实弹的军队的保护。这是罗斯福政府为缓解劳资矛盾而采取的必要措施。罗斯福的新政使他获得了广大中小资产阶级、市民、农民的支持，他是首位获得黑人支持的民主党总统候选人。1936年总统大选，罗斯福多出第二名1000万张选票，取得压倒性胜利。

G 职介所的长队

照片为1938年1月圣佛朗西斯科的无业者在职业介绍所排起了长队。几年的新政让接近1000万人重获工作，国民收入提高70%。

H 新政时期的佃农

图为南卡罗莱纳州的切斯尼的一个佃农，他正在门口闲坐着，忧郁的眼睛里透出一丝无奈，他不知什么时候还能再被人雇用。照片摄于1937年7月。

J 乔德的一家

图为约翰·福特导演的以经济萧条为历史背景的电影剧照。剧照表现的是乔德一家人将所有的家当都装载在汽车上，准备做一段长途旅行。由于经济严重困难，大多数美国家庭无法在家乡生存，所以只好背井离乡，流浪到远方去寻找新的安家之地或寻找更多的工作机会。

I 收割生菜

图为1935年6月，在加利福尼亚州萨琳娜的农场上，农民们正在砍掉田间的生菜。这些农场位于西部沙漠的绿洲中，是可被利用耕地。由于经济危机的影响，农产品生产“过剩”，许多农产品因卖不出去，都被农民和农场主销毁。

K 田纳西河流域的工程建设

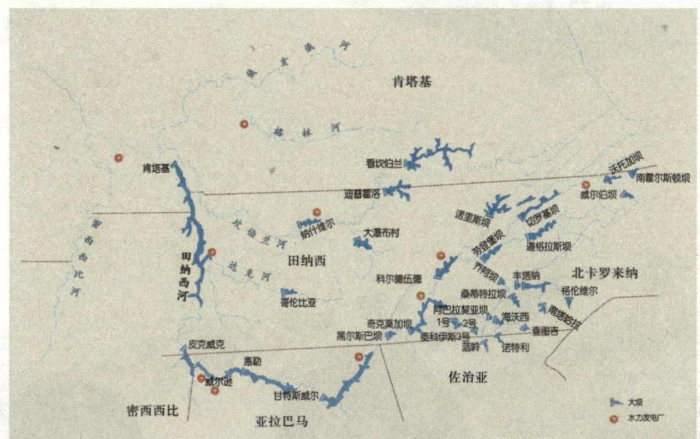

图为田纳西河流域管理局在大萧条时期所修建的工程分布情况。该局管辖的范围涉及美国东南部的六个州，由国会和总统授权，在此区域内修建了大坝、水库和水力发电站。这些水利工程将原本洪水泛滥成灾的田纳西盆地一下子改造成资源利用率极高的富庶丰饶之地。

L 金门大桥

罗斯福政府一面解决失业和罢工问题，一面又继续启动国家大型工程建设以拉动内需，带动相关产业恢复运营。开通于1937年5月27日的圣佛朗西斯科金门大桥，设计和修建历时四年，全长1375米，是世界上最长的大桥。图为正在建设当中的金门大桥。

M 总统雕塑

伯格勒姆是一名雕塑家，他相信美利坚艺术应该跟上与时俱进的美国精神，并以纪念碑的形式来体现这种精神。所以从1927年开始，他在南达科他州修建了拉什莫尔山国家纪念碑，它是以美国历史上的四位著名总统的头像为原型设计建造，从图中由左往右依次是华盛顿、杰斐逊、罗斯福和林肯。雕塑于1941年完成，1942年向公众开放。

N 德国闪击波兰的号外

1939年9月1日，德国闪击波兰，法国、英国陆续向德国宣战。第二次世界大战全面爆发。图为刊载了德国入侵波兰消息的号外的报纸被美国人哄抢的景象。第二次世界大战爆发，参战国再次向美国下巨额订单，有效地刺激了美国经济的发展。

1941年·1945年

1941年12月7日，美国设在太平洋珍珠港的海军基地遭到日本飞机的偷袭，随后，美国参战，第二次世界大战全面爆发，直至1945年方结束。先后有61个国家和地区、20亿以上的人口被卷入战争，其中美国有超过40万军人葬身战场。图为幸存美军在参加一次悼念活动中向阵亡者墓碑上摆放花圈。

向轴心国宣战：反法西斯斗争的胜利

第十三章

1931年 1937年

01 孤立主义的外交情绪

关键词:孤立主义 《中立法案》

1931 年，日本挑起九一八事变，侵占了中国东北，并炮制了满洲国。除了国际联盟的一项谴责决议，美国及其他国家没有采取任何行动上的干预。随后的意大利入侵埃塞俄比亚，西班牙内战，面对德、意法西斯疯狂的入侵和扩张行为，美国出口商仍提供给侵略者战争物资。《中立法案》推出后，美国仅仅是不再向交战双方提供军火，而并没有采取其他任何行动。

大战前的孤立主义	
1931年	日本侵占中国东北，开始挑起事端，却未受到制裁
1933年	日本退出了国联，占领了中国热河，进一步加紧侵略
1935年	美国国会通过《中立法案》，禁止向交战国提供军火。但意大利入侵埃塞俄比亚，美国出口商却照旧向意大利输送石油
1936年	1 国会修订了《中立法案》，通过禁止给交战双方提供贷款的决议 2 西班牙内战，美国禁运武器 A 3 德国重新占领莱茵兰 B
1937年	罗斯福谴责日本全面侵华

A 佛朗哥建立反动政府

图为西班牙叛军头目佛朗哥正高举右手宣誓成立西班牙反动政府。1935年，以佛朗哥为首的叛军，为了推翻共和政府，不惜引来德、意法西斯的援军。各国进步人士组成“国际纵队”，支援西班牙共和政府，但美国唯恐出兵会扩大战事，通过《中立法案》禁止向西班牙输送军火。

B 德军进入莱茵兰

1933年，德国退出国联。1936年，希特勒将军队开进莱茵兰非军事区，而在这时，美国和其他欧洲国家都没有反对的声音。图为德国军队在莱茵兰的街道上，他们受到了当地人民的夹道欢迎。

1938年　1941年

02 对外政策导向的转变

关键词:《大西洋宪章》 石油禁运

1938 年，希特勒悍然出兵吞并了奥地利，侵入捷克斯洛伐克首都布拉格，并占领苏台德地区。1939 年 9 月 1 日，德国闪击波兰。9 月 3 日，英法正式对德国宣战。第二次世界大战全面爆发。而在大西洋彼岸的美国则恪守《中立法案》，不介入任何一方的战争。但随着战局的发展，早已认识到法西斯威胁的罗斯福对轴心国的态度日益强硬。

美国态度的转变

1937年	陈纳德被派往中国帮助中国空军抗击日军
1938年	1 德国宣布吞并奥地利 A 2 德军占领苏台德地区 3 美国国会同意扩大军事开支
1939年	1 美国禁止交战国船只靠近美洲大陆沿海 2 取消1911年美日贸易协定计划
1941年	1《大西洋宪章》起草 B 2 美国禁止将石油运往正在侵华的日本 C

A 希特勒进入维也纳

1938年3月，奥地利被德国合并，英法两国仍没有谴责和抗议德国的意思。9月，德军不费一兵一卒进入捷克斯洛伐克的苏台德地区。图为德国元首希特勒乘坐轿车在奥地利首都维也纳巡查。

C 赫尔签署石油禁令

图为美国国务卿克戴尔·赫尔于1941年7月签署针对日本的石油禁令。为了进一步阻止日本侵华，罗斯福还冻结了日本在美国的资产。这使得日本的石油进口减少了90%，也直接推动了日本攻击美国策略的实施。

B《大西洋宪章》的签署

1941年8月13日，美国总统罗斯福与英国首相丘吉尔在北大西洋的纽芬兰附近阿根廷湾停泊的"威尔士亲王"号军舰上签署了著名的《大西洋宪章》，这是美国走出孤立主义的第一步。图为罗斯福与英国首相丘吉尔在这次会面时所摄，站在他们身后的是英国海军上将欧内斯特和马绍尔将军。

1941年 1942年

03 太平洋战争爆发

关键词:珍珠港事件 大东亚共荣圈 爪哇海海战

1941 年 12 月 7 日，日本对美驻夏威夷的太平洋舰队司令部珍珠港发动突然袭击，美军方面损失惨重。随后，日军迅速出兵占领了整个东南亚地区，并进攻位于太平洋上的美国殖民地，菲律宾、香港、威克岛、中途岛等都被日本进攻。12 月 8 日，美国向日本宣战。11 日，向德意宣战，美国加入二战。

珍珠港事件后日本的侵略扩张	
1941年12月7日	日军飞机偷袭珍珠港 A B C D
1941年12月8日	1 美国对日宣战 E 2 菲律宾遭到日机攻击 F G H 3 威克岛遭日机轰炸并占领
1941年12月11日	关岛被日军攻占
1942年12月25日	香港沦陷 I
1942年1月31日	日军征服整个马来亚 J
1942年2月15日	新加坡沦陷 K
1942年3月8日	日军在爪哇海战役中获胜，荷属东印度被攻陷 L M N
1942年6月9日	菲律宾的美军停止抵抗，日本企图建立大东亚共荣圈 O P Q R

A 日本航母甲板上的欢呼

图为在日本航空母舰甲板上的船员正在欢送将要起飞的日本零式飞机——他们将去完成一项史无前例的军事偷袭任务。12月7日上午7时55分，日本开始袭击珍珠港，日本共动用36艘航母，300多架飞机，分两批进行攻击。

B 珍珠港基地被轰炸

图为珍珠港空军基地遭到轰炸后的情景。机场上到处是被炸毁的飞机，累累的残骸和滚滚的浓烟让站在一旁的美军士兵震惊而不知所措。美军的惠勒机场中兵营和机库都被攻击，完全丧失了反击能力，希甘姆机场的轰炸机同样在起飞前被炸。

C 战舰沉没

图为停泊在港内被击中的"西弗吉尼亚"号、"田纳西"号和"亚利桑那"号战列舰。在这次袭击中，美国有8艘战列舰，3艘驱逐舰和177架飞机被毁，死亡2395人。其中"亚利桑那"号由于锅炉和弹药库爆炸，死亡最为严重，死亡海军的一半都在此船上。

D 被大火吞噬的战舰

图为美军水兵们正在扑灭"加利福尼亚"号上的熊熊烈火。日本袭击珍珠港的目的原本是要彻底摧毁太平洋舰队，为保障南侵东南亚的日军的侧翼安全。但结果却是它将美国团结起来，加入反法西斯阵营，也是后来盟军要求日本无条件投降的原因。

E 罗斯福向轴心国宣战

图为在珍珠港被袭击后的第二天，美国总统罗斯福郑重签署了对日的宣战书。1942年1月1日，美国与苏联、中国、英国等26个国家在华盛顿签署了《联合国家宣言》，组成国际反法西斯同盟，共同抗击德意日轴心国。此时的美国及其盟国真正实现了全面互助，第二次世界大战由此进入了一个崭新的阶段。

F 遭到日军轰炸的马尼拉

珍珠港事件发生后几小时，日军从台湾出动轰炸机对在菲律宾的美国远东空军基地进行袭击，彻底摧毁了美国远东军的制空优势，战火波及东南亚。图为被日本飞机轰炸后的马尼拉街道景象。

G 被破坏的加维特海军基地

在空袭中，位于吕宋岛的加维特海军基地遭到狂轰滥炸，图为加维特海军基地被破坏的景象。这次空袭炸毁了美军停放在克拉克和尼古拉机场的半数飞机，损失惨重。之后当日军展开登陆行动时，这个基地已被美军放弃。

H 美菲联军抗击日军入侵

1941年12月，日军在突然袭击菲律宾时，防御菲律宾的美菲军队在阵地上用高射炮向敌机猛烈还击。图中的美军士兵们举起拳头互相为战友打气，信心十足，但是形势对他们很不利，后来因为遭到连日的围困，孤立无援，他们只好退守巴丹半岛。

I 日军攻入香港

12月12日，日军向香港守军发最后通牒，要求对方投降，在遭到拒绝后日军于18日夜间向香港发动袭击，一周之后，英国驻香港总督杨慕琦率英军投降，香港沦陷。图为日军开进香港时在街道上的游行。

J 伞兵空降

为了尽快掠夺急需的战略物资，日军迫不及待地锁定荷属印度尼西亚的巨港油田。图为日本海军运用空降伞兵部队在苏门答腊岛登陆，这些伞兵最终袭取了巨港油田，为日本轻易地夺取了亚洲最大的石油生产基地。

K 日军攻陷新加坡

山下奉文指挥的日本第25军负责进攻马来西亚和新加坡。1942年1月7日，马来西亚首府吉隆坡沦陷。2月8日，日军渡过柔佛海峡，进攻新加坡。一周以后，英守军司令白西华中将率领10万守军向日军投降。图为驻新加坡的英军向日军投降的场景。

L 爪哇海海战的惨败

图为美国的“帕斯”号和“休斯顿”号巡洋舰在爪哇海万丹湾附近加油时被日军驱逐舰发现，发生激战的场景。由于寡不敌众，“帕斯”号和“休斯顿”号都被日舰的多枚鱼雷击中，最终沉没海底。爪哇海战中、荷、英、美、澳四国联军的军舰被占有绝对海空优势的日军大量击沉击伤，损失惨重。

M 燃烧的油槽

进攻荷属东印度群岛和联军在爪哇海激战的是今村均指挥的日本第16军。1942年2月，日军占领苏门答腊等岛屿，3月1日，日本分东西路在爪哇岛登陆。图为日军占领爪哇岛后，岛上的油槽仍在冒着黑烟，可见战斗之惨烈。12日，荷印总督带领军队向日军投降。

N 日军爪哇海战役及征服荷属东印度

1942年1月11日至2月14日	日军进攻荷属东印度，推进到爪哇岛附近
1942年2月14日	日军空降兵在苏门答腊登陆，准备夺取巨港油田
1942年2月17日	日军占领港口
1942年2月19日	1 日军占领巴厘岛 2 日本航母编队轰炸澳大利亚达尔文港
1942年2月27日至2月28日	日本海军在爪哇海击溃盟国海军
1942年3月1日	日军占领雅加达
1942年3月8日	日军占领泗水
1942年3月12日	日军占领爪哇岛

O 美菲军队投降日军

1942年1月，日军开入菲律宾首府马尼拉。3月，在菲律宾的美军最高将领麦克阿瑟被迫撤离菲律宾。日军又经过1个多月的围困与炮轰，终于逼降了退守巴丹半岛的美菲军队，菲律宾沦陷。图为最后一批抵抗日军的美菲军队在巴丹半岛向日军投降。

P “死亡行军”中的美军战俘

日军占领菲律宾后，严令在巴丹半岛投降的美菲军队在酷热潮湿的天气下行军六十英里，途中被严格限制了饮用水和食物供给，掉队的一律处死或被遗弃。这就是震惊世界的“巴丹死亡行军”。图为“死亡行军”中美军战俘。

Q 大东亚共荣圈的建立

珍珠港事件发生以后，美国与轴心国正式宣战。同时，日本向香港及东南亚的英国、荷兰、美国等国的殖民地以及澳大利亚发起疯狂进攻。很快，由英、荷、美、澳四国组建的ABAD盟军被训练有素的日本陆海空军击溃，日本得以占领整个荷属东印度。紧接着，整个中南半岛、菲律宾、美国控制下的西太平洋诸岛全部纳入了日本帝国的控制之下。一时间，日本人的征服狂潮席卷整个亚太地区。1938年11月，日本政府提出了建立大东亚共荣圈的构想，这些地区被日本占领，自然纳入了此共荣圈。

R 太平洋战争形势

日本在鼎盛时期，占据了南亚、东南亚大部分和一些太平洋上的岛屿。日本由于占领了大片土地，造成了兵力、装备分散，同时国民经济已陷入枯竭之境，所以它的占领政权并不稳固。所以在美军反攻时，尽管日方奋力抵抗，但最终失败。

1942年 1944年

04 燃烧的岛群

关键词:大东亚共荣圈 珊瑚海战役 中途岛海战 瓜达尔卡纳尔岛

当日军正在远东和太平洋地区横行肆虐，梦想构建一个大东亚共荣圈之时，大洋彼岸的美国已经积极行动起来，摆脱孤立主义政策，加速海军建设以恢复其在太平洋上的军事实力。六个月后，美军开始对日军展开反攻，太平洋有史以来最大规模的争夺海洋和群岛的战争开始。此外，这场战争美国及同盟国与日本及其仆从国所动员的兵力和战争所覆盖的范围也是史上空前的。

太平洋拉锯战	
1942年6月前	美国动员全国参战，对日裔美国人采取高压政策 A B C
1942年4月	美国出动舰载机轰炸日本东京、神户、名古屋等地 D E F G H
1942年5月—6月	珊瑚海战役 I J K
1942年6月	日军攻击阿留申群岛；同时，发起中途岛海战 L M N O P Q R S T U V W
1942年8月	瓜达尔卡纳尔群岛海战，美军开始局部反攻 X Y Z a b c d e
1943年4月	山本五十六被美军打死 g
1943年6月	美军进攻马绍尔群岛
1943年11月	中、美、英发表《开罗宣言》，宣布三国将协同对日作战
1944年1月—4月	美军开始采取蛙跳战术攻取大洋上的岛屿 f h i j

A “我想要你加入美国军队”

图为太平洋战争爆发后，美国政府关于招募军队的宣传海报。海报上的山姆大叔用手指着“你”，呼吁美国人民加入军队，决心为击败轴心国奋战到底！

B 加州日裔平民管理布告

图为1942年5月关于美国加州日裔美籍平民管理办法的布告。美国政府在对日宣战后，为防止国内有日本特务或间谍从中搞阴谋破坏行动，将所有日裔美国人统统强制送入集中营和拘留营看管起来，虽然不人道，但在战时严峻的环境下，也是迫不得已。

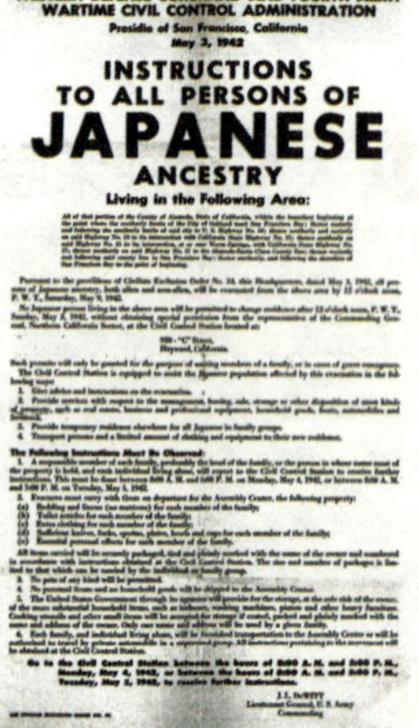
WESTERN DEFENSE COMMAND AND FOURTH ARMY
WARTIME CIVIL CONTROL ADMINISTRATION
Presidio of San Francisco, California
May 3, 1942

INSTRUCTIONS TO ALL PERSONS OF JAPANESE ANCESTRY
Living in the Following Area:

C 日裔美国人集中营

图为日裔美国人推古三上的水彩画，它描绘的是在美国西部的日本集中营，画中景物显得十分萧索，表现了日裔美国人消沉沮丧的心情。太平洋战争期间，有许多日裔美国人被没收财产，推古三上就是其中一位。

D 东京空袭

1942年1月	美军计划空袭日本本土
4月2日	“大黄蜂”号航母从旧金山启程
4月13日	第十六特遣队与航母会合
4月18日	航母上的战斗机起飞轰炸东京

E B-29轰炸机组件出厂

图为B-29轰炸机组件被推出波音工厂的装配生产线。随着太平洋战争的爆发，为报复日本并恢复美国在太平洋的军事力量，在美国的兵工厂里，每天都有大量武器出厂并准备投入战争。为完成扩军备战任务，兵工厂大量雇佣了女员工。美国人民强烈的爱国热忱与国家强大的生产力让美国军力迅速恢复并远远超过了战前的水平。

F 轰炸东京

为报日军偷袭珍珠港之仇，1942年4月2日，美国海军航空队长杜立特从“大黄蜂”号航空母舰上出动16架战略轰炸机执行了轰炸东京、名古屋、神户等地的任务。这次规模不大的空袭却给日本国民带来了极大的恐慌，也鼓舞了美国军队的士气。图为杜立特的轰炸机飞临东京上空。执行完轰炸任务的飞机没有一架安全返航，他们中有许多迫降到了中国。

G 日本被空袭后的战略方针

日本东京及附近几座大城市被史无前例地狂轰滥炸之后，为了稳定民心，并防止今后遭到空袭，日本陆军调遣了4个战斗机大队用于防护城市，并决定进攻中途岛。向南太平洋扩张的具体作战计划是，分兵深入所罗门群岛，攻占图拉吉岛，以此掩护海军向西南渗透；与此同时，攻占新几内亚南部的莫尔兹比港，以此作为轰炸澳大利亚昆士兰的跳板。这三个进攻方向直接引发了中途岛战役、珊瑚海战役和瓜达尔卡纳尔岛战役。

H 机组人员迫降中国内地

轰炸日本本土的美国飞行员因无力返航而迫降到中国浙江内地农村，他们得到当地中国人的救助。图为轰炸机机组人员拿着中国人赠送的纸伞与他们合影。

I 珊瑚海战役中被击中的日舰

日军在荷属东印度站稳脚跟后，继续向南进攻巴布亚新几内亚。当日军舰队入侵至珊瑚海时，早已在此准备好的美军航空母舰“约克敦”号和“莱克星顿”号首先出动野猫式战斗机发动攻击。随后日本航母上的飞机也起飞应战。这就是战争史上第一次航母大决战。图为被击中的日本“祥凤”号航空母舰。

J “祥凤”号中弹爆炸

图为美军舰载机正在对准日本“祥凤”号航母投射鱼雷，在一连串的攻击后，“祥凤”号失去了战斗能力。这是海战中第一次互相看不见对手的战役，美军飞机只能在起飞后寻找攻击目标，而双方舰船相聚十分遥远，这也是航母作战半径大的特点决定的。

K 莱克星顿号航母

日本和美国各在此役中损失一艘航母，两败俱伤，所以双方只得停战。图为遭到日军炮击的“莱克星顿”号航母的船员在舰船沉没之前纷纷跳海逃生。再过不久，庞大的“莱克星顿”号便沉入大海。珊瑚海之战日本未能达到原本制定的切断美国同澳大利亚联系的目的，战略计划受挫。

L 日本空袭阿留申群岛

由于日本认为空袭东京的飞机来自于中途岛，日方发起中途岛战役。1942年6月，日军的计划是声东击西，先攻击阿留申群岛，将美军主力吸引至北方，然后再乘虚而入，直取中途岛。图为日本舰载机奇袭了在阿留申群岛的美国海空军基地荷兰港，美军海岸炮兵团正在组织英勇反击。

M 日军进攻阿留申

1942年6月3日	日军舰载机空袭了荷兰港
6月4日	日军第二次空袭荷兰港
6月6日	日军1250人登陆基斯卡岛
6月7日	日军1200人登陆阿图岛
6月10日	美军飞机发现日军已经完全控制了阿图岛和基斯卡岛

N 鸟瞰阿留申群岛

图为在空中鸟瞰被日军摧毁的阿留申群岛。由于日方佯攻阿留申，实际欲袭中途岛的情报被美国破译，所以美军主力未集中在这里。结果是阿留申遭到轰炸，日军夺取了阿图岛和基斯卡岛。至此役结束时，日军在太平洋战场上的领土扩张达到了顶峰。

O 中途岛海战

日本在太平洋战争打到1942年6月时，势力范围达到了极限，攻击阿留申的日军派出后，日军便急不可待地开始了攻击中途岛的阴谋。日本海军大将山本五十六将航母主力全部压在了这次进攻中途岛的战役上，结果日军四艘航母被美军击沉，日本海军受到重创，此战之后，日本海军再也无力组织大规模进攻了。中途岛海战是太平洋战争的转折点，日本由战略进攻转为战略相持。

P 空袭后的飞机库房

日方的一切部署按照海军大将山本五十六的计划进行。1942年6月初，日本航母舰载轰炸机飞到中途岛进行了第一波战略轰炸，这次空袭迅猛且十分顺利。图为中途岛上一处飞机库房被炸后的惨状。

Q 美军航母舰载机起飞迎敌

在日军准备对中途岛实行第二波次空袭时，遭到早已待命的美军舰载机的截击。图为美国航母上的飞机紧急起飞，准备去攻击已经失去战机保护的日本航空母舰。

R 美军飞机轰炸日军航母

担任中途岛作战的美军海军统帅尼米兹率领兵力远远弱于日本的，美军在中途岛北部连克敌舰，击沉日本六艘航空母舰并击毁击落大批敌机。图为从美海军“企业”号和“约克敦”号航母起飞的轰炸机对日军航母进行猛烈轰炸。

S 中途岛战役双方的兵力与损失对比

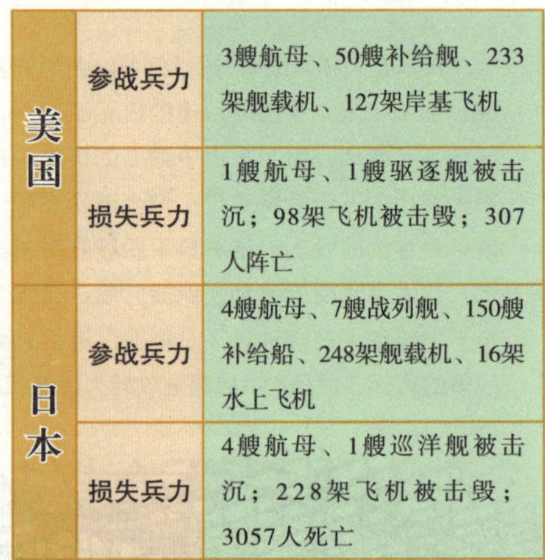

美国	参战兵力	3艘航母、50艘补给舰、233架舰载机、127架岸基飞机
	损失兵力	1艘航母、1艘驱逐舰被击沉；98架飞机被击毁；307人阵亡
日本	参战兵力	4艘航母、7艘战列舰、150艘补给船、248架舰载机、16架水上飞机
	损失兵力	4艘航母、1艘巡洋舰被击沉；228架飞机被击毁；3057人死亡

T “赤诚”号航空母舰

由于日军航母上的飞机全部被派出去执行轰炸任务或寻找美军主力决战，所以航母本身就成为美军飞机打击的目标。图为航拍的遭到美军战机轰炸的日本“赤诚”号航母，它的周围全是轰炸机投下炸弹溅起的浪花，为躲避炸弹威胁，它仓皇逃离，在大拐弯时在海面上留下了一道硕大的弧线。

U 日本鱼雷轰炸机

图为日本参加中途岛海战的鱼雷轰炸机正在执行作战任务。由于这种可以挂载鱼雷的轰炸机频繁在航母飞行甲板上更换炸弹，那些来不及运往弹药库的鱼雷以及汽油槽放在甲板上，使得甲板极易被美军投下的炸弹引爆，最终结果导致航母船体大面积起火燃烧并沉没。

V 遭到攻击的“约克敦”号

图为1942年6月日本飞机在袭击中途岛时直接命中的美军航母“约克敦”号。从照片上看，满天都是舰炮打击日军轰炸机的爆炸烟雾。不久，受到重创的“约克敦”号在烈火的燃烧中沉没了。

W 轰炸日本航母

图为从美海军“企业”号和“约克敦”号航母起飞的无畏式俯冲轰炸机正在向日本的四艘已无飞机护航的航母实行轰炸，日本的“赤诚”、“加贺”、“苍龙”和“飞龙”号航母先后中弹起火，最终都难逃沉没的厄运。日军作战总指挥南云中将看到大势已去，只得自杀身亡。此役日本主力舰全部被毁，残余日舰狼狈撤退。

X 新几内亚与瓜岛丛林战

1942年3月	日军从腊包尔登陆新几内亚北岸
1942年7月	日军攻陷科科达
1942年8月	日军部队在米尔恩湾登陆
1942年9月	美、澳联军开始反攻
1942年11月	澳军收复科科达
1943年1月	美、澳联军等来援兵，日军被全部逐出新几内亚

Y 反攻布纳

图为美军派出的坦克搭载着澳大利亚士兵去进攻新几内亚的布纳。7月下旬，日军为尽快拿下莫尔兹比港，在新几内亚北岸的布纳附近登陆并进占科科达。而且在随后的时间里，日军的登陆部队的数量不断增加，他们压迫澳大利亚军队后退到了丛林深处。在得到美军的物资和军火供应后，澳军开始反攻。

Z 被击毁的日军坦克

装备了美式武器的澳大利亚士兵在反攻日军的战斗中取得了不小的进展。日军尽管构筑了牢固的防御阵地，但终因缺少足够的补给，且美、澳联军得到了大量空投的物资供应和援兵，很快便击溃了在布纳坚守的日军兵力。图为澳军走过一辆被摧毁的日军坦克。

a 新几内亚部族协助澳军

美、澳联军不但得到了充足的空投物资补给，在新几内亚战场上，他们还得到了当地许多土著部族的帮助。如图，很多物资补给线就是靠这些部族人员的手拉肩扛来维系的。

b 瓜达尔卡纳尔群岛之战

1942年7月	日军从所罗门群岛的图拉吉调兵到瓜岛
1942年8月7日	美军在海空火力的掩护下登陆瓜岛
1942年8月8日	日本第八舰队偷袭美军在瓜岛布置的军舰
8月18日	日军从隆加岬登陆，但遭到失败
8月24日	美军击沉“龙骧”号航母
9月13日	日军攻击登陆的美军陆战队，但被击退，美航母也遭重创
10月11日	两方在瓜岛海岸又进行了一次海战
10月24日—26日	日军发动陆上总攻，但又被击退；海上作战双方互有伤亡
11月12日—11月14日	日军战舰运输舰接连被美国军舰击沉
1943年1月4日—2月7日	日军被迫从瓜岛撤出

c 美军登陆瓜岛

日军在1942年7月按既定计划从所罗门出兵进占瓜达尔卡纳尔岛。8月，美军采用强大火力对该岛实行大规模轰炸后，派出地面部队登陆瓜岛。图为美国登陆艇在瓜岛靠岸，海军陆战队随后在瓜岛与凶悍的日军守备队进行激烈的对抗。

d 遗留的尸体

遭遇到美军强大攻势的日本瓜岛守军也得到了海军“东京快车”的物资补给和援兵补充。9月13日，日军发起总攻，但他们的进攻还是被美军压倒。图为日军在这次进攻后留下的士兵的尸体。日军反复数次的进攻都遭到惨败，被迫于次年1月全部撤出瓜岛。

e “黄蜂”号航母的沉没

日军在给瓜岛提供物资补给的同时，还派出潜艇攻击美军的航母。图为在8月下旬被日本潜艇击中的“黄蜂”号航空母舰在大火中燃烧，不久后，它便沉没。同时，“萨拉托加”号航空母舰也遭受重创。

f 蛙跳战术越岛作战

1943年5月	1 华盛顿“三叉戟”会议召开，美国两线出击 2 美军收复阿图岛
1943年6月	美军登陆新乔治亚岛
1943年8月	美军收复基斯卡岛
1943年9月—10月	日军在所罗门群岛的抵抗力量开始撤退
1943年11月	1 美军进击布干维尔岛； 2 吉尔伯特群岛被收复
1944年2月	美军击溃日本马绍尔群岛守军
1944年3月	布干维尔岛的日军被肃清
1944年4月	美军占领俾斯麦群岛的胡翁半岛

g 山本五十六

图为日本联合舰队司令官山本五十六。他是珍珠港事件的幕后总策划。1943年4月，山本五十六计划去西所罗门群岛的布干维尔岛视察并鼓舞士气，而这一信息被美军的无线电截获。4月18日，美军派战斗机将山本的座机击落，一代名将便就此陨落。

h 塔拉瓦海滩登陆战

为能尽快夺回太平洋西岸被侵占的菲律宾群岛，美军发起对吉尔伯特群岛的攻势。图为美国海军陆战队在吉尔伯特群岛的重镇塔拉瓦的海滩实施登陆，他们的作战表现十分勇敢。

i 塔拉瓦的日本战死士兵

塔拉瓦的日本守军虽拼死抵抗，也难以抵挡源源不断登陆美军的强烈攻势，最终他们全部阵亡。图为日本军队在塔拉瓦的防空洞入口处因抵抗无望而集体自杀后的惨象。

j 夸加林环礁战役战场

日军虽在塔拉瓦全军覆没，但美军的伤亡也很惨重，海军上将尼米兹决定转向北方的马绍尔群岛进攻夸加林环礁。依然顽抗到底的守岛日军战斗到了最后一人，终于美国海军陆战队以370人阵亡的代价拿下夸加林。图为战役结束后，夸加林战场的惨象。

1942年 1944年

05 从北非战场到解放意大利

关键词:阿拉曼战役 蒙哥马利 北非战场 墨索里尼

美军在与轴心国宣战后，不但派出大量陆海空军参加了太平洋战争，而且还向欧洲派兵支援了英国抗击德意法西斯。在北非的战场彻底扫平了意大利和德国的入侵军后，美英盟军计划对轴心国实施战略大反攻。为了彻底消灭法西斯，盟军最终确定先从意大利南部这个法西斯统治最薄弱的地方下手，逼降了意大利，让德国最终陷入欧洲战场上四面楚歌的不利境地。

远赴欧洲战场	
1942年初	1 美军开赴欧洲战场 A 2 大西洋战场美军攻击德国潜艇 B
1942年—1943年	1 美军协同英军在北非战场打击德国军队 C D E F H I J 2 美国轰炸机对德国及其胁从国城市进行轰炸 K L M
1943年1月	美、英在卡萨布兰卡会晤，确定必须消灭德意日三国轴心 G
1943年—1945年	意大利政变，墨索里尼下台，随后德国入侵意大利，并与盟军作战 N O P Q R S T U V

A 开赴欧洲前线

图为1942年1月开赴欧洲战场的第一批美军正在北爱尔兰接受训练。他们来自艾奥瓦州、明尼苏达州、南达科他州和北达科他州。陆续集结到英国的美国军队将与盟军一道随时准备发起对德、意军队的进攻。

B 美军炸毁德国潜艇

1941年上半年，由于大西洋海上盟军的商船和军舰经常遭到德国U型潜艇的攻击，所以盟军用深水炸弹反制德国潜艇的“狼群战术”。图为美军舰艇向已被探知有潜艇的区域发射深水炸弹时的情景。这种战术后来证明十分有效，大西洋上的舰船损失数目由此大幅度减少。

C 美军在阿尔及利亚

图为美国军队在阿尔及利亚的山地上行军。为了适应战争，美军总指挥官艾森豪威尔下达命令，要求在北非战场，在英国本土和在其他国家驻扎的美军都要接受高强度训练，这些训练有助于他们在首次接触德军时能够临危不乱，克敌制胜。

D 登陆突尼斯

1943年，美军为帮助法国解放突尼斯，派兵协同英军到北非战场作战。图为美军舰艇登陆突尼斯。盟军于4月20日发起总攻，5月7日突尼斯城和比塞大港光复，5月13日，25万德意联军投降。

E 初期北非战场

1940年9月，意大利从利比亚入侵埃及，意图要夺占苏伊士运河，切断英国与其东方殖民地的航线。英国为保卫这条运河，不惜与美国、澳大利亚、希腊和印度组成联军挫败意大利人的入侵。但后来，由于德国的介入，隆美尔带领的德军很快瓦解了盟军的攻势。直到英国换上蒙哥马利元帅，战争的天平又一次倾向了盟军。1942年年底的“火炬行动”中，英美军队成功登陆北非西部，他们的进攻加速了德意军队在北非战场最后失败的厄运。

F 北非战场

1940年	英军成功阻击了意大利军的入侵
1942年7月	第一次阿拉曼战役，英军受挫
1942年10月—11月	第二次阿拉曼战役打响，英军主动出击，击败了德意军队
1942年11月	英美联军在摩洛哥和阿尔及利亚登陆
1943年5月	德意军队彻底失败，从北非撤退

G 卡萨布兰卡会议

1943年1月14日—24日，美国总统罗斯福、英国首相丘吉尔和法国临时政府总理戴高乐在摩洛哥卡萨布兰卡会晤。图为罗斯福和丘吉尔在1月23日的记者招待会上的照片。

H 蒙哥马利

图为北非战场上的英军总指挥官蒙哥马利元帅。英军在他的领导下成功地扭转了在北非的不利局面。在1942年10月的阿拉曼战役中，他的部下奥金莱克又成功指挥英联邦军收复了埃及的阿拉曼地区，这是盟军在北非战场上获得的重大胜利。

I 隆美尔

图为指挥阿拉曼战役的德意轴心国军总指挥隆美尔元帅。他在蒙哥马利调任英军指挥官之前曾取得过一系列对英军作战的胜利。但在阿拉曼战役中，隆美尔遭遇了在北非作战中的第一个惨重的失败。

K 轰炸炼油厂

美军的远程战略轰炸机在欧洲战场上发挥了威力。图为1943年美军B-24轰炸机飞到轴心国后方的罗马尼亚轰炸一个大型炼油厂——这将使轴心国战争机器受到重大打击。此次作战任务完成后，9名机组人员被授予英雄奖章。

J 阿拉曼战役

阿拉曼战役，是第二次世界大战中北非战场的转折点。这次战役从1942年10月23日一直持续到11月3日。伯纳德·劳·蒙哥马利将军于1942年8月取代了克劳德·奥金莱克，成为了由英联邦士兵组成的英国第8集团军的总指挥官。这次战役的胜利扭转了北非战场的形势。盟军在阿拉曼的胜利使纳粹德国占领埃及，控制苏伊士运河和中东油田的希望破灭了。这次战役结束了非洲军团的攻势，此场战役后轴心国于北非战场转入战略撤退。

L 美国与英国对德国城市的轰炸

1942年初	英美双方开始研究用大规模战略轰炸的手段击败德国，并实行了对德国城市卢比克的轰炸
1942年4月	罗斯托克遭到轮番轰炸
1942年5月	德国大城市科隆遭到轰炸
1943年	1 德国工业城市鲁尔遭受一连串轰炸 2 首都柏林也遭英美轰炸机的昼夜轰炸
1943年7月	德国北部城市汉堡遭到33次轰炸，但不久后，汉堡的工业能力又得到恢复
1943年4月	美军空袭巴黎的雷诺工厂

M 轰炸后的科隆

盟军认为，实施战略轰炸能有效遏制德国侵略者的嚣张气焰，而且还能削弱德国的工业能力，令德国人作战士气遭到沉重打击。图为被英美轰炸机空袭后的德国城市科隆，街道两旁的建筑已成断壁残垣。

N 意大利战场

1943年1月14日—24日	罗斯福、丘吉尔、戴高乐在卡萨布兰卡会晤，确定了对轴心国作战的方针
7月10日	盟军进攻西西里
7月16日	盟军要求意大利投降
7月19日	盟军轰炸罗马
7月23日	盟军进入巴勒莫
7月25日	墨索里尼被迫辞职
8月16日	美军攻取西西里的麦希那
9月3日	盟军进攻意大利本土
9月8日	1 意大利无条件投降 2 德军随后开进意大利

O 援助英军的美式坦克

图为1943年美式坦克在突尼斯的凯瑟琳山口执行任务。由于在北非战场上的英军坦克大量被摧毁，所以美国将新研制的格兰特式坦克投入北非战场帮助英军。阿拉曼战役后，盟军士气大振。至1943年5月，盟军彻底将德意军队赶出北非。

P 登陆西西里

在北非战场上的盟军在1943年已经以绝对优势击溃了德意军队，所以地中海南岸渐渐被盟军控制了。为了反攻欧洲大陆，盟军决定从北非渡过地中海直插轴心国“柔软的腹部”——意大利。图为1943年7月美军两栖登陆艇登陆意大利西西里岛。

Q 指挥西西里作战的巴顿将军

图为美军总指挥巴顿将军（中）在西西里岛部署作战。盟军于1943年7月10日向西西里海滩输送了16万军队、600辆坦克和1800门大炮，岛上的德意守军被迅速击溃，8月17日，盟军占领全岛。

R 西西里游击队

图为反抗德国入侵者的意大利西西里游击队。在游击队的配合之下，盟军在西西里岛所向披靡，震惊了意大利政界。7月25日，意大利国王维克托·伊曼纽尔下令将墨索里尼免职，并予以逮捕，巴多里奥元帅组建新政府，意大利投降。希特勒闻讯后派出德军占领意大利北部。

S 盟军进入巴勒莫

图为1943年7月22日，在巴顿将军所率的美国第7集团军攻取西西里岛第一座城市巴勒莫后，军队进入城市街区时受到意大利民众热烈欢迎的景象。这也是盟军在反攻轴心国期间解放的第一座城市。

T 卡西诺战败的德军

卡西诺战役是二战中最激烈的山地战。战役由四阶段组成，1944年1月17日打响。前两个阶段盟军几乎没有任何实质性进展，第三次战役中德军伤亡惨重，减员二分之一，第四次战役中，盟军彻底击垮德军，5月18日，战役结束。图为盟军在卡西诺战役大胜之后俘获的德军士兵。

U 进入罗马

进攻意大利南部的盟军向前推进得很慢，因为他们受到了德军歇斯底里地反击。美军将领克拉克制定战略，决定擒贼擒王，先攻取意大利首都罗马。1944年1月，盟军在罗马南部海域登陆。图为美军进入罗马市区的情景，盟军受到罗马市民夹道欢呼。

V 盟军进攻意大利路线

进攻意大利的南线盟军由巴顿指挥的美国第7集团军和蒙哥马利指挥的英国第8集团军组成，他们从北非和马耳他出发，主攻意大利南部的西西里岛；北线盟军为克拉克指挥的美、英第5集团军，他们也从北非赶来，直扑帕埃斯图姆和塞勒诺。两条战线都取得了较大的战果，意大利于9月8日表示投降。但德军的入侵又减缓了意大利的解放。于是克拉克将军为尽快结束意大利战事，于1944年1月派兵从海上进攻罗马南部沿海城市安齐奥，击溃德军的抵抗，进而在1944年6月4日占领意大利首都罗马，解放了整个意大利南部。

1944年　1945年

06 结束欧洲战场

关键词:诺曼底登陆 德黑兰会议 易北河会师 德国投降

意大利投降后，留在欧洲的轴心国只剩下德国。此时的德国东边不断受到苏联的反攻，南面的盟友意大利也被盟军占领，腹背受敌。为了尽快结束战斗，盟军准备在法国开辟西线对德的第二战场。1944 年 6 月，由美国、英国、加拿大组成的盟军在法国北部沿海诺曼底成功登陆，德国法西斯由此陷入到东西两面作战的不利境地。

诺曼底登陆的欧洲第二战场	
1943年5月	华盛顿会议举行，决定开辟第二战场
1943年12月	德黑兰会议通过开辟欧洲第二战场的决议 A
1944年6月6日	美、英、加联军横渡英吉利海峡，登陆法国诺曼底，开辟第二战场 B C
1944年8月8日	盟军攻克法国重镇布列塔尼，随后美军进攻法国南部 D
1944年8月25日	盟军解放巴黎 E
1944年9月	1 德军组织阿登反攻 F 2 盟军组织“市场花园”行动 G H
1944年11月至12月	德军与西线盟军反复争夺阵地 I J K L
1945年2月4日至2月11日	美、英、苏首脑召开雅尔塔会议 M
1945年3月	盟军进入德国腹地 N
1945年4月23日	美军与苏军在易北河会师 O P
1945年4月16日至5月7日	盟军进攻柏林 Q R
1945年5月8日	德国无条件投降，二战欧洲战场结束 S

A 德黑兰会议三巨头

1943年12月15日，美国总统罗斯福、英国首相丘吉尔、苏联领袖斯大林在伊朗的德黑兰举行会议，图为会议时的合影。这次会议通过了开辟欧洲第二战场的决定；承认伊朗的独立主权和领土完整；斯大林承诺在对德作战胜利后，马上对日宣战；会议中诞生了《德黑兰宣言》及《关于伊朗的宣言》。

B 美军登陆诺曼底

图为1944年6月6日，美军的登陆艇在法国北部海岸诺曼底开舱。共有288万盟军参与此次登陆，共有13,700余架飞机参与空投，而德方守军仅有不足9万人。登陆之战持续了43天，成功开辟了第二战场。

C 奥马哈海滩的美军

图为美军在诺曼底的奥马哈海滩登陆。盟军在其他海滩上的登陆都十分顺利，但美军在奥马哈海滩的登陆却遭到德军的顽强抵抗。美军的飞艇、登陆舰、车辆、空降兵及登陆士兵源源不断地涌向诺曼底，美军在这次登陆行动中以死伤13万余人的惨重代价成功挫败了德国守军。

G 解放比利时

1944年9月4日	英军进入布鲁塞尔
9月10日	美军控制比利时艾本-艾美尔
年9月17日	美英空军派出飞机将大量军队、武器和物资空降荷兰、比利时
9月20日	德军在阿纳姆对盟军实施反击
9月26日	夺取安恒附近的大桥作战失利
9月27日—29日	盟军转入防御

F 阿登战役

1944年9月，美、英盟军的进攻已经到了德国西部边境。希特勒妄图放手一搏，决心在阿登地区展开反攻，企图夺回比利时的列日和安特卫普，切断美、英军补给线，围歼其主力，从而迫使英美与德国单独媾和，好腾出手来对付东线的苏军。这是第二次世界大战期间纳粹德国在西线最大反击战，此役德军伤亡10万人，损失坦克和重炮约700辆、飞机1600架。盟军损失约8万余人，其中7.7万人是美军官兵。阿登战役之后，德军在西线再也无力阻挡盟军的进攻了。

D 被德军摧毁的桥梁

图为法国塞纳河上被德军摧毁的大桥。盟军在诺曼底成功登陆后，德军害怕盟军快速深入到法国腹地，所以想炸毁所有高架铁桥以阻止盟军进入巴黎。但是这并未能阻挡盟军闪电般的反攻速度，从7月25日发起进攻，到8月25日光复巴黎，盟军仅用了一个月的时间。

E 美军开进凯旋门

8月25日，一路势如破竹的盟军挺进巴黎，巴黎市民闻讯后也组织了起义响应盟军。很快，德国守军向盟军投降，法国光复。图为美军军车正在通过法国标志性建筑凯旋门。

H “远方的大桥”

盟军于9月17日发动了代号为“市场花园”的行动，即依靠空降兵部队从荷兰-比利时方向进攻德国本土。但这次行动遭到德军装甲师的猛烈阻击，结果该次行动宣告失败，德军仅伤亡3300人，而盟军则损失1.7万多人。图为加拿大艺术家康维尔在1946年创作的奈梅亨大桥素描画。因盟军在安恒奈梅亨大桥前受阻，所以它后来被称为“远方的大桥”。

I 展开反攻的美军坦克

图为美军谢尔曼坦克在比利时的巴斯托尼进攻德军。德军在反攻盟军过程中，一路进展到比利时小镇巴斯托尼时遭到美军坦克的顽强抵抗。1944年12月，巴顿击退巴斯托尼的德国守军，重新占领该地。

J 被俘的美军

1944年11月，希特勒企图趁盟军进攻延迟之机，收复阿尔丁尼，从而瓦解盟军攻势。11月16日，希特勒派出的突击队身穿美军制服混入美军队伍中。他们扰乱美军原有计划，使缺乏经验的美军陷入一片混乱中。图为在阿尔丁尼的德军反攻行动中被俘的美军士兵。

K 德军西线最后的防御

1944年11月	比利时、希腊大部分光复，德国用V2导弹攻击比利时安特卫普
1944年11月16日	德军反攻阿尔丁尼
1944年12月	德军反攻彻底失败

L 德国被空袭的合成石油厂

为进一步打击德国空军及阻止德国V1、V2导弹的生产，盟军出动轰炸机对德国合成石油厂和导弹发射实验区进行轰炸。之后，由于德国空军缺乏油料，导弹再也无法攻击英国本土，德军也失去了组织起西线反攻的机会。

M 雅尔塔会议

在德国法西斯即将崩溃之际，1945年2月4日，美、英、苏三方首脑齐聚苏联黑海港口城市雅尔塔，共同商议盟军针对轴心国的最后战略、战后建立联合国以及如何维护世界和平等问题。

N 攻占科隆

图为美国第1集团军第3装甲师在德国城市科隆的废墟上前行。1945年3月，盟军攻克了科隆。在废墟之中，高高耸立的天主大教堂依旧岿然不动，与周围的断壁残垣形成鲜明对比。

O 易北河会师

1945年3月，美英盟军强渡莱茵河，占领波恩，逼近德国腹地。4月，美军攻占了德国鲁尔工业区，旋即于11日进抵易北河畔。18日，美军第9集团军占领易北河畔的马格德堡。19日，美第1集团军占领莱比锡。与此同时，东线的苏军于4月16日从奥得河边向西面发动强大的攻势，开始实施攻占柏林的战役。4月25日，美第1集团军第69师的一部在柏林南部120公里处易北河畔的托尔高地区与苏军会师。美苏双方商定，两军沿易北河及其支流穆尔德河一线会合。这就造成东、西两条战线从此结合到一起的态势。德国妄图与西线盟军单方面媾和的计划彻底破产。

P 易北河会师

上图为1945年4—5月，在西线的美国军队与东线的苏联红军在流经德国境内的易北河地区会师时，两国的军人拥抱在一起的场景。此时，德国被分割为南、北两部分，攻克德国首都柏林指日可待。

Q 柏林的废墟

图为1945年被大火焚烧过的柏林街市的面貌。在柏林战役中，将近有60万户家庭被轰炸机的炸弹和激烈的巷战摧毁。这次空前的战役使双方共投入了数百万大军，直到5月8日德军最后投降盟军后，柏林已成为一片废墟。重建柏林耗费了40年的时间和10亿美元的资金。德国本土遂分别被美、英、法、苏四国分区占领。

R 攻占柏林

柏林战役于1945年4月16日由苏联军队发起，苏军先后突破奥得河、尼斯河防线。25日又对柏林形成包围态势。苏军在对柏林的强攻中进行了激烈的巷战，于4月27日突入柏林中心区，29日开始强攻国会大厦。30日希特勒在总理府地下室自杀，同日，美军开进德国慕尼黑。5月2日柏林卫戍司令H·魏德林将军率部投降。8日德军统帅部代表W·凯特尔元帅在柏林签署向苏军和英美盟军无条件投降书。柏林战役的结局，标志着法西斯德国的灭亡和欧洲战争的终结。

S 美国人民庆祝欧洲胜利日

在德国投降前的4月30日，希特勒自杀，而在他自杀两天前，墨索里尼被枪决。5月8日，德国签署投降书后，杜鲁门代表美国宣布欧洲战争结束。图为美国纽约的华尔街上，庆祝胜利的人们。5月8日也被定为欧洲战争胜利日。

1944年 1945年

07 日本帝国的末日

关键词:马里亚纳群岛 原子弹 日本无条件投降

1945 年 5 月，欧洲战场上的硝烟渐渐消散。而在地球的另一端，太平洋战区的日本仍然独自挣扎着。此时的日本面临着美军对其本土的巨大威胁。到 1945 年 8 月，几乎所有日本在海外的统治区都发动了反攻日军的行动，美国也将两颗原子弹投放到广岛和长崎，日本作为最后一个法西斯国家终于屈服了。

日本帝国的灭亡	
1944年5月	美军反攻威克岛
6月	美军进击马里亚纳群岛 A
7月	1 美军攻克塞班岛 B 2 中、英、美、印军队在缅甸反攻日军，日军开始从东南亚撤退
8月	马里亚纳全部落入美军控制下
1944年10月至1945年2月	美军经过一系列海战和登陆战，终于光复菲律宾 C D E
1944年11月至1945年8月	美国B-29轰炸机连续轰炸日本本土 F G H I
1944年12月至1945年8月	美军反攻日本本土并最终取得胜利 J K L M N O P Q R S T U

A "空中射火鸡比赛"

1944年，美军决定直接进攻日本本土。通往日本本土的首个障碍是马里亚纳群岛。此役中，美军成功占领塞班岛、提尼安岛和关岛，而日军除了损失两艘航空母舰和一艘巡洋舰外，还有480架舰载机被击落。图为马里亚纳海战中被美军击落的日本飞机，此役被美国人戏称为“在马里亚纳空中射火鸡比赛”。

B 塞班岛的阵亡日军

在空中和海上的日本军力在马里亚纳海战中遭受了重大损失。而在登岛作战中，美军的进攻也势如破竹，在塞班岛、关岛和提尼安岛的日本守军在战到最后一刻时，因不愿成为战俘，便集体自尽。

C 收复菲律宾

1944年10月20日	麦克阿瑟指挥的莱特湾海战爆发
10月24日	美军击沉“武藏”号战舰
10月26日	日军战舰在海战中损失殆尽
12月10日	美军攻克奥尔莫克
1945年1月—3月	菲律宾经过美军浴血奋战，得到解放

D 莱特湾战役

图为1944年10月20日—25日，日军在菲律宾的莱特湾与美国海军交战，日本实施了“捷-1”号作战方案，最终他们在这场有史以来最大的海战中损失了最后的海上进攻力量。日军损失了4艘航母，至此，日军航母全数被歼。图为日本一艘重型巡洋舰在美国空中力量的打击下沉没。

E 进攻马尼拉

1945年1月，美军登陆吕宋岛。驻守马尼拉的日军妄图顽抗到底，但已经处于强弩之末的日军根本无法抵御强大的美军的攻势，不久，马尼拉便被美军解放。3月，美军终于消灭了柯里基多岛的最后一支日军抵抗力量，菲律宾被光复了。图为美军坦克横行于马尼拉市区的废墟上。

F 美军轰炸日本本土

1944年初	美军在太平洋、中国、印度等地建造轰炸机机场
1944年6月	日本八幡钢铁厂遭到空袭
1944年8月	B-29轰炸机开始对日本城市轰炸
1944年11月	美军轰炸东京
1945年3月	美军用燃烧弹轰炸东京
1945年6月	神户遭到空袭
1945年7月	美国轰炸日本更为频繁剧烈

G 空中堡垒

图为美国B-29超级空中堡垒轰炸机在日本横滨的上空投放炸弹。这种轰炸机是第二次世界大战中载弹量最大的，达到1.7万磅，航程超过4000英里。

H “日向”号战舰的残骸

美军轰炸机在对日本本土轰炸的同时，也给停泊在港内的日本战舰以沉重打击。图为日本“日向”号战舰在久礼海军基地遭到美军轰炸后的残骸。除此之外，日本海运交通也遭到美国水雷与潜艇的鱼雷攻击，致使日本水运几乎停顿，与海外各殖民地的作战部队也几乎断绝了联系。

I 被轰炸的东京

图为战争刚刚结束时，东京市区残垣断壁的凄惨景象。发生在1945年3月9日—10日的空袭，美军共动用了334架B-29轰炸机投放汽油弹，造成东京97,000人死亡，125,000人受伤。

J 美军占领硫磺岛

美国海军陆战队经过1个多月的浴血奋战，以伤亡26,000人的惨重代价拿下了硫磺岛，日本方面的损失更加惊人，守军仅有216人生还。图为机场上空的防空炮火。硫磺岛随后作为美军的空军基地投入使用。

K 美军登陆硫磺岛

为能更近距离地轰炸日本本土，美国军方在1944年4月决定夺取日本南部近海的硫磺岛。1944年12月至1945年2月，美军不断组织海空联合突击行动，对硫磺岛的空军基地展开猛烈攻势。2月中旬，美国派出强大的登陆部队开向硫磺岛。图为美国海军陆战队登陆硫磺岛之后，在搬运物资。

L 波茨坦会议

图为在波茨坦会议上美、英、苏三国首脑互相握手的合影。波茨坦会议通过公告，要求日本必须尽快无条件投降，否则就会全面毁灭，这里就隐含着盟军不排除使用原子弹这个秘密武器的可能。

M 神风特攻队的攻击

日本神风特攻队最早出现在美军反攻菲律宾的莱特湾海战中。当时日军在菲律宾的飞机极其有限，而美国强大的航母编队势如破竹，意图重占菲律宾，如果美军成功，那么日本与南洋之间的运输通道将会受阻。所以，日军遂以挂弹的飞机撞击美军战舰的疯狂自杀方式攻击美军航母编队，取得击毁击伤多艘美海军军舰的战绩。在冲绳战役中，神风特攻队更是疯狂袭击美军航母及各类战舰，造成美军数十艘航母和战舰被击沉。但此类疯狂行动并没有挽回日本失败的命运，美国海军仍旧不断逼近日本本土，日本被战争彻底拖垮了。

N 冲绳战役

美军在1945年3月占领硫磺岛后，大大增强了空袭日本本土的战略形势，为掌握整个琉球群岛的制海权和制空权，建立进一步进攻日本本土的基地，决心攻占冲绳岛。3月18日，美国轰炸机空袭了九州岛、四国岛和台湾岛。3月23日，美军舰载机轰炸庆良间列岛和冲绳岛的机场以及防御工事。4月1日，美军登陆冲绳。4月至6月间，日军展开10次大规模反击，并使用了神风特攻队妄图阻止美军舰艇的进攻，但收效甚微。日军凭借顽强的抵抗意志，将战斗拖至6月中旬才以失败告终。此役日军被歼10万余人，而美军也付出了32艘舰船被击沉，368艘被击伤，损失舰载机七百六十三架，阵亡13000人的惨重代价。此役也是美军在太平洋战争中伤亡最多的一次。此役之后，美军航空力量进驻冲绳，对日本本土的战略轰炸则更为剧烈。

O 神风特工队攻击美军军舰

图为画家德怀特·谢普勒在他的画中再现了1945年3月中旬开始在美军进攻冲绳群岛时，日本神风特攻队对美国航空母舰展开自杀式袭击的情形。当正在燃烧的日本神风飞机呼啸着穿过航空母舰密集的炮火，冲向尚停在甲板上的美国飞机时，美军参战人员无不为此而感到震惊！

P 波茨坦公告

1945年7月26日，美国新总统杜鲁门、中华民国主席蒋介石、英国首相丘吉尔在柏林附近的波茨坦，共同发表了《中美英三国促令日本投降之波茨坦公告》，简称《波茨坦公告》。该公告主要内容有：敦促日本尽快无条件投降；其主权只限于本州、北海道、九州、四国四个岛及由盟国指定的岛屿；日本军队解除武装；不得保有可供继续作战的工业等。

Q 原子弹

图为美国新研制的绰号为“小男孩”的原子弹。它直径28英寸，120英寸长，重9000磅，它的爆炸当量相当于2万吨TNT炸弹。盟军考虑到要尽快结束战争，靠登陆日本本土作战迫其投降，仍会使战争拖延更长时间，并且还会造成大量人员伤亡，所以只能尝试使用这样威力巨大的秘密武器来震慑日本。

R 被原子弹袭击后的长崎

1945年8月6日，美国投放的原子弹爆炸不但将广岛夷为平地，而且爆炸的威力使广岛瞬间死亡8万多人，受核辐射而缓慢致死者有10多万人。3天后，美国轰炸机又向长崎投放了第二颗原子弹，也造成了巨大的伤亡和财产损失。图为被原子弹侵袭后的长崎市区。

S 携带原子弹的B-29轰炸机

《波茨坦公告》发出后，日本丝毫无接受公告的意思。美国总统杜鲁门遂决定使用原子弹攻击日本本土。图为携带“小男孩”原子弹的B-29“安诺拉盖”轰炸机在提尼安岛的机场上。它将完成一次“历史上最伟大的事”。

T 日本投降

1945年7月末	美国总统杜鲁门决定使用原子弹
1945年8月6日	日本广岛遭到原子弹袭击
8月9日	美国向日本长崎投下了原子弹
8月14日	日本宣布无条件投降
8月28日	美军登陆横滨
9月2日	日本在投降仪式上签字，向盟军投降

U 日本投降仪式

1945年8月15日，日本天皇通过广播宣布投降。第二次世界大战结束。图为9月2日，日本代表在东京湾美国“密苏里”号巡洋舰上正式签署了无条件投降的仪式现场。

1945年·1979年

第二次世界大战结束后，欧洲与日本的经济出现严重衰退，而只有美国保持了强大的国力，在经济和军事上获得了双赢。它已成为全球最富裕、最繁荣、最有生产能力和军力最强大的国家。世界上唯一能在政治和军事上与之抗衡的国家只有苏联，而苏联和美国代表着两种不同的意识形态在政治和军事领域上对峙，冷战开始。图为1969年纽约街头的一间商店。

美苏争霸：铁幕下的美利坚

1945年

01 战后重建与世界新格局

关键词:联合国

第二次世界大战结束后，世界政治格局发生巨大变化，美国和苏联成为超级大国，而英、法、德、意、日等老牌帝国主义全都由于战争而走向崩溃的边缘。面对这样的局面，制定一个国际新秩序以维护世界和平成为首要任务。1945 年，按照波茨坦会议的构想，联合国诞生了，它取代了先前的国际联盟；同时，美国和苏联也分别成为两个对立的阵营——资本主义阵营和社会主义阵营的霸主，世界由此进入两强争霸的时代。

战后美国的国际事务	
1945年10月24日	《联合国宪章》在美国圣佛朗西斯科签署，联合国成立 A
1946年	丘吉尔提出苏联及其盟国与西欧之间存在一幅“铁幕”
1947年3月	杜鲁门主义出台 B
1947年6月	马歇尔计划开始实施 C—I
1947年7月	遏制政策出台
1949年	美国与西欧国家签署军事协议，成立北大西洋公约组织
1950年2月	美国向法国提供在越南的军事援助
1950年9月	美军在朝鲜半岛仁川登陆，干预朝鲜问题

A 联合国总部大楼

1945年10月24日，来自世界上的50个国家在美国的圣佛朗西斯科草拟了《联合国宪章》。《联合国宪章》的签署标志着联合国正式成立。图为设在美国纽约曼哈顿的联合国总部大楼。

B 杜鲁门总统

图为杜鲁门总统的照片。1945年4月，罗斯福总统逝世，杜鲁门接任总统。1947年3月，杜鲁门总统在国会两院发表的国情咨文，里面充斥着对以苏联为首的社会主义国家的攻击之词，杜鲁门主义出台。

C 马歇尔

图为美国在二战期间立下赫赫战功的乔治·马歇尔的照片。在战后，他极力鼓动美国放弃固守的孤立主义传统观念，力求将视野放置到全球，以此理论为依据，日后推出了“马歇尔计划”。

D “马歇尔计划”

1947年6月，美国出台了“马歇尔计划”，它由美国国务卿乔治·马歇尔提出，旨在“反对饥饿、贫穷、绝望和混乱”，这一计划也使美国抛弃长达100多年孤立主义的信条，积极参加国际事务，为避免世界大战的再次爆发，也为刺激世界经济贸易能够重新振作，“马歇尔计划”为欧洲、日本以及其他任何欠发达国家提供援助。这一计划也同样适用于以苏联为首的社会主义阵营国家，但苏联考虑到其阵营下的从属国会被美国的金钱所诱惑，从而被拉向美国的阵营，所以最终拒绝接受经济援助计划。

E “马歇尔计划”出台

1947年1月	马歇尔被任命为美国国务卿
1947年6月	马歇尔的援助计划开始实施，惠及各国
1948年	除物资外，美国开始向各国提供经济、军事援助
1949年	杜鲁门制订“第四点计划”，向欠发达国家提供援助
1953年	马歇尔获得诺贝尔和平奖
1959年	马歇尔去世

F 物资运到热那亚

马歇尔的援助计划不仅包括二战期间英、法、荷等美国的盟国，也包括了轴心国。图为1948年，第一批援助意大利的小麦运抵意大利城市热那亚的港口。马歇尔的这一举措有效阻止了地中海国家的资源进一步消耗，他因此也获得了1953年诺贝尔和平奖。

G 援助物资

持续4年的大战刚刚结束，各参战国都已被战争拖得疲惫不堪。由于欧洲和日本许多国家的城市都被夷为废墟，许多人连温饱都成为问题，食物已成为各国最为紧缺的物资。美国最初实施“马歇尔计划”时就紧急输送了大量食物供应各国之需。图为供应各国的粮食物资。

H 希腊的苗圃

1947年马歇尔计划向希腊提供树苗援助，图为希腊村民在为这些小树苗浇水。在“马歇尔计划”的援助下，1948年—1952年，欧洲各国经济迅速恢复，其中希腊的国民生产总值增长超过25%，被称为“希腊奇迹”。

I 美国对各国地区经济军事援助表

对亚洲的援助		
名称	经济援助额（美元）	军事援助额（美元）
土耳其	14.58亿	24.42亿
巴基斯坦	15.48亿	保密
印度	22.21亿	保密
南越	18.68亿	保密
菲律宾	2.74亿	3.41亿
印度尼西亚	2.86亿	7900万
日本	2200万	9.01亿
韩国	23.85亿	22.63亿
中国台湾地区	18.31亿	23.17亿
以色列	4.84亿	2800万

对欧洲的援助		
名称	经济援助额（美元）	军事援助额（美元）
比利时与卢森堡	5.6亿	12.56亿
法国	31.9亿	43.37亿
英国	38.35亿	10.35亿
西班牙	5.77亿	5.36亿
葡萄牙	5100万	3.27亿
西德	14.72亿	9亿
意大利	16.5亿	22.92亿
南斯拉夫	5.75亿	6.96亿
希腊	10.9亿	13. 53亿

对非洲、拉美的援助		
名称	经济援助额（美元）	军事援助额（美元）
摩洛哥	2.79亿	保密
突尼斯	2.11亿	保密
刚果	1.92亿	1600万
埃塞俄比亚	9700万	9100万
墨西哥	5100万	700万
哥伦比亚	2.46亿	6500万
秘鲁	1.09亿	9400万
委内瑞拉	6200万	7900万
智利	3.38亿	8900万
巴西	4.03亿	2.09亿
阿根廷	1.64亿	3500万
玻利维亚	2.83亿	1400万

1945年 1950年

02 冷战的序幕

关键词:柏林空运 北约

在二战结束之后直至20世纪50年代，东西方的两大阵营不断在一些敏感地区有着尖锐的矛盾与冲突，甚至还爆发了局部战争。美、苏争夺伊朗石油开采权，美、英打击希腊共产党，柏林墙危机等一系列事件令美苏两国关系迅速恶化，美国想称霸世界，而苏联领导人斯大林的偏执和共产主义意识形态的扩张，最终导致了冷战。

1945年	苏联拒绝波兰实现民主政治
1946年	苏联违背诺言不从伊朗撤兵
1947年	美国出钱出军火协助中国国民党打内战
1947年—1948年	美、英、法三国决定将它们在德国的占领区合并为德意志联邦
1948年5月	美国承认以色列国，并与其建交，每年都给予其军事援助
1948年6月	苏联封锁了西方占领区通向柏林的交通
1948年—1949年	美、英执行“柏林空运”行动 A B
1949年	1 美国与西欧国家建立北约军事同盟制衡苏联 2 9月，苏联已打破核垄断，成功爆破原子弹
1950年	1 2月，美国给予法国军事援助以阻止越南独立 2 4月，美国国家安全委员会建议政府扩大军备，增加国防预算

A “柏林空运”行动

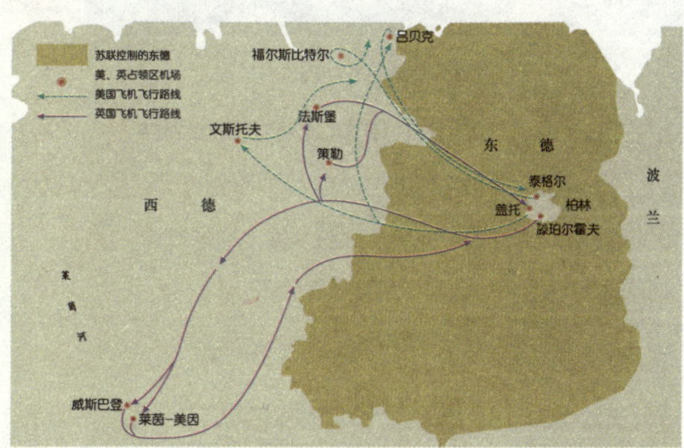

1948年初，美、英、法三国决议将它们在原德国西部的占领区统一，成立西德国家，发行货币，这引起苏联的强烈不满。6月，苏联封锁了柏林通向西占区的所有公路、铁路以及运河交通，被西方占领的柏林城西区平民断绝了食物与燃料供应。于是美国和英国派出飞机对西柏林实行空运，史称“柏林空运”。图为“柏林空运”形势图。

B 期盼空投的德国孩子

图为德国西柏林地区的孩子们站在废墟上抬头仰望着空投物资欢呼雀跃的情景。在长达一年的空运行动中，美、英共向西柏林输入了200多万吨货物。1949年5月，苏联宣布解除封锁，西德和东德相继建国。

1950年　1953年

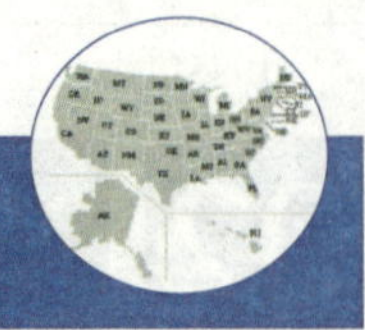

03 朝鲜战争

关键词:仁川登陆 上甘岭

1950年，许多美国人已经逐渐嗅到了战争的味道。在东亚，朝鲜半岛局势开始升温了。二战后，朝鲜半岛建了两个国家，其北半部为受苏联支持的朝鲜民主主义人民共和国，南部则成立了美国扶植的大韩民国。1950年6月，北朝鲜突然向韩国发动进攻，朝鲜战争开始，美国带领“联合国军”迅速参战，而中国也在同年年底出兵朝鲜，朝鲜战争局势复杂化。

朝鲜战争始末	
1950年6月	朝鲜突然袭击韩国
1950年7月	美国及联合国军发动对朝鲜的战争 A
1950年9月	美军仁川登陆
1950年10月	美军越过三八线，进入朝鲜境内，随后中国志愿军入朝作战
1951年1月	汉城被中国和朝鲜军队攻克
1951年3月	中国军队撤出汉城
1951年10月	双方在板门店举行停战谈判
1952年10月	上甘岭战役打响
1953年7月	双方签署《朝鲜停战协定》B

A 朝鲜战争示意图

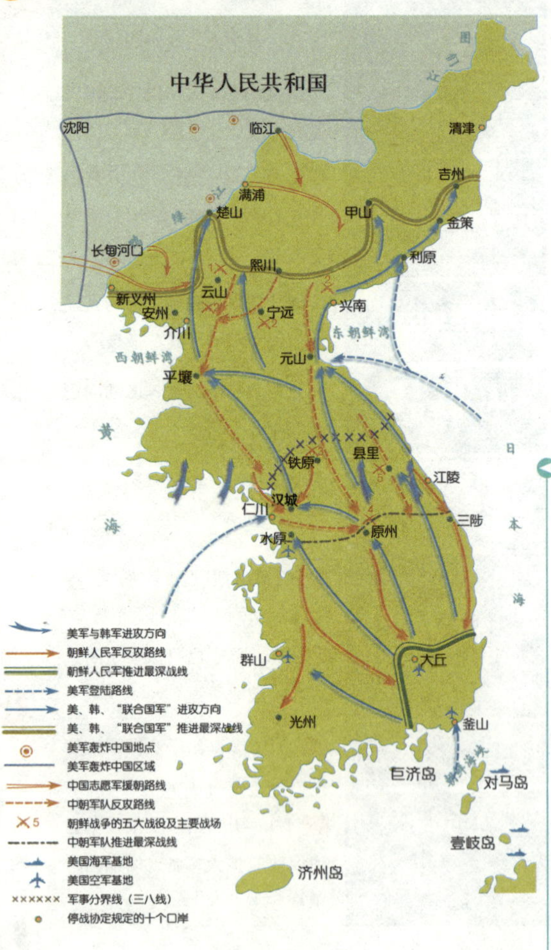

1910年，朝鲜半岛被日本吞并。1945年8月，美、苏分配作战任务，以北纬38度线为分界线划分了两国的军事目标区。战后，以此线为边境线，朝、韩相继建国。1950年6月25日凌晨，朝鲜战争爆发；7月7日，安理会决议成立“联合国军”，加入战争；10月19日，中国人民志愿军渡过鸭绿江入朝参战。图为朝鲜战争示意图。

B 釜山的废墟

图为1953年《朝鲜停战协定》签署之前，在韩国釜山的一处废墟。长达3年的朝鲜战争已使这两个国家满目疮痍，造成了巨大的物质损失与人员伤亡。其中韩国军队死亡人数超过60万人，朝鲜军队阵亡40多万人。

1940年 1969年

04 战后初期繁荣的社会经济

关键词:扬基歌 第三次科技革命

20 世纪 40—60 年代是美国历史中的重要时期，这一时期美国经济转型迅速，跨国资本输出激增；在第三次科技革命的刺激下，社会分工发生变化；许多知名的大型工程完工；文化事业也是一派繁荣景象。此时的美国是全球头号经济、军事强国，也是世界各国改革时参照的标本，许多人心目中代表繁荣、自由的圣地。

美国社会经济	
军事	1 军工企业实力雄厚，军事力量强大 A B 2 军人复员可享受优惠待遇 3 军事重组，设立国家安全委员会和中央情报局
经济 C	繁华的商业区：第五大道 D
文化	体育、娱乐业 E F G H I
科技	第三次科技革命席卷美国 J K
工程建筑	肯尼迪机场、联合国秘书处大楼、杜勒斯国际机场候机厅、第一统一教堂战后流行的新潮建筑 L M N O P
绘画	《第4号》《大佬的葬礼》《洗礼》

A 动员军工生产

图为在宾夕法尼亚的伊利，一家军工厂车间的工人们正在组装榴弹炮。美国在战时动员全国积极参加军工生产，这是通用电气计划启动后，军工企业装配车间一下子迅速升温，不仅大大增加了产量以支持战争所耗，还缓解了经济大萧条时期美国失业率高的压力。

C 战时美国经济

项目	与战前情况
军需品	耗资2000亿美元
领取国家发放薪水的人口	增加2倍
国家债务	增加6倍
联邦支出	增长近10倍
财政预算赤字	增加了15倍
失业率	下降12%
参军规模	扩军近1500万人

B 东京湾上的美国海空军

图为1945年9月2日，即日本签署投降书那天，美国的舰队和机群在东京湾时的情景。

D 第五大道

纽约曼哈顿商业区的第五大道在20世纪初就已经有很多商户和地产大亨纷纷来此地投资，一时间，第五大道成为了十分繁华的商业区。第二次世界大战爆发后，美国的财政支出每年都达到惊人的数百亿美元，国民生产总值也急剧增加，这也刺激了第五大道的经济盛况空前。

E 约瑟夫·路易斯·巴罗

20世纪40年代，美国最著名的体坛明星就是图片中的约瑟夫·路易斯·巴罗。他曾在1937年赢得世界重量级拳击比赛冠军，他在拳坛的不可一世成为二战期间美国的国家象征与标志。此后，他在拳坛成功卫冕12年，他一生参加了72次比赛，仅败了3次，被认为是世界上最伟大的重量级拳击手之一。

F 美国的剧院

20世纪40年代的美国娱乐业蒸蒸日上。托米·道希和哈里·詹姆斯等一批知名歌手的演出，引来大批粉丝们前来抢票。图为在剧院看台上的女性观众们正为她们的偶像热烈地喝彩。

G 战争时期的音乐和电影作品

歌曲	1《再见妈妈，我赴横滨》 2《白色圣诞节》 3《我将会再看到你》
电影	1《希特勒的女人》 2《重返巴丹》 3《元首的脸》 4《卡萨布兰卡》 5《沙利文兄弟战史》 6《柔弱同志》 7《救生艇》

H 深受欢迎的明星

姓名	简介
弗吉尼亚·梅奥	曾在《公主与海盗》《西点军校的故事》《魔鬼峡谷》《黄金时代》《犹他州城堡》等多部影片中充当女主角或配角，赢得了广泛的赞誉
玛丽莲·梦露	1945年6月开始为杂志拍摄照片，由此她走向了文艺事业。由于美艳动人、活力四射，她成为20世纪性感与时尚的代表人物，享誉全球
伊丽莎白·泰勒	童星出身，被当时的媒体称为“世界上最漂亮的人”，两获奥斯卡最佳女主角，代表作有《埃及艳后》等

I《卡萨布兰卡》

美国华纳兄弟电影公司在1942年出品了电影《卡萨布兰卡》。影片讲述了1941年德国纳粹在欧洲和北非疯狂地实行法西斯统治。如果要从美国到欧洲，必须中途取道摩洛哥的卡萨布兰卡，这就使得这座城市充满危机。影片取材以战争为背景，演绎了一段浪漫的爱情故事，十分感人，受到广大影迷的追捧。

J 第三次科技革命

由于战后的美国拥有雄厚的物质基础、大批从欧洲移民来的优秀科技人才、优越的地理环境和巨大的市场容量等方面的优势，这些都为美国的科技事业奠定了基础；尤其在战后，美国政府高度重视科技，积极采取措施推动科技事业的发展，直接促成了第三次科技革命的兴起。

第三次科技革命是人类文明史上继蒸汽技术革命和电力技术革命之后科技领域里的又一次重大飞跃。它是以原子能、电子计算机、空间技术和生物工程的发明和应用为主要标志，涉及信息技术、新能源技术、新材料技术、生物技术、空间技术和海洋技术等诸多领域的一场信息控制技术革命。这次科技革命不仅推动了人类社会经济、政治、文化领域的变革，而且也影响了人类的生活与思维方式，使人类社会生活和人的现代化向更高境界发展。

K 登月的宇航员

1969年7月20日，美国“阿波罗11”号宇宙飞船成功在月球表面着陆。图为美国宇航员巴兹·奥尔德林身穿宇航服站在月球的土地上。美国的空间技术在世界上也是处于领先水平，而迄今为止，也只有美国的载人航天飞机成功登上了月球。

L 肯尼迪机场

图为建于1942年的纽约肯尼迪国际机场。它是当时世界上第二大飞机场，也是美国最著名的民用机场，被誉为“城市中的城市”。它位于纽约皇后区牙买加湾之滨，距离纽约市27公里，到如今也是世界上最繁忙的机场。它于1948年7月1日首次飞商业航班，并于7月31日正式命名为“纽约国际机场”。

M 联合国秘书处大楼

二战结束后不久，在纽约的曼哈顿建起了一座宏伟气派的大楼——联合国秘书处大楼。大楼的建造者哈利森首次大量运用钢化玻璃作为主体建筑材料，打造出一座玻璃摩天大楼。这种建筑模式在日后被纷纷效仿，成为当代华丽建筑的一种不可或缺的元素。

N 杜勒斯国际机场候机厅

图为埃罗·萨里南在1958年—1962年设计建造的带有翻卷式屋顶的杜勒斯机场候机大厅。第二次世界大战给国家造成了沉重负担，但是也催生了艺术上创新的动力。造型奇特、美观而又宏伟的建筑摆脱了摩天大楼以高度取胜的模式，转而以气派实用的屋顶造型跻身世界著名建筑之列。

O 第一统一教堂

宗教对于西方人来说是每一个时代都不得不提及的话题。图为路易·卡恩于1959年在纽约动工兴建，耗时8年完成的第一统一教堂。它的最大特点就是已经不见传统教堂的尖顶式或穹顶式风格，转而成为方方正正的“盒子建筑”。

P 战后流行的新潮建筑

功能型建筑	代表建筑物
机场、机场航站楼	肯尼迪国际机场
办公大楼	纽黑文哥伦布骑士大楼
宗教建筑	第一统一教堂
博物馆建筑	埃沃森艺术博物馆
军事建筑	五角大楼
大学校园建筑	耶鲁大学贝奈克图书馆
私人住宅	康涅狄格州史密斯宅
工业建筑群	印第安角1号核电站

1948年 1962年

05 战后初期美国对外政策

关键词:遏制政策 古巴导弹危机

除了一些局部冲突外，二战后的世界没有像一战结束后那样风雨飘摇，危机重重。这一方面是由于各个新老帝国主义国家都已被战争拖得筋疲力尽，无力再参与争霸战争。另一方面则还要“归功”于美国在战后施行的“遏制政策”，即为了防止“第三次世界大战”爆发而主动干预国际间可能将要引发的危机。此外，美国还与世界许多国家结成政治军事联盟，也是遏制政策的具体表现。

1948年	泛美国家组织成立，成员几乎包括所有美洲国家，旨在共同抵御侵略
1949年	美国、加拿大与西欧国家成立北约组织，共同抵御共产主义阵营国家
1951年	美国、澳大利亚、新西兰签订旨在共同反对侵略的《澳新美条约》
1953年	1 美国与西班牙签订防卫协议 2 美国、澳大利亚、新西兰、菲律宾、泰国、巴基斯坦、英国、法国建立咨询性联盟——东南亚条约组织
1954年	艾森豪威尔总统上任，令人人自危的麦卡锡主义倒台
1951年至1955年	美、日、韩、中国台湾地区、菲律宾签订共同防御条约
1955年	1 苏联与西方国家的关系开始解冻 2 艾森豪威尔表示将要用核的力量威慑中国
1956年	1 爆发埃及苏伊士危机 A B 2 艾森豪威尔再次成为总统 C
1959年	古巴革命成功推翻了独裁政府 D E
1960年	肯尼迪当选为美国总统
1961年	美国怂恿反叛者入侵古巴
1962年	苏联为古巴建设导弹基地

A 埃及纳赛尔总统

图为1956年埃及铁腕人物纳赛尔正在向街道两旁欢迎他的民众招手示意。纳赛尔通过一场革命已经完全控制了整个埃及。由于苏联及其盟国向埃及出售军火，埃及遂倒向了共产主义阵营。于是，美国终止了原本提供给埃及用于修筑阿斯旺大坝的资金。作为回应，纳赛尔宣布苏伊士运河国有化。

B 苏伊士危机

苏伊士运河原先为英法两国所控制，纳赛尔收回运河的行为引起了英法的强烈不满，双方的交涉谈判失败后，英法出兵埃及，意欲夺回苏伊士运河。埃及东部的以色列也出兵西奈半岛，是为“苏伊士危机”。苏联和美国为了尽快解决苏伊士危机，向英法施压。最后英法政府同意停火，以色列也在随后撤军，危机结束，并未造成大规模冲突。

C 艾森豪威尔连任

在1956年的总统竞选中，参与竞选的尼克松失利。而艾森豪威尔由于他在此前的一些国际危机中处理得当，及时终止朝鲜战争，化解一系列危机，没有将美国再拖入战争等做法大大提高了他成功连任总统的几率。图为艾森豪威尔（右侧）在讲台上举起双手向听众表示自己成功当选的喜悦。

D 古巴危机

1959年初，卡斯特罗推翻古巴独裁政府，建立新政府，并实施没收国外资本、反对外国干涉的政策。1961年，卡斯特罗宣布古巴为社会主义国家。美国在1961年4月开始支持被推翻的古巴流亡势力，并在猪湾登陆。但卡斯特罗却成功击败了入侵者。1962年，苏联暗中为古巴建立导弹基地。当消息被美国得知后，美国迅即派出海军和空军在古巴周边巡逻，并在这年10月22日要求苏联撤出导弹。10月28日，苏联撤出导弹，于是一场一触即发的危机终于解除。图为古巴危机示意图。

E 菲德尔·卡斯特罗

菲德尔·卡斯特罗于1926年8月13日生于古巴东方省比兰镇一个富有的庄园主家庭。1945年考入哈瓦那大学，后获博士学位。1953年因反对独裁政权被捕，出狱后继续从事革命活动，1959年，古巴独裁政权被推翻，卡斯特罗成为国家领袖。他在国内推行如土地改革、农村合作化、工业国家化等经济项目，收到良好的效果。

A.D.1963年 A.D.1972年

06 越南战争及美国外交政策转变

关键词:越南战争 反战 尼克松 基辛格

1963年，由吴廷艳领导的南越政权被反对派的军人推翻，随之形成的南越新政府却仍然与北越政权对峙。1964年，肯尼迪总统被人暗杀，新总统约翰逊增加了在越南的驻军，使得美军陷入了越战的泥潭。国内声势浩大的反战浪潮迫使下一任总统尼克松提出了“越南化”战略构想。在遏制政策未达到预期效果后，尼克松提出缓和与共产主义的矛盾的政策并在1972年访问中国和苏联，越南战争也在次年经过谈判后结束。

1963年	越南的吴廷艳南越政权毁灭
1964年	林登·约翰逊继任为总统
1964年—1968年	美军增兵越南，使战争升级，美国国内开始反战 A B C D
1968年	尼克松当选为总统
1969年	尼克松提出战争“越南化”策略 E F
1970年	美国国内爆发反战高潮 G H I
1972年	美国开始缓和与共产主义的矛盾 J K L
1973年	美军从越南撤兵 M

A 在越南堑壕中的美军

由于越南北部的共产党政权正在向南扩散，美国惧怕共产党势力将影响到整个东南亚，所以到了20世纪60年代中叶，美国发动对越南的战争。图为1968年4月11日，美国派到越南的步兵隐蔽在提摩太山上的一处堑壕里。

B 被抓捕的越南狙击手

1964年，美国总统约翰逊增加了美国在南越的部队并直接干预越南战事。图为北越一位狙击手被两名美军士兵从掩体中抓获后拖着前行。像这样顽强的抵抗力量在越南战争中屡见不鲜，正像美国副国务卿乔治·伯尔所说：“我真的极其怀疑有哪一支西方军队能在广袤的东亚丛林中成功与一支东方军队作战。”

C 残酷持久的越战

1970年3月，柬埔寨发生军事政变，诺罗敦·西哈努克国王政府被推翻，并成立了高棉共和国；5月，在政变当局的默许下，美军和南越军进入高棉共和国，攻击驻扎在该地的北越军事基地。

北部湾事件

1964年7月底，美国军舰与南越西贡海军执行“34A”行动计划，对北越发动袭击，蓄意挑衅。8月，美第七舰队侵入北越领海，并与北越海军交火。美国政府宣称美海军遭到挑衅，并以此为由，出动空军轰炸越南北方地区，开始了直接派兵干预越南的军事行动。

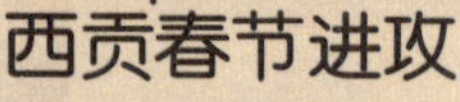

西贡春节进攻

1968年3月16日，美国阿马里克尔师士兵在上尉威廉·卡利的指挥下，在梅莱开枪打死了347名手无寸铁的越南人，其中大部分人是老人、妇女和儿童。图为饱受战争洗礼的越南平民，他们与梅莱大屠杀一样记录了美军在此犯下的罪行。

1968年1月，北越发动了规模空前的春节攻势。虽然大部分攻势都被美军压制下去，但在西贡，美军却抵抗了长达三天，在顺化激战持续一个月。虽然北越军伤亡也很惨重，但到5月，北越仍继续发动强大攻势。图为一个南越妇女在春节攻势期间肩挑家当，逃离西贡。

D 越南难民

图为在战争中的越南难民，他们在战争中不断流浪。越南战争给越南带来了巨大的损失，北越有110万军人死亡，南越政府军死亡13万人。战争造成了88万孤儿，100万寡妇，越南经济崩溃。

E 尼克松的缓和政策

1972年2月	尼克松访问中国
1972年5月	尼克松飞往莫斯科，并与苏联签署《战略武器限制条约》
1972年10月	美国与北越达成停火协议
1972年12月	受到南越压力的尼克松恢复对北越的轰炸
1973年1月	美国与北越重又达成协议，美军开始逐步撤出越南

F 直升机上的柬埔寨儿童兵

面对不断上升的阵亡数字和国家的停战之声，尼克松总统提出“越南化”政策，即美军逐渐撤军，给南越以及柬埔寨新政府军配备更多美式装备，希望他们能独立抗击北越军。图为抗击越共的柬埔寨军的儿童兵坐在美军装备的直升机上。

G 国内反战游行

图为美国“妇女和平大罢工”运动中，大批妇女涌向华盛顿五角大楼前，她们高举反战标语和被战争深深伤害的越南平民的照片，呼吁政府尽快停止战争，要求让她们的孩子或丈夫早日从越南的战场中撤离并回国。

H 校园反战浪潮

美国国内的反战浪潮早就波及校园。1970年5月，为抗议美国入侵柬埔寨，美国历史上首次全国学生总罢课爆发。俄亥俄州一所大学学生还与警察发生冲突，他们有4人被警卫队开枪打死。学生的抗议让尼克松万分震惊，他不得不将军队撤出柬埔寨。

I 群众的反战游行

图为美国10万名示威者参与的反战游行活动。随着时间的推移，越来越多的知名人士加入反战行列，拳王阿里、影星简·方达、民权领袖马丁·路德·金等都是其中的典型代表，连约翰逊政府的国防部长麦克纳马拉也不再支持越战。

J 亨利·基辛格

1968年，尼克松在总统竞选中获胜。他看中了基辛格的外交才能，便聘请基辛格担任总统国家安全事务助理，并兼任国家安全委员会主任直至1975年。在任期间，基辛格用均势外交理念，积极推动尼克松政府改善与中国和苏联的关系。1973年1月，基辛格在巴黎成功完成了结束越南战争的谈判，并因此获得了诺贝尔和平奖。

K 尼克松访问中国

尼克松竞选总统时承诺要解决越战和建立新型外交关系，在越南战争问题正在缓慢解决时，尼克松与国家安全顾问亨利·基辛格秘密商议如何与社会主义国家缓和矛盾。他们决定一改以前一贯的遏制政策，与中国和苏联建立一种较为温和的外交关系。1972年2月，尼克松总统与基辛格飞往中国，与毛泽东、周恩来等中国领导人进行了严肃而坦率的交谈，并参观了中国的名胜古迹和工矿企业，中美关系破冰。

L 缓和前后的美、苏两国关系

		美国	苏联
对峙阶段	经济	财产私有	国有经济，财产公有制
	政治	有限的立宪政体	无产阶级社会主义政体
	军事	战后大量裁军	战后仍保持大规模军队
缓和后		美苏两国互通有无，再未有大规模冲突	

M 美军撤出越南

1972年9月下旬，基辛格努力以谈判方式结束越南战争。10月，双方达成停火协议，北越释放美国战俘，而美军则从越南撤兵。但美方随后反悔，并对北越进行高密度空袭。直到1973年1月，北越与南越及美国三国四方方最终达成共识，美军在未来几个月内陆续撤出越南。图为1973年在最后一批撤出越南的美军中，一个士兵与昔日的北越死敌握手言欢。

1973年 1980年

07 冷战的转折：70年代国内外局势

关键词:水门事件 滞胀经济 伊朗危机

自美国退出越南战争之后，美国与社会主义国家开始走向全面和解的道路。而在国内，持续增长的经济开始出现种种问题，新一轮的通货膨胀爆发。这一时期美国政坛最轰动的新闻莫过于水门事件，水门事件让如日中天的尼克松总统声誉一落千丈，他最终因这项政治丑闻而被迫辞职。

1973年	美国的石油危机愈加明显，出现滞胀经济
1973年3月	尼克松的水门事件被曝光 A
1973年5月—6月	水门窃听事件受到美国朝野一致谴责 B
1974年3月	审判“水门事件”相关人员
1974年8月	尼克松宣布辞职，福特当选为总统
1975年	越战结束，美国失去对越南的控制
1976年	卡特就任总统
1978年	中东危机，戴维营谈判 C
1979年1月	中美正式建交

B “狡猾的迪克”

早在1946年尼克松首次参加竞选国会议员席位时，他就得到了“狡猾的迪克”的绰号。图为1973年5月，一幅讽刺尼克松是“狡猾迪克”的漫画见诸报端。漫画作者故意将尼克松画成老鼠，而且鼻子很长，暗示他在撒谎。公众对尼克松否认自己涉嫌水门事件一事表示出越来越多的怀疑。

A 水门事件

1972年6月17日，尼克松竞选班子的首席安全问题顾问麦科德与其他4人闯入位于华盛顿水门大楼民主党全国委员会办公室，在安装窃听器并偷拍有关文件时被捕，是为“水门事件”。尼克松对此事的处理最终导致了他下台。图为美国民众正在观看节目，在电视直播中，尼克松尽力为自己辩解。

C 戴维营谈判

卡特总统面对巨大的经济滞胀也无能为力，但他在外交领域的确有显著的成就。1978年9月，卡特总统与埃及总统萨达特和以色列总理贝京在马里兰州的戴维营举行和平谈判。这次谈判经过卡特总统的调停，最终使埃及和以色列领导人达成和议。

1953年　1980年

08 极富变革的时代（一）——社会生活的巨大变化

关键词：新边疆 迪斯尼乐园 麦当劳 伟大社会 轿车 电视 电脑 信用卡

确切地说，美国自战后就已经迅速崛起并成为世界第一强国了。经济的迅速恢复使得国家又一次繁荣起来。电视机与小轿车的普及、各种风尚的变幻以及人们财富的增加都让美国人的生活发生了翻天覆地的变化。就在这样一个花花世界中，富足与贫困仍然并存，暴力犯罪也依然十分严重，这样一个美与丑、富与穷交织的社会共同将美国乃至全世界带入一个前所未有的新时代。

历届总统任职时期	新生事物	
杜鲁门时期 1945年—1953年	拉斯维加斯开设大型赌场，夜总会林立 A	
艾森豪威尔时期 1953年—1960年	1 迪斯尼乐园 B 2 麦当劳餐厅 C	
肯尼迪时期 1961年—1963年	电视在家庭已变得十分普及	
约翰逊时期 1963年—1969年	1 私人轿车变得普及 D 2 贫穷依然存在 3 维拉扎诺大桥建成	新一轮的移民浪潮
尼克松时期 1969年—1974年	1 波音747开通航线 2 足不出户的营销方式 E	新一轮的移民浪潮
福特时期 1974年—1977年	电脑输入文字并能显示在屏幕中的时代来到	新一轮的移民浪潮
卡特时期 1977年—1981年	1 拥挤肮脏的城市 F 2 电脑走进普通家庭	新一轮的移民浪潮

A 拉斯维加斯夜景

图为在战后不久，蓬勃发展的内华达州最大的城市拉斯维加斯的夜景。拉斯维加斯1946年开设了大型赌场，后来这座城市有了赌城之称。这也让这座新兴城市成为世界娱乐之都。

C 麦当劳餐厅

20世纪50年代，快餐成为人们一种普遍的饮食方式。麦当劳这种快餐食品在那时得到了大多数美国家庭主妇和她们的家庭成员的欢迎。图为1955年第一家麦当劳汉堡包店在芝加哥开张。它的成功，令麦当劳快餐食品迅速发展。

B 睡美人城堡

20世纪50年代，电影制作者沃尔特·迪斯尼决定将童话般的幻想生活搬上荧幕。他在加利福尼亚选择了一块土地建造起了世界上第一座迪斯尼乐园。那里混杂着野性的西部、童话王国以及乌托邦世界。图为迪斯尼乐园中赫然挺立的童话故事中的睡美人城堡。

D 幸福的家庭

享受和平幸福生活的美国人在20世纪60—70年代已经普及了小轿车，图为一个美国普通家庭生活照。三个孩子快乐地在车上玩耍，背后是他们漂亮的住宅。

E 信用卡广告

图为1969年美国的一幅关于信用卡的广告。图上有繁华的城市街道，有办公区、繁忙的交通系统以及超市和商店。这则广告的用意是：使用信用卡与电话的用户可足不出户购买商品。使用信用卡这种消费方式在随后的70年代，为越来越多的美国人所接受。同时，信用卡的普及也助长了美国人透支消费习惯的养成。

F 拥挤肮脏的城市

图为表现纽约市区拥挤嘈杂且肮脏不堪的环境漫画。由于众多新移民涌入美国，致使美国很多大城市人口迅速飙升。纽约变得更加混乱与疯狂，就如同这幅漫画所描绘的，新移民来自世界不同国家和地区，拉美人、黑人和亚洲人不断充斥进来，城市的犯罪率升高，同时，城市污染与贫民等问题变得日益突出。

1963年　1975年

09 极富变革的时代（二）——民族与民生的包容

关键词:马丁·路德·金 马尔科姆 迪兰 弗利丹《印第安自决法》

美国在战后对国内的一系列福利政策的确改善了许多美国人的生活。但一些特殊群体，像非裔美国人、拉美裔美国人、印第安原住民和广大妇女们依然受到歧视，受到不公平的待遇。广大民权人士呼吁民权的平等，而美国的青年群体，尤其是学生群体则挑战美国“种族大熔炉”的传统观念，成为反主流文化的代表群体。

20世纪60年代以后	1 拉美裔美国人急剧增加 2 印第安人要求“红色权力” 3 中产阶级不断壮大 A
1963年	1 马丁·路德·金发表《我有一个梦想》的演说 2 贝蒂·弗利丹出版《女性的秘密》
1964年	1 颁布新的《民权法案》，禁止用人单位种族歧视 B 2 言论自由运动被发起
1965年	马尔科姆被人暗杀
1966年	弗利丹创建全国妇女组织
1968年	1 《印第安民权法》通过 2 马丁·路德·金遭人暗杀 C
1965年—1968年	黑人聚集地暴乱频起 D
1970年	1 四名大学生因抗议美国人侵柬埔寨而被杀 E 2 女权主义者米利特出版《性政治》
1974年	《印第安自决法》通过
20世纪60年代末—70年代	1 嬉皮士文化十分盛行 F 2 部分非裔美国人开始跻身中产阶级 3 青年一代充满叛逆与激情

A 中产阶级的壮大与宗教观念的变化

20世纪60年代，美国的中产阶级人口比例开始逐渐庞大起来。原因是大多数工人的收入比以前有了很大上涨，尤其是不少黑人也跻身高收入群体。1962年，有90%的企业工人能够享受到由老板支付的医疗费用和带薪休假，还有大部分职工能享受到养老金待遇。

中产阶级的人数增加被社会学家归因为良好的福利政策、政党界限的模糊，更重要的是人们对宗教礼拜有了社会意义的倾向。由于战后的美国物质文明高度繁荣，刺激了宗教活动的发展和乐天主义的形成，这也让信仰者更趋向于接受世界的真实面目。所以，阶级间的对立变少了，人们的社会权利增加了。另外，受到高等教育的人普遍增多，人们开始更能包容其他宗教信仰者了。

B 高压水枪冲击示威黑人

二战结束后，美国大城市的种族隔离现象依然存在，大部分黑人只能居住在黑人聚居区，他们的住房、医疗、卫生和教育条件都相当恶劣。1963年，黑人的失业率比白人高114%。黑人的民权运动高涨。图为三位参加游行，要求权利的黑人被高压水枪冲击。1964年，政府在压力之下颁布了新的禁止用人单位种族歧视的《民权法案》。

C 黑人民权运动领导者

姓名	思想
马丁·路德·金	马丁·路德·金出生于牧师世家，获得神学博士学位，在教会担任牧师。他一直致力于黑人权利运动，要求通过非暴力行动建立种族合一、人人平等的社会，属于温和派。1964年获得诺贝尔和平奖，1968年死于白人种族优越者的刺杀
斯托克里·卡迈克尔	斯托克里·卡迈克尔出生于西班牙，少年时代加入美国国籍。他在哈佛读书时接触到许多激进的黑人运动倡导者，接受了后者的观点，他主张在政治上，黑人群体应该作为一个集团力量加入到美国社会中，选举自己的代表；在经济上要建立黑人企业

D 黑人暴乱

1965年—1967年，在马丁·路德·金与马尔科姆领导黑人种族权利斗争的同时，全美许多地方都爆发了黑人暴乱事件，暴乱的原因主要是要求改善糟糕的居住条件、严重的失业状况以及争取平等的民权。这些暴乱中的部分是采取路德·金的较为和平的做法进行抗议，但还有一些激进者选择采取了袭击警察、抢劫财物，甚至纵火等严重犯罪行为，造成了人员伤亡的惨剧。

E 肯特州立大学惨案

图为1970年5月18日，美国俄亥俄州肯特州立大学校园枪击事件的现场。死者是该大学学生，因他们在反对美军侵入柬埔寨而抗议政府当局，被当地警察开枪射杀。此次事件造成4人死亡，11人受伤，它也引发了全国范围内的游行示威与抗议。这些学生的无畏抗议表明新青年作为一个有知识和意识的群体正成为一个不可忽视的强大力量。

F 嬉皮士

20世纪60年代的所谓嬉皮士实质上是一种政治运动，嬉皮士这个名称是通过《旧金山纪事》的记者赫柏·凯恩普及的。嬉皮士大多留长发和胡子，穿色彩斑斓的衣服，听摇滚乐和蓝调，会成群结队地在一起演奏音乐。他们反对越南战争，他们提倡非传统宗教，批评西方国家中层阶级的价值观。同时批评政府对公民的权益的限制、大公司的贪婪、传统道德的狭窄和战争的无人道性。在各种民权运动和游行示威中常常能看见他们的身影，毫无疑问，嬉皮士推动了社会现代化的进程，但是他们也带来了负面影响——毒品泛滥。

1980年-2000年

20世纪80年代后，美国又开始了一系列新的海外军事行动。由于一些国家政治混乱，制造地区冲突和核威胁，严重影响了地区稳定，并妨碍了美国在海外的利益，所以历届美国总统都不遗余力地对这些“恐怖主义国家”采取军事打击。图为在加利福尼亚州诺斯拉普空军基地的一架B-2隐形轰炸机。

从胜利走向徘徊：20世纪最后的岁月

第十五章

1980年 1988年

01 又一个“美国的早晨”

关键词:里根 黎巴嫩 利比亚

在经济仍不景气的1980年，里根赢得了总统大选，他将接手一个已经持续有两届总统未能解决通货膨胀问题的烂摊子。他认为，现在是一个“美国的早晨”，美国将从零开始，从失败走向繁荣。在他担任总统的八年中，民主党控制国会的局面被打破，先前的保守主义又重临美国。美国与已衰败的苏联言和也标志着冷战的结束，但同时这个国家也将承担打击地区冲突与恐怖主义的重任。

1980年	里根当选总统 A B
1981年	1 美国对尼加拉瓜反革命武装提供资金和训练 2 对萨尔瓦多右翼政府提供支援
1982年	里根派遣维和部队到黎巴嫩 C
1983年	美军登陆格林纳达，废除左翼政府 D
1984年	美军撤出黎巴嫩
1985年	苏联政策开始混乱，美国的最大对手即将瓦解
1986年	1 美军进攻利比亚 E 2 里根在冰岛会晤戈尔巴乔夫
1987年	美、苏达成禁止在欧洲部署中程核导弹的条约
1988年	美国经济得以恢复 F

A 里根革命

里根总统在外交上是典型的强硬派，除了对外干预地区冲突与恐怖主义外，他与苏共总书记戈尔巴乔夫曾四次会晤，共同商议削减核武器的事宜，而最终结果仅仅是双方只销毁中程核导弹。里根在位期间，宣布美国政府制订了建立太空防御体系的“星球大战”计划，使苏联消耗了大量人力、物力制订和实施了类似的计划，但里根所谓“星球大战”计划却是一个谎言，并没有实施。同时里根是一个保守主义者，他的这种思想也同时渗透到治国理念中。他任命保守派做联邦法官，大幅度削减税收，减少联邦在社会管理，特别是社会福利方面的投入。里根的改革政策让美国在政治、经济和军事上都焕然一新。

B 1980年的示威活动

图为1980年，联邦政府支持的示威群众高举赞扬里根的标语牌，标语上赫然写的是“你如何拼写‘缓解税收’？——‘里根’”；“让里根来为美国赢得世界的尊重！”可见，里根赢得民心的最重要举措就是减轻税收和提高美国在国际上的地位。

C 美军驻兵黎巴嫩

1982年6月，以色列大举进攻黎巴嫩，黎巴嫩国内四分五裂，恐怖主义甚嚣尘上。美国为了维护区域秩序，于是出兵黎巴嫩。图为美军在黎巴嫩首都贝鲁特的“维和部队”士兵。美军虽然在军事上十分强大，但在黎巴嫩驻军不到一年，就遭到炸弹袭击，所以被迫于1984年撤兵。

D 入侵格林纳达

早在1979年3月，地处加勒比海的格林纳达新政府就有亲苏联和古巴的倾向，这令美国当局十分紧张。1983年，格林纳达再次发生政变，美国趁机出兵，占领了格林纳达岛，推翻了现政府。图为美国“关岛”号航母上的直升飞机从战斗甲板上起飞，准备攻击格林纳达。

F 里根执政期的美国经济

银行利息率	在总统任期内下降50%
失业率	在总统任期内下降近50%
新增就业岗位	超过1400万个
公民可支配收入	比1978年增长28%
财政预算赤字	任期内从790亿美元涨到近1600亿美元

E 空袭利比亚

图为三架从“美国”号航母上起飞的A-6E入侵者舰载攻击机正在执行空袭利比亚的代号为“蓝色炮击”的行动。利比亚自1969年卡扎菲执政后，出现了亲苏远美的局面，为了遏制苏联的势力扩张和打击利比亚恐怖势力，1986年4月，里根下令空袭利比亚。

1988年 1992年

02 老布什的“世界新秩序”

关键词:东欧剧变 海湾战争 萨达姆

继里根连续八年的总统任期后，另一位共和党人布什接替了他的总统位置。他继承里根政策，在军事上，继续奉行削减核武器政策，并且主动裁军，缩减军队规模。同时，苏联解体、东西德统一和独联体形成等一系列影响世界整体局势的事件接连发生，让布什总统慨叹“世界新秩序”已经出现。与此同时，美国继续对独裁国家和恐怖主义用兵。

1989年	美军入侵巴拿马 A
1990年	美、苏华盛顿高峰会议，双方同意削减核武器并消除化学武器
1989—1991年	东欧剧变 B
1991年	联军发动海湾战争 C

A 美军进攻巴拿马

1983年，诺列加成为巴拿马实际领导人。他勾结毒枭，实行独裁，同时和美国交恶。1989年12月底，时任美国总统的老布什以铲除独裁和打击贩毒的名义下令美军突袭巴拿马。图为美军在巴拿马的行动图。次年1月初，诺列加向美军投降，美军的行动以胜利告终。

B 苏联解体

苏联各加盟共和国独立时间	
1990年3月11日	立陶宛独立
1991年4月9日	格鲁吉亚独立
1991年8月20日	爱沙尼亚独立
1991年8月22日	拉脱维亚独立
1991年8月24日	乌克兰独立
1991年8月25日	白俄罗斯独立
1991年8月27日	摩尔多瓦独立
1991年8月30日	阿塞拜疆独立
1991年8月31日	乌兹别克斯坦和吉尔吉斯斯坦同时独立
1991年9月9日	塔吉克斯坦独立
1991年9月23日	亚美尼亚独立
1991年10月27日	土库曼斯坦独立
1991年12月16日	哈萨克斯坦独立
1991年12月25日	俄罗斯宣布国名由“俄罗斯苏维埃联邦社会主义共和国”更名为“俄罗斯联邦”。

C 海湾战争

1988年的中东两伊战争结束后，伊拉克独裁者萨达姆·侯赛因于1990年8月入侵邻国科威特，妄图掠夺其丰富的石油资源。在科威特的求援下，美国及联合国对伊拉克采取制裁。1991年1月，美军对伊拉克进行空袭，2月，布什总统号召联合国军采取了代号为“沙漠风暴”的作战行动。最终，拥有先进武器和强大军事力量的联合国军夺回科威特，并击溃了萨达姆的54万入侵军队，还摧毁伊拉克大量坦克与其他军事设备，而联合国军在这次海湾战争中损失极为轻微。

1987年 1992年

03 脆弱的国内经济

关键词:垃圾股票市场

成功领导海湾战争并取得全胜的老布什总统在国内的支持率攀升至 90% 左右，然而他却在 1992 年的总统大选中落败。因为美国在他的领导下，国内经济和生产出现回落，海湾战争让美国赢得国际声望，却因其大笔的开支使联邦出现财政赤字恶化，里根时代的经济振兴受到严重影响。布什总统在经济建设上的无能，使他失去连任的机会。

1987年	10月，股市出现黑色星期一 A B
1989年	国内很多储蓄和贷款公司破产
1990年	新税征收计划出台
1991年	国会调配700亿美元清算破产公司财产和偿还储蓄者债务
1992年	联邦赤字达到峰值；失业率连续3年攀升

A 股票交易所

美国长期的市场过热造成了经济泡沫的出现。此后又由于实际经济运行指标恶化，导致财政赤字居高不下，通货膨胀泛滥，股票市场积弱难返，贸易纠纷不断，使投资者对全球经济惊恐不安。在一系列因素的作用下，1987年10月19日，美国股市大跌，当日道琼斯指数下跌了22%，道琼斯工业平均指数下跌至508点，被称为黑色星期一。

B 纳斯达克

在美国，除了道琼斯这个老牌股票指数之外，还有一个新兴的指数，为纳斯达克指数。图为纳斯达克显示屏。纳斯达克始建于1971年，是一个完全采用电子交易、为新兴产业提供竞争舞台、自我监管、面向全球的股票市场。纳斯达克指数是反映纳斯达克证券市场行情变化的股票价格平均指数。

1992年 2000年

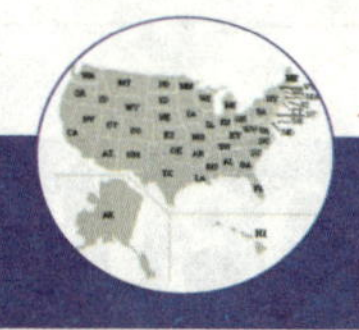

04 克林顿执政时期

关键词:枪支管理 政治献金

由于经济问题的严重失衡，导致1992年总统大选时，布什总统败给了阿肯色州州长、民主党人比尔·克林顿。获得两届任期的克林顿总统统治时期，美国在经济上有了显著的复苏迹象，在他上任之初，财政赤字就减少了5000亿美元。他的中间路线让他在国内赢得一致赞誉，在他的领导下，社会福利、对外贸易、枪支管理等都有新的政策出台。

1992年	1 新一届总统克林顿上台，他在国内实行中间路线，国家经济好转 A 2 以美国为首的北约和联合国对正走向分裂和混乱的南斯拉夫进行武装干预
1993年	1 克林顿维护《罗伊诉韦德案》，对堕胎权表示支持 2 恐怖主义对纽约世贸中心发动爆炸袭击 3 克林顿调停巴勒斯坦和以色列的纷争 4 为消灭索马里反政府武装，美军对索马里发起“黑鹰行动”，但遭到失败 B
1994年	1 民主党在选举中失败 2 美、墨、加三国的新贸易协定生效 3 美军干预海地政变，使海地总统重新上台执政 4 卢旺达爆发种族屠杀，受到国际社会关注 C
1995年	1 共和党人开始占有国会多数席位 2 大卫教发动对俄克拉荷马联邦大楼的恐怖爆炸袭击，造成100多人死亡
1996年	1 由于经济稳步上涨，克林顿获得连任 2 佐治亚州亚特兰大奥运会举行，期间发生一次爆炸事件 3 互联网融入大众生活，因为美国在互联网业的霸主地位，使得它能够继续在经济方面保持世界领先地位
1997年	克林顿总统利用“政治献金”获得稳固的支持
1998年	1 克林顿呼吁加强枪支管理，并开始关注印第安种族问题 2 男女同性恋者在华盛顿示威，要求政府重视艾滋病防治 D
1999年	1 克林顿因“白水门”而遭遇弹劾危机 2 北约空袭南联盟，“误炸”中国大使馆，并造成南联盟现政府垮台
2000年	1 美国经济到达一个新高峰 2 共和党人乔治·布什当选为总统

A 克林顿与中间路线

1992年，克林顿击败布什，当选为新一任美国总统，他的上台，标志着长达12年的共和党统治时期的终结。克林顿拥有博士学位，在从政前是位出色的律师。他上台后，在国内的政策方面采用中间路线，即以温和的政策调整局势。

首先，他精简政府机构、压缩项目、节省开支；其次，在经济政策上，克林顿当政时期联邦赤字连年下降，美国的竞争能力也恢复到最好水平；在税收方面，他实行减税计划的同时，确保教育和培训方面的智力投资，以便增加高收入就业机会和增强未来美国的竞争能力；再者，他实行更严厉的移民政策；最后，他推行社会福利制度的改革，降低失业率。

克林顿的改革起到了良好的作用，截至他任期结束，美国经济已经连续112个月增长，这是二战后的最好数字。

C 卢旺达难民营

图为1994年非洲小国卢旺达人满为患的基贝霍难民营。由于卢旺达占人口少数的图西族人拥有着全国绝大多数的土地，此外，超过八成的政府官员也都是图西族人。这让占全国人口85%的胡图族长期以来对图西族的统治极其不满。1994年4月—7月，胡图族人对图西族展开了血腥大屠杀，先后有80万至100万人在这场屠杀中身亡，成千上万的人成为难民。美国因陷入索马里军事行动的失败，未对卢旺达进行干涉。

B 索马里“黑鹰行动”

1992年12月，联合国决定组织一项名为“恢复希望行动”的维持和平行动，但索马里的政界对此极为不满。1993年，索马里联合大会领导人艾迪德袭击维和部队人员，造成数十人伤亡。由于美军在摩加迪沙也遭遇了伏击，所以在1993年10月，美军开始了抓捕艾迪德的“黑鹰行动”。但进攻并不顺利，索马里武装人员在这次战斗行动中，打死美军19人，伤70余人，2架直升机被击落，3架被击伤，数辆卡车和“悍马”车被击毁。这是越战以来美军所遭受的最为惨重的军事失败。此次军事行动受到国内舆论的一致批评。

D 同性恋者示威

20世纪80年代，美国面临严峻的健康危机，艾滋病的传染与爆发让欧洲和北美的人们谈之色变。同时，这种通过体液感染病毒的疾病让很多同性恋者感到恐惧。图为美国的男同性恋者和女同性恋者聚集在华盛顿白宫前，他们躺在宾夕法尼亚大道上，呼吁政府重视艾滋病防治，维护同性恋者的权利。